부모교육

제3판

정지나 한준아 김지현 김태은 윤상인 공저

YANGSEOWON
양서원

머리말

『부모교육』은 '좋은 부모란 무엇인가?'에 대한 고민을 함께 나누는 내용으로 2008년 처음 출간되었으며, 이번 『부모교육(제3판)』에서는 최근 변화한 가족의 현황과 관련 지원 정책을 반영하여 내용을 수정·보완하였다. 특히 각 장에서는 최신 이론과 실제 사례를 충실히 제시함으로써, 부모교육에 대한 예비교사와 현장교사의 실제적 이해를 돕고자 하였다.

'육아'를 주제로 한 수많은 프로그램들은 부모들에게 위로와 자극을 주는 동시에, 때로는 상반된 메시지로 혼란을 주기도 한다. 이로 인해, 많은 젊은 부모들은 '좋은 부모'가 되기 위해 끊임없이 노력하면서도, 자신이 올바르게 양육하고 있는지에 대해 불안과 자책감을 경험하고 있다. 진정한 '좋은 부모'가 되기 위해서는 부모기가 시작되기 전부터 올바른 가치관을 형성하고, 부모 역할에 대해 준비하는 것이 필요하다. 이에 필자들은 부모 역할에 대한 바른 길잡이가 되어 줄 정보들을 안내하는 것이 필요하다고 생각하여 이 책의 개정을 함께 준비하게 되었다.

『부모교육』이라는 과목은 예비부모가 될 대학생들에게는 부모됨에 대한 올바른 이해를 통해 좋은 부모가 될 역량을 준비시키고, 예비교사나 현장교사들에게는 자녀양육에 어려움을 느끼는 부모의 입장을 공감하고 이들의 역량을 지원해줄 수 있는 활동과 프로그램을 모색하게 함으로써 좋은 부모역할에 대한 가치관 정립을 도와주는 것을 주요 목적으로 하고 있다.

이 책은 총 13장으로 구성되어 있으며, 각 장에서는 부모교육의 이론과 실제를 균형있게 다루고자 하였다. 1장에서는 부모교육의 정의와 필요성에 대해 살펴보았고, 2장에서는 자녀의 발달 단계에 따른 부모 역할을 소개하였다. 3장에서 7장까지는 다양한 가족 형태에 따른 부모 역할을 다루었으며, 8장에서 10장까지는 국내·외에서 활용되고 있는 부모교육 이론과 주요 프로그램을 중심으로 내용을 구성하였다. 11장과 12장에서는 부모-교사 관계 및 부모교육의 실제를 다루었으며, 마지막 13장에서는 부모교육의 과제를 제시하였다. 1장, 2장은 정지나 교수, 4장, 5장, 6장은 한준아 교수, 3장, 7장, 13장은 김지현 교수, 8장, 9장, 10장은 김태은 교수, 11장, 12장은 윤상인 연구원이 집필하였다.

앞으로도 부족한 부분은 시간을 두고 계속해서 보완해 나갈 것을 약속하며, 이 책이 작게나마 부모됨을 준비하고 지원하는 데 도움이 되기를 기대한다. 끝으로 출판이라는 쉽지 않은 과정을 기꺼이 맡아 주시고 애써 주신 양서원 회장님과 편집부 여러분들의 노고에 감사드린다.

2025년 8월

저자 일동

차 례

Chapter 1 부모교육의 이해

Chapter 2 자녀 발달과 부모역할

Chapter 3 맞벌이 가족

Chapter 4 한부모 가족

Chapter 9 부모교육 프로그램

Chapter 10 생애주기별 부모교육 프로그램

Chapter 11 부모와 교사

Chapter 12 부모교육의 실제

Chapter 13 부모교육의 과제

Chapter

1

부모교육의 이해

1. 부모됨의 의미와 동기
2. 부모역할
3. 부모교육의 필요성 및 목적

현대사회에서 부모가 되는 것은 선택의 과정이지만, 부모됨을 선택하는 대부분의 사람들은 자녀를 어떻게 기르고 어떻게 교육하며 자녀가 어떠한 사람으로 성장하기를 원하는지에 대한 진지한 고민 없이 부모역할을 수행한다. 그러나 부모가 된다는 것은 한 생명체를 건강한 사회구성원으로 성장시키는 중요한 과업을 행하는 것이기에, 별다른 준비 없이 부모됨을 선택하고 부모라는 지위에 오르게 되면 예상치 못한 어려움에 부딪혀 당황하게 되고, 부모역할에 대한 낭만적 기대만으로는 부모역할을 수행하는 것이 역부족임을 느끼게 된다. 따라서 본 장에서는 인생의 중요한 선택의 하나인 부모됨의 의미와 동기를 알아보고, 부모역할의 특성 및 부모역할에 영향을 주는 요인에 대해 파악한 후, 마지막으로 부모교육이 필요한 이유와 목적에 대해 살펴봄으로써 부모교육의 전반적 이해를 도모하고자 한다.

학습 목표

1. 부모됨의 의미와 동기에 대해 알아본다.
2. 부모역할의 특징과 유형, 영향 요인에 대해 살펴본다.
3. 부모교육의 정의, 필요성 및 목적에 대해 이해한다.

1 부모됨의 의미와 동기

1) 부모됨의 의미

'부모됨이란 무엇인가?'

부모(parent)라는 단어는 라틴어 'parens'에서 유래하며, 이는 '출산하다(give birth)'라는 의미를 갖고 있다. 즉 부모란 생물학적으로 자녀를 낳음으로써 얻게 되는 지위이지만, 부모가 된다는 것은 자녀 출산 이상의 의미를 갖고 있다. 부모가 된다는 것은 자녀를 낳는 것뿐만 아니라 자녀가 건강하고 올바르게 자라도록 양육하고 안내하는 역할을 수행하는 것으로, 부모역할은 어느 한 시점에 제한되지 않고 자녀와 부모의 전 인생 과정을 통해서 이루어진다. 이러한 의미에서 부모로서의 역할을 수행하는 '부모기(parent-hood)'는 임신을 기대하고 계획하는 순간부터 시작된다고 보는 것이 적절할 것이다(정현숙, 유계숙 외, 2007).

부모됨은 거듭되는 선택의 과정으로, 개인이 속한 문화에서 사회구성원에게 기대하는 역할 및 가치관 등과 관련되어 있다. 전통적인 관점에서 비버스(Veevers, 1973)는 부모됨의 사회적 의미를 다음과 같이 여섯 가지로 설명하였다.

첫째, 부모가 되는 것은 도덕적 의무를 수행하는 것이다. 성인이 되어 결혼을 하고 자녀를 낳아 부모가 되는 것은 사회적으로 승인된 도덕적 의무를 수행하는 것이다. 둘째, 부모가 되는 것은 시민으로서의 의무를 다하는 것이다. 사회 존속을 위해서 사회구성원이 될 자녀를 생산하는 것이 시민의 의무를 수행하는 것이기에, 자녀를 낳지 않는 부부는 이기적이고 무책임하다고 비판한다. 셋째, 부모가 되는 것은 부부 성생활에 의한 자연스러운 결과이다. 넷째, 부모가 되는 것은 자신이 자녀를 출산할 수 있는 능력을 지닌 성인이라는 성 정체감을 보여주는 지표이다. 다섯째, 자녀 출산은 만족스러운 결혼생활의 표현으로 자녀는 부부관계를 향상시키며 이혼을 예방해 준다. 여섯째, 부모가 되는 것은 사회적으로 성숙한 존재로 인정받는 것이다. 즉, 자녀를 갖는 것은 성인으로서의 지위 획득과 다른 사람으로부터 인정받는 수단이 된다.

그러나 현대사회가 급변하고 다양화하면서 부모됨의 사회적 의미가 변화되고 있다.

오늘날 많은 사람들이 부모됨을 성인기의 역할 중 하나로 인식하면서 결혼과 자녀 출산은 더 이상 필수가 아닌 선택의 문제가 되었다. 또한 부모됨의 의미를 자녀 출산이라는 생물학적 측면에 초점을 두었던 과거와 달리, 오늘날 부모가 된다는 것은 자녀 양육을 위해서 심리적·경제적·사회적으로 다양한 역할을 수행해야 한다는 의미를 지니고 있다. 현대사회에서 부모됨의 의미가 과거와 비교하여 어떻게 변화되었는지를 스콜닉(Skolnick, 1987)은 다음과 같이 설명하였다.

첫째, 현대사회에서 부모됨은 의학 기술의 발달로 선택의 대상이 되었다. 다양한 피임법과 인공수정, 시험관 시술과 같은 의학 기술의 발전은 부부로 하여금 자녀를 가질 것이냐의 여부와 자녀를 갖는 시기, 자녀수를 선택하게 하였다.

둘째, 현대사회에서는 부모–자녀 관계에서의 애정과 정서적 유대감이 과거보다 더욱 중요시되고 있다. 전통사회에서 부모–자녀 관계에서의 효와 가족 규범이 중시되었던 과거와 달리 현대사회에서는 개인적이고 인격적인 관계에 기초한 애정과 정서적 유대감이 부모–자녀 관계의 핵심으로 부각되었다.

셋째, 현대사회에서 부모는 자녀 양육이나 교육에 있어서 과거보다 큰 영향력을 행사하고 있지만, 과거처럼 친족, 이웃의 지지와 도움을 받지 못하기 때문에 부모역할에 대해 부담감을 느끼고 자신감을 잃기 쉽다. 현대사회의 부모는 인터넷이나 매체, 아동발달 관련 서적을 통해 자녀 양육에 대한 전문가들의 이론이나 조언을 쉽게 접할 수 있다. 그러나 전문가들의 일관되지 않은 조언이 부모들에게 혼란을 야기할 수 있으며, 부모들은 검증되지 않은 무분별한 정보의 홍수 속에서 어떠한 정보가 옳은 것인지를 판단하기 어렵기에 자신의 부모역할 능력에 대해 불안해하고 당황하기 쉽다.

넷째, 현대사회에서 부모는 자녀의 지위획득 기반 마련을 위하여 많은 노력을 기울이고 있으며 이로 인해 경제적인 부담을 느끼고 있다. 과거 전통사회는 부모의 신분과 지위가 자녀에게 그대로 세습되는 신분사회였으나, 현대사회는 개인의 노력과 능력에 의해 지위가 획득되는 성취사회이다. 이에 따라 부모는 자녀에게 정신적·물질적으로 보다 나은 지위획득의 기반을 마련해 주기 위하여 많은 노력을 기울이며, 이는 부모에게 막대한 경제적 부담을 안겨 주게 된다.

마지막으로 현대사회에서 부모는 그 어느 때보다 자녀의 심리적·정서적 적응과 발달에 대한 부담과 책임을 느끼고 있다. 과거의 부모는 자녀의 신체적 건강이나 심리적·정서적 적응의 문제는 신이나 운명에 의한 것이라고 믿었다. 그러나 오늘날에는 아동심리학의 발달로 인하여 부모가 자녀의 심리적·정서적 적응에 중요한 영향을 미치는 존재라는 것이 강조되고 있으며, 이는 부모들로 하여금 자녀의 심리적·정서적 부적응에 대한 죄책감을 느끼게 한다.

현대사회에서 부모가 된다는 것은 그 어느 때보다 많은 부담과 책임을 지는 일이 되었다. 좋은 부모가 되기 위한 부모의 의욕과 의무감은 높아지고 사회의 기대 수준도 높아지고 있으나, 유능한 부모가 되기 위해 필요한 교육을 받거나 역할 모델을 찾기는 쉽지 않다. 더욱이 자녀는 사랑스럽고 귀여운 존재이고, 자녀를 키우는 것은 즐겁고 재미있는 일이며, 부모가 노력하면 자녀는 잘 성장한다는 등과 같은 낭만적 신화들은 부모들로 하여금 이상과 현실 간의 괴리감을 느끼게 하고 죄책감과 불안감을 느끼게 한다.

하지만 시대의 변화에도 불구하고 변하지 않는 부모됨의 의미는 부모역할이라는 계속적인 발달과정을 통하여 부모 자신의 성숙을 이루어 나간다는 것이다. 부모는 부모역할이라는 경험을 성공적으로 하게 될 경우 자신감을 얻게 되며, 부모 자신의 아동기 경험을 반복하고 수정하는 기회를 통하여 성격을 새롭게 조직하고 통합하는 것이 가능해진다(박영희, 1998). 이에 따라 사회변화 속에서 부모됨이 어떠한 변화와 의미를 지니고 있는지를 생각해 보고, 이러한 의미 속에서 긍정적 가치를 얻기 위해 준비해야 할 것이 무엇인지 생각하는 것이 필요하다.

2) 부모됨의 동기

부모됨의 동기는 자녀를 갖기 이전에 형성되어 부모가 될 것인지의 여부를 결정하는 데 영향을 주며(Bigner, 2006), 사회·문화적 환경, 시대적 요구, 개인의 가치관, 삶의 목표 등과 밀접하게 관련되어 있다. 나는 어떠한 동기와 이유에서 부모가 되려고 하는지 생각해 보는 것은 부모가 되기 위한 첫 준비 단계로, 부모가 되려고 한다면 부모됨에 대해 진지하게 생각해 보는 것이 필요하다.

전통사회에서는 성인이 되어 결혼하고 자녀를 갖는 것이 자연스러운 삶의 과정으로 여겨졌으며, 이는 사회적으로 인정받는 책임감 있고 도덕적인 의무로 간주되었다. 더불어 자녀를 낳아 기르는 일은 가계를 계승하고, 노동력을 확보하며, 노후를 보장받기 위한 중요한 수단으로 여겨지기도 했다. 즉, 부모됨은 가족과 사회를 유지하고자 하는 기능적 관점에서 이해되었고, 부모가 되는 결정은 개인보다는 집단의 기대에 의해 이루어지는 경우가 많았다.

반면, 현대사회에 들어서면서 부모됨의 동기는 가족형태의 다양화, 복지제도의 발달, 가족가치관의 변화 등으로 인해 유대강화를 중요시하고 개인화되는 방향으로 변화되고 있다. 오늘날 부모가 되고자 하는 동기(여성가족부, 2018)로는 첫째, **사랑과 애정의 욕구**를 들 수 있다. 사랑과 애정의 욕구 충족은 부모가 되려는 가장 큰 동기이다. 사랑하는 사람과 함께 살며 자녀를 낳아 부모가 되는 경험은 단순한 두 사람의 사랑을 넘어서는 깊은 행복감을 주며, 부부와 부모-자녀 간에 사랑을 주고받는 풍부하고 의미 있는 관계를 형성하게 한다.

둘째, **자아확장감의 동기**이다. 자아확장감이란 부모가 자녀를 통해 부모-자녀 관계를 새롭게 형성할 뿐 아니라, 자신의 존재가 다음 세대로 이어진다는 만족감과 심리적 보상을 느끼는 것을 의미한다. 부모는 자신을 닮은 자녀를 기르며 깊은 행복을 느끼고, 삶의 가치와 가족의 의미를 다음 세대에 전할 수 있다.

셋째, **성취감의 동기**이다. 부모는 자녀를 출산함으로써 삶의 중요한 성취감을 느낀다. 특히 아버지의 경우 삶의 성취감을 더 크게 느끼는데, 자아확장감과 함께 부부의 유전자가 이어진 자녀를 보며 커다란 결실을 이루었다는 만족감을 느끼게 된다.

넷째, 부모됨을 통한 **성장의 동기**이다. 부모는 자녀를 양육하면서 부부, 부모-자녀 간 다양한 상호작용을 경험하면서 자신의 정서적·인지적·사회적 성장을 촉진하고, 자녀에게 바람직한 모델이 되기 위해 끊임없이 자신을 성찰하고 인격을 수양하는 기회를 갖게 된다. 이는 에릭슨이 설명한 성인기의 '생산성(generativity)'의 개념과 일맥상통하는 것으로, 자녀를 단순히 키워야 할 존재로 보는 것이 아니라, 함께 성장하고 관계를 맺으며 의미 있는 삶을 공유하는 대상으로 인식함을 의미한다.

이처럼 부모가 된다는 것은 자녀의 성장 과정을 함께 하며 무엇과도 비교할 수 없는 기쁨, 행복과 자기 성장의 기회를 경험하는 여정인 동시에 막대한 시간과 에너지, 경제적 부담이 수반되는 실질적이고 지속적인 과업이라는 점을 간과할 수 없다. 즉, 부모가 된다는 것은 어느 정도의 대가를 수반하지만, 부모됨을 선택한 사람들은 부모가 됨으로써 얻는 이익이 그러한 대가를 능가한다고 생각하기에 이를 결정한다. 따라서 부모되기를 선택하고 결정하기 위해서는 임신과 출산, 자녀 양육으로 인해 나타나는 현실적인 생활의 변화를 예상해 보고, 그러한 변화에 대해 어떠한 준비와 역할이 필요한지를 충분히 생각한 후, 스스로 준비가 되었다고 여겨질 때 부모됨을 선택하는 것이 바람직하다.

Box 1-1

부모가 되는 시기를 결정하기 위해 점검해야 할 것들

엥겔(Engel, 1998)은 부모가 되기 위해서는 먼저 부모가 될 준비가 되었는지 스스로를 점검해 볼 필요가 있다고 하였으며, 부모가 되는 시기를 결정하기 위해 다음과 같은 몇 가지 고려해야 할 사항을 제시하였다.

첫째, 나 자신이 정서적으로 또 신체적으로 건강한가? 나와 배우자는 아이가 태어나면 생길 스트레스와 변화를 감당할 수 있을 정도로 정서적으로 안정되어 있는가?

둘째, 우리 부부관계에서 지금이 아이를 가지기에 적당한 시기인가? 우리 부부관계가 아기 출생으로 인한 변화와 혼란을 견딜 만큼 강하고 안정되어 있는가?

셋째, 아이를 키우는 데 드는 비용을 충당할 수 있을 정도로 재정적으로 안정되어 있는가?

넷째, 나와 배우자의 직업은 안정적인가? 아이를 낳으면 내 직업에는 어떤 영향이 있는가? 아이를 낳고 키우는 몇 년간 내 직업보다 더 관심을 쏟을 수 있겠는가?

다섯째, 양육과 시간과 에너지를 충분히 사용할 수 있는가? 직업과 양육을 양립할 수 있는가?

여섯째, 도움을 받을 수 있는 가까운 가족이나 친구가 있는가?

일곱째, 어머니의 경우, 임신 전후의 신체적 변화를 극복할 수 있을 만큼 자아존중감이 충분히 높은가?

출처: 정계숙, 문혁준 외(2015).

2 부모역할

1) 부모역할의 특징

부모역할이란 자녀의 건강한 성장과 발달을 지원하는 모든 행위와 상호작용을 포함하는 광범위한 개념으로, 성인이 수행하는 사회적 역할 중 가장 중요한 역할이라 할 수 있다. 부모-자녀 관계는 다른 인간관계와는 달리 끈끈한 정서적 유대감으로 결속되어 있기에 부모역할은 성인의 다른 사회적 역할과 비교해 볼 때 몇 가지 독특한 특징을 지니고 있다. 비그너(Bigner, 2009)는 부모-자녀 관계가 양방향적인 상호작용에 기초하고 있음을 강조하면서 부모역할의 특징을 다음과 같이 설명하였다.

첫째, 부모-자녀 관계는 가족이라는 사회체계에 포함된 하위체계이다. 자녀가 태어나면 부부만의 규칙, 역할 등으로 이루어져 있던 부부 중심의 가족체계는 복잡한 상호작용적 관계망으로 변화한다. 자녀라는 새로운 가족구성원의 출현으로 인해 전체적인 가족체계가 재편성되어 남편과 아내, 부모와 자녀는 상호 간에 영향을 주고받는 역동적 관계를 이루게 된다.

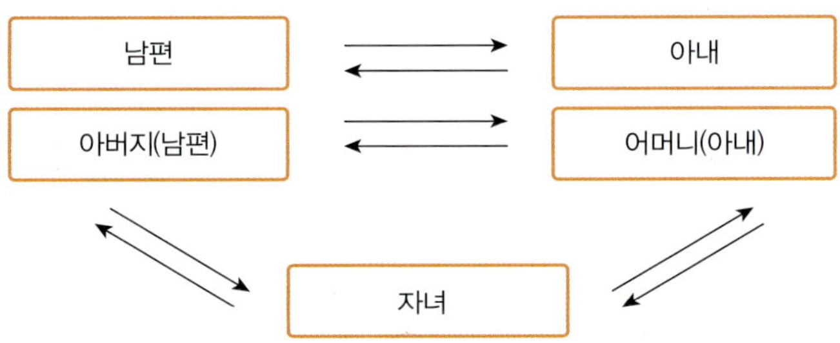

〈그림 1-1〉 부모-자녀 관계

출처: Bigner(2006).

둘째, 부모역할은 발달적 성격을 지닌다. 부모역할은 자녀의 발달단계에 따라 변화되어야 한다. 영아기, 유아기, 아동기, 청소년기로 자녀가 발달함에 따라 부모에 대한 자녀의 요구가 달라지므로 부모도 자녀의 요구에 맞추어 규칙, 상호작용 방식 등을 변화시켜야 한다. 자녀의 발달단계뿐 아니라 부모 자신의 발달적 변화도 부모역할에 영향을 미친다. 예를 들어, 이혼을 하는 경우 부모의 양육방식이나 상호작용의 질이 달라지게 된다.

한편, 로시(Rossi, 1968)는 부모역할과 직업역할을 비교하여 부모역할의 특징을 다음과 같이 설명하였다.

첫째, 남성보다 여성이 부모역할 수행에 대한 문화적 압력을 더 많이 받는다. 남성은 부모역할보다 직업인으로서의 역할을 더 중요시하는 반면, 여성은 가정에서의 자녀양육을 통해 개인적 성취를 더 중요시하도록 사회화되었다. 즉, 여성의 어머니 역할과 남성의 아버지 역할을 비교할 때 어머니 역할에 대한 사회적 기대와 가치가 더 크게 부여된다.

둘째, 부모역할은 성인의 다른 역할과 비교해 볼 때 항상 자발적으로 이루어지는 것은 아니다. 피임방법의 발달로 출산을 조절하고 계획할 수 있지만, 때로는 피임이 잘못되어 원하지 않는 임신을 하게 되어 부모역할을 수행할 수도 있다.

셋째, 부모역할은 연습할 수 없으며 언제나 실제 상황이다. 부모역할은 실제 자녀를 양육하면서 경험하는 것으로, 그 결과는 수정되거나 지워질 수 없다. 이에 부모역할은 그 어떤 다른 역할보다도 신중해야 하며, 잘못 행하지 않도록 사전 준비를 철저히 해야 한다. 그러나 부모로서의 역할수행을 위한 준비는 성인의 다른 역할을 위한 준비에 비하면 미흡하게 이루어진다. 예를 들어, 직장인으로의 역할수행을 위해서는 수년간의 교육, 훈련을 받으나, 부모역할은 특별한 준비 없이 수행되는 경우가 대부분이다.

마지막으로, 부모역할은 취소할 수 없다. 자녀에 대한 부모의 사랑이 본능적이며 무조건적이라고 해도, 부모역할을 수행하는 과정이 늘 기쁜 것은 아니다. 오히려 그 과정은 힘들고 지칠 때가 더 많다. 경제적인 형편이 어렵거나, 가정이나 사회에서 스트레스를 많이 받는 경우, 자녀가 부모의 기대대로 자라지 않고 실망을 안겨주는 경우, 또는 부모나 자녀에게 장애가 있는 경우에는 부모역할을 그만두고 포기하고 싶어진다. 그러나 부모역할은 시작하면 힘들다고 중도에 그만둘 수 없으며 그 책임은 평생 지속된다. 이혼한 부모가 자녀양육을 거부하고 보육원에 보낸다거나, 아동을 학대하는 부모에게서 부모로서의 권리와 역할을 박탈하는 등의 극단적인 경우를 제외하고는 부모역할은 중간에 포기하거나 취소할 수 없다.

이상과 같이 부모역할은 정적이라기보다 변화의 속성을 가지며, 연습이 없고, 별도의 준비과정 없이 미흡한 채로 시작되어 평생 동안 지속되는 특성이 있다. 그러나 부모역할은 자녀의 성장과 발달을 지원하고 새로운 견지에서 자기 자신을 바라볼 수 있게 한다는 점에서 그 어떤 역할보다 의미 있고 중요하다. 따라서 좋은 부모가 되는 것은 매우 복잡하고 어려운 일이지만, 부모역할의 특징을 잘 이해하고 자녀의 발달적 요구와 부모 자신의 변화를 함께 수용하면서 효율적으로 부모역할을 수행할 수 있도록 노력하는 것이 필요하다.

2) 부모 양육태도 유형

부모의 **양육태도**란 부모가 자녀를 양육함에 있어서 일반적·보편적으로 나타내는 태도 및 행동으로서, 자녀발달에 가장 큰 영향을 미치는 요인 가운데 하나이다. 부모의 양육태도는 여러 가지 요인들의 복합적인 영향으로 나타나는데, 보통 자녀에 대한 부모의 애정·통제·합리성의 정도에 따라 부모의 양육태도 유형을 구분하고 있다. 본 장에서는 바움린드(Baumrind)와 쉐퍼(Schaeffer)가 제시한 부모의 양육태도 유형을 살펴보고자 한다.

(1) 바움린드의 양육태도 유형

바움린드(Baumrind, 1991)는 애정과 통제라는 두 차원에 의해 부모의 양육태도 유형을 네 가지로 나누어 설명하고 있다. **애정차원**은 부모가 자녀에게 얼마나 애정적이고 지원적이며, 얼마나 민감한 반응을 보이고 관심을 갖고 있는지를 의미한다. **통제차원**은 아동에게 성숙한 행동을 요구하고 아동의 행동을 통제하는 정도를 말한다.

애정과 통제차원이 둘 다 높은 경우는 '권위가 있는(authoritative)' 양육태도, 통제차원은 높지만 애정차원은 낮은 경우는 '권위주의적(authoritarian)' 양육태도, 애정차원은 높은데 통제차원은 낮은 경우는 '허용적(indulgent)' 양육태도 그리고 마지막으로 애정과 통제차원이 모두 낮은 경우는 '무관심한(neglectful)' 양육태도로 제시하였다(정옥분, 2013).

〈그림 1-2〉 바움린드의 부모 양육태도 유형

① **권위가 있는 양육태도**

권위가 있는 양육태도의 부모는 자녀의 자율성을 존중하며, 애정적·반응적이고, 훈육 시 논리적 설명을 사용한다. 즉 이 유형의 부모는 권위가 있지만 일방적으로 자녀에게 복종을 강요하지 않으며, 체벌을 사용하지 않고, 대화를 통하여 부모가 제시한 규칙을 왜 준수해야 하는지 이해시킨다.

권위가 있는 부모의 자녀는 독립적이며, 자아존중감이 높아 학업성취도가 높은 경향을 보인다. 또한 책임감이 있고 자기통제력과 사회성이 높다.

② **권위주의적 양육태도**

권위주의적 양육태도의 부모는 자녀에 대한 통제와 요구수준이 높으며, 자녀에게 절대적 복종을 요구한다. 또한 훈육 시 체벌을 사용하고 논리적 설명을 하지 않으며, 자녀의 개별성, 자립성 및 자율성을 인정하지 않는 경향이 강하다.

권위주의적 부모의 자녀는 수동적이고 부정적인 자아존중감을 지니고 있으며, 의사소통 기술과 독립심이 부족하다. 또한 권위주의적인 부모의 자녀는 욕구가 좌절되면 적대적이고 공격적인 성향을 보이며, 상대적으로 도덕성 수준이 낮은 경향이 있다.

③ 허용적 양육태도

허용적 양육태도의 부모는 자녀에게 애정적·반응적이나 자녀에 대한 통제가 거의 없으며, 일관성 없는 훈육을 한다. 이러한 유형의 부모는 자녀의 충동적이거나 공격적인 행동조차도 관대하게 수용하는 경향이 있으며, 모든 의사결정을 자녀에게 맡기고, 자녀에게 성숙한 행동을 거의 요구하지 않는다. 이들 부모는 자녀에게 매우 애정적이고 과잉보호적일 수도 있으나 자녀양육 책임을 회피하려고 자유를 주기도 한다(조성연, 이미란 외, 2014).

허용적 부모의 자녀는 자기통제가 어려워 충동조절에 어려움을 가지며, 미성숙하고, 사회적 책임성과 독립심이 결여될 가능성이 높다.

④ 무관심한 양육태도

무관심한 양육태도의 부모는 자녀에게 애정이 없고, 자녀에 대하여 어떠한 요구와 책임도 지지 않으려 한다.

무관심한 부모의 자녀는 자아존중감이 낮으며, 독립심과 자기통제력이 부족하고, 문제행동을 많이 보인다.

(2) 쉐퍼의 양육태도 유형

쉐퍼(Schaefer, 1959)는 '버클리 성장에 관한 연구(Berkeley Growth Study)'를 통해 부모의 양육태도를 신생아기부터 초기 청년기에 이르기까지 30년간 종단 분석함으로써 애정–거부, 자율–통제의 두 차원으로 분류하였다. 애정–거부의 차원에서 **애정**은 칭찬이나 애정표현, 자녀에게 민감하게 반응하는 태도를 의미하며, **거부**는 자녀를 무시하거나 비난하고, 자녀에게 애정을 표현하지 않는 태도를 의미한다. 자율–통제 차원에서 **자율**은 자녀를 허용하고 수용하는 태도이며, **통제**는 강제성, 지나친 보호, 자녀에게 성취에 대해 강하게 요구하는 태도를 의미한다. 쉐퍼는 애정–거부와 자율–통제의 두 차원을 기초로 네 가지 유형의 부모 양육태도를 제시하였다(김정원, 전선옥, 2016; 조성연, 이미란 외, 2014).

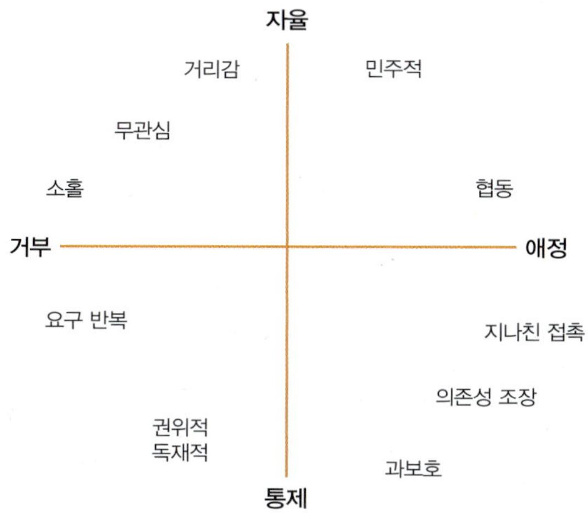

〈그림 1-3〉 쉐퍼의 부모 양육태도 모형

① 애정적-자율적 양육태도

애정적-자율적 양육태도는 가장 이상적인 부모의 양육태도로서, 부모가 자녀에게 애정을 갖고, 자녀가 독립적이고 자율적으로 행동하는 것을 허용하면서 자녀를 인격체로 존중하는 태도이다. 이러한 유형의 부모는 자녀에게 자유를 주지만 방임하지 않으며, 자녀로 하여금 본인의 생각과 행동에 따른 책임감과 의무를 갖게 한다.

이러한 부모 밑에서 자란 자녀는 부모와의 신뢰감을 토대로 자신이나 타인에 대한 적대감이 없고, 자신의 행동에 대한 자율성과 책임감을 경험함으로써 능동적·독립적·창의적·외향적이며 사회적응력이 높다.

② 애정적-통제적 양육태도

애정적-통제적 양육태도는 자녀에게 애정적 태도를 보이는 동시에 자녀행동에 제약과 통제를 많이 하는 태도이다. 이러한 유형의 부모는 자녀에게 지나치게 애정을 갖기 때문에 과잉보호적이고 소유적인 태도를 보임으로써 자녀행동을 일일이 간섭하고 제한하거나, 부모 자신의 경험에 따라 자녀의 삶을 계획하고 따라오도록 강요하며, 자녀에게 언어적·심리적 통제를 가하기도 한다.

이러한 가정에서 자란 자녀는 애정적–자율적 양육태도를 지닌 부모의 자녀보다 의존적이며, 사교성과 자신감, 창의성이 부족하고, 내성적인 성격을 지니며 잠재적인 적대감정을 지니기도 한다.

③ 거부적–자율적 양육태도

거부적–자율적 양육태도는 자녀를 수용하고 받아들이지 못하는 동시에 자녀 마음대로 행동하게끔 방임하는 태도이다. 이러한 유형의 부모는 자녀에게 무관심하거나 소홀하고, 자녀와 함께하는 시간이 거의 없으며, 자녀양육에 대해 태만하고 자녀를 무시하는 경향이 있다.

이러한 부모에게 자란 자녀는 자신을 무시하며 방임하는 부모의 양육태도로 인해 정서적으로 불안정하고, 자신의 행동을 조절하지 못하여 공격성이나 반항적·반사회적 행동을 보여 사회에서 고립되는 경향이 있으며, 정서적으로 미성숙한 행동을 나타내기도 한다.

④ 거부적–통제적 양육태도

거부적–통제적 양육태도는 자녀를 애정적으로 수용하지 않을 뿐만 아니라 자녀의 행동에 대해 관대하지 않고, 심리적·언어적 통제와 신체적 체벌까지 사용하여 자녀를 엄격하게 규제하는 태도이다. 이러한 양육태도는 애정적–자율적 양육태도와 정반대라고 볼 수 있으며, 부모 자신의 절대적인 기준에 따라 자녀의 행동을 평가하고 복종을 강요하는 독재적이고 권위주의적인 태도라고 할 수 있다.

이러한 가정에서 자란 자녀는 자아에 대한 분노와 함께 내면적으로 많은 갈등과 고통을 지니고 있으며, 정서가 불안정하고, 부모에 대한 적대감이 높게 나타난다. 또한 이들 자녀는 공격적이고 반항적인 태도를 보이며, 자주성·자발성·독창성이 부족한 경향을 보인다.

부모가 자녀에게 행하는 양육태도를 엄격하게 한 가지 유형만으로 구분하기는 어렵다. 부모 스스로가 자녀를 양육함에 있어서 우선시하는 원칙과 방법이 있다고 할지라도 상황에 따라 부모의 양육태도는 다양하게 나타날 수 있기 때문이다. 그러므로 부모의 양육태도가 자녀의 전반적인 성장과 발달에 중요한 영향을 미친다는 점을 인식하고, 부모로서의 권위를 지니면서 자녀를 독립된 인격체로 존중하며 수용하고, 온정적이고 일관된 양육태도로 자녀를 대할 수 있도록 노력하는 것이 중요하다.

Box 1-2

자녀의 발달단계에 따른 부모역할

갈린스키(Galinsky, 1987)는 태아에서부터 18세까지의 자녀를 둔 부모 228명에 대한 면접조사를 통해, 부모들이 자녀의 성장·발달에 따라 여러 단계의 부모기를 거친다는 사실을 발견하였다. 갈린스키가 제시한 부모됨의 6단계 발달과정 모형을 통해 부모역할을 살펴보면 다음과 같다.

1) 이미지 형성 단계(임신~출산)

임신시기에 해당하는 이 시기에 부부는 이전의 부부만의 관계에서 벗어나 예비 엄마, 아빠로서 출산과 부모기에 대한 자신의 이미지를 스스로 형성한다. 또한 신체적·물질적 준비를 하고 어떤 부모가 될 것인가를 부부가 함께 논의한다.

2) 양육하는 단계(자녀 출생 후~2세)

첫 단계에서 세운 부모의 이미지와 현실을 일치시키는 작업과 부모가 된 현실을 인정하고, 돌봄의 과정을 통해 자녀와 적응하는 단계이다. 애착과 기본적 신뢰감이 형성되는 시기이므로, 사랑·관심·놀이·접촉·적절한 자극 등을 통해 아동의 욕구를 충족시켜줌으로써 건강한 성격발달의 근간이 형성될 수 있도록 해주어야 한다.

3) 권위를 형성하는 단계(2~5세)

이 시기의 아동은 부모와의 관계에서 벗어나 점차 또래 또는 다른 성인과의 사회적 관계로 범위를 넓혀나가게 된다. 부모는 이전처럼 자녀에게 단순한 생리적 욕구를 충족시켜주거나 애정적 욕구를 만족시키는 역할에서 벗어나 아동의 사회화 과정을 도와야 한다. 부모로서의 권위의 범위와 자녀에게 허용되는 행동의 한계를 설정하고 이에 자녀가 따르게 하는 것 또한 중요한 과제이다. 또한 이 시기는 아동의 성역할 개념이 습득되는 시기이므로, 부모는 자녀가 자신의 성에 적절하면서 융통성 있는 성역할 개념을 형성할 수 있도록 도와주어야 한다.

4) 설명하는 단계(초등학교 시기)

아동이 초등학교에 입학하게 되면서 주변 세계의 제반 문제에 대한 폭넓은 관심과 깊은 탐구 활동이 시작된다. 따라서 이 시기의 부모는 주로 정보제공자, 자녀의 다양한 의문이나 요구에 대한 해설자, 세상과 사물에 대한 이치를 설명해 주는 설명자로서의 역할을 해야 한다. 또한 자녀들에게 부모 자신의 역할을 이해시키는 것도 필요하며, 가족의 역할과 권위를 재조정함으로써 부부의 경계와 자녀의 경계를 재조정하는 것도 필요하다.

5) 상호 의존하는 단계(청소년기)

이 시기의 자녀는 자아정체감을 형성하고, 뚜렷한 신념과 논리, 가치를 형성하는 시기이다. 부모는 이전과는 다른 부모-자녀 관계관을 정립해야 하며, 자녀와의 의사소통 방식도 기존의 방식이 아닌 새로운 방식으로 개선할 필요가 있다. 또한 사춘기의 제2차 성징이 나타나는 시기이므로 자녀가 성적 욕구를 지닌 존재임을 인정하여 자녀의 변화를 받아들이고, 자녀의 합리성과 논리성을 객관적으로 수용하고 지지하는 자세가 필요하다.

6) 떠나보내는 단계(성인기)

이 시기는 자녀가 부모의 직접적인 보호와 돌봄으로부터 벗어나 혼자만의 자율적 생활을 시작하는 시기이며, 부모의 곁을 떠나는 시기이기도 하다. 이 시기 부모의 가장 큰 역할은 인생의 선배, 결혼의 선배로서 결혼한 자녀가 새 가정생활에서 직면하는 여러 가지 어려움에 현명하게 대처할 수 있도록 상담과 조언을 해주는 것이다. 고등학교 졸업 후이든 결혼 후이든 간에 자녀를 떠나보내기 전에 부모의 입장에서 우선 자녀를 떠나보낼 마음의 준비가 이루어져야 한다.

갈린스키가 제시한 6단계 이후에도 부모는 자신이 마음속에 갖고 있는 자녀에 대한 이미지와 실제 사이의 갈등을 해결하려는 과정을 통해 성장·변화하게 된다. 따라서 부모로서의 역할은 자녀의 성장과 함께 변화하는 개인 성장의 과정이라고 할 수 있으며, 효과적인 부모역할을 하기 위해서는 자녀의 발달적 요구와 부모의 발달적 요구를 조화시키면서 부모역할을 수행할 수 있도록 준비하여야 한다.

출처: 정현숙, 유계숙(2002).

3) 부모역할에 영향을 주는 요인

부모가 자녀를 양육하는 방식이 개인마다 다른 것은 부모역할이 매우 다양한 요인의 영향을 받기 때문이다. 부모역할에 영향을 미치는 요인을 부모 자신의 특성, 자녀의 특성, 그리고 맥락적 특성으로 구분하여 살펴볼 수 있다(Belsky, 1984).

(1) 부모의 특성

부모역할은 그 역할을 수행하는 부모의 성격특성에 의해 영향을 받는다. **부모의 성격특성**은 부모 자신의 발달적 경험의 산물이라 할 수 있으며, 부모의 성격특성은 부모역할을 행하는 데 있어서 가장 직접적인 요인으로 작용한다. 자녀를 양육하기 위해서는 타인의 관점을 정확하게 파악하고, 타인의 정서에 공감하는 능력과 관련된 민감성이 필요하다. 이러한 부모의 민감성은 자녀의 욕구에 효과적으로 반응할 가능성을 증가시킴으로써 건강한 부모-자녀 관계를 유지시킬 수 있다. 또한 자녀에게 정서표현을 하는 정도나 탐색의 자유를 허용하는 정도, 자녀의 행동에 한계를 설정하는 정도, 자녀의 미숙함을 수용하는 정도 등과 같은 중요한 양육차원도 부모의 성격특성에 의해 영향 받을 수 있다.

부모의 심리적 기능 역시 부모역할 수행과 밀접한 관련이 있다. **우울증**을 가진 부모는 그렇지 않은 부모에 비해 자녀에게 거부적이며 자녀와 정서적인 거리감을 두는 등의 부정적인 양육행동을 많이 보이게 된다. 또한 부모가 여러 가지 사건이나 상황적 요인에 의해 **스트레스**를 경험하는 경우에는 자녀의 동일한 행동에 대해서도 부정적으로 반응하게 되고, 자녀의 행동에 대한 인내심이 감소하게 된다.

부모가 **원가족에서 겪은 발달적 경험**은 다양한 방식으로 자녀의 양육행동에 영향을 미친다. 장기간 부모의 행동을 관찰하고 모방하는 과정을 통해 자신의 부모로부터 경험한 양육방식은 부모역할의 모델이 되어 자연스럽게 자신의 자녀를 양육하는 데 영향을 미치게 된다. 즉, 원가족 부모로부터 지지적인 양육을 경험한 사람은 성숙하고 건강한 성격을 발달시키게 되고, 이러한 성격은 다시 최적의 아동발달을 촉진하는 민감한 부모로서 기능하는 데 도움이 된다. 반면 원가족 부모로부터 학대를 받았거나 학대가 빈번하게 일어났던 가정에서 성장한 부모는 자녀에게 어떻게 해야 좋은 부모가 되는지 방법을 몰라 체벌로써 자녀를 다스리게 되고, 체벌에 지나치게 의존하다 보면 결과적으로 자녀를 학대하는 수준에 이를 수 있다.

(2) 자녀의 특성

부모역할에 영향을 미치는 자녀의 특성 중 가장 많은 관심을 받아온 것은 **기질**이다. 기질은 선천적인 요소로서 환경 자극에 반응하는 개인적 성향을 의미하며, 성격 형성의 기초로 간주되고 있다. 자녀의 기질은 부모의 행동을 결정짓는 중요한 요인으로, 아동의 기질이 순한 경우 부모는 자녀에게 애정을 표현하고 자녀의 욕구를 존중해 주는 방식으로 반응할 가능성이 높지만, 생리적 리듬이 불규칙하고 예민하며 보채는 까다로운 기질을 지닌 아동의 부모는 자녀에게 규칙과 기대를 따르도록 강요하는 강압적인 태도를 취하는 경향이 있다.

이와 같이 아동의 기질은 부모가 자녀를 양육하는 방식에 영향을 미치지만, 부모-자녀 관계에서 보다 중요한 것은 아동이 어떠한 기질을 가졌느냐가 아니라 부모의 양육태도와 아동의 기질이 얼마나 조화를 잘 이루느냐는 것이다. 즉 부모가 자녀의 기질을 있는 그대로 이해하고 수용하면서 자녀의 기질에 따라 양육태도를 조절한다면 그 결과는 보다 조화로운 관계가 된다. 반면, 아동의 기질과 부모의 양육태도가 조화를 이루지 못하면 부모나 아동 모두 갈등을 경험하게 된다.

〈표 1-1〉 아동의 기질을 고려한 양육태도

구분	양육태도
순한 아동	• 규칙적으로 아이의 생리적 현상 점검하기 • 적절하게 아이에게 다가가 특별한 관심을 보여주기
까다로운 아동	• 아이의 변덕스런 기분이나 예측하기 어려운 행동에 성인이 융통성을 가지기 • 활발하게 움직이고 싶어 하는 욕구를 발산할 수 있는 기회 주기 • 아이의 호기심과 탐색욕구를 격려하고 지원해 주기
겁 많은 아동	• 강요하지 않기 • 혼자서도 할 수 있다는 것을 천천히 격려하기 • 자기만의 특별한 공간을 주어 안정감을 느끼게 하기 • 아이가 예측하고 마음의 준비를 할 수 있도록 앞으로 일어날 일을 미리 알려주기

출처: 문혁준, 서소정 외(2013)에서 발췌, 수정.

또한 부모는 **자녀의 성**에 따라 행동에 대한 기대를 달리하며, 동일한 행동에 대해서도 다른 반응을 보인다. 예를 들어 여아의 활동성은 산만하고 조신하지 않다고 생각하여 제한하는 반면, 남아의 활동성은 씩씩하고 독립적이라고 생각하여 강화하는 경향이 있다.

자녀의 연령이 증가하면서 부모가 자녀를 양육하는 방식에 변화가 일어난다. 이는 자녀가 발달함에 따라 자녀의 요구나 자녀가 필요로 하는 자극의 종류가 달라지고, 부모가 이러한 변화에 적응하는 과정에서 비롯되는 자연스러운 결과이다. 즉 자녀가 성숙해짐에 따라 부모는 신체적 보호의 양육 형태에서 벗어나 심리적 지원의 양육 형태로 변화하게 되며, 나중에는 자녀의 독립을 지원하고 분리를 도와주는 역할을 하게 된다. 자녀의 성장에 따라 부모역할이 융통성 있게 변화하는 과정을 통해 부모 또한 개인적인 성장과 발달을 이루게 되며, 이는 결과적으로 부모역할이 발달적인 성격을 가진다는 것을 의미한다.

(3) 맥락적 특성

만족스러운 부부관계나 **배우자의 적극적인 자녀양육 참여**는 부모역할의 지지체계로서 긍정적인 부모역할을 촉진하는 요인이다. 일반적으로 **결혼만족도**가 높은 어머니들은 자녀를 합리적으로 지도하고 자녀의 독립심과 자율성을 격려하는 반면, 결혼만족도가 낮은 어머니들은 자녀와의 관계에만 몰두하여 자신의 불행한 결혼생활을 보상받으려고 하거나 자녀에게 거부적 태도를 보이는 것으로 나타났다.

또한 부모, 친구나 이웃과 같은 **사회적 관계망으로부터 받는 적절한 지원**은 부모의 자존감을 강화시킴으로써 부모역할을 수행하는 데 필요한 인내심과 민감성을 증진시키지만, 반대로 **사회적 고립**은 아동학대와 같은 역기능적 부모역할을 증가시키는 위험요소가 될 수 있다.

부모의 교육수준, 직업, 수입에 따른 **사회경제적 지위**도 부모역할에 영향을 미치는 중요한 요인이다. 교육수준이 높고, 수입이 많고, 전문직에 종사하는 가정의 부모들은 낮은 사회경제적 지위의 부모들에 비해 자녀를 덜 통제하고, 체벌을 덜하며, 보다 애정적이고 반응적인 태도를 보이는 것으로 나타났다. 경제적 어려움은 부모에게 스트레스, 우울과 같은 심리적 어려움을 유발하여 부모역할을 수행하는 데 간접적인 영향을 주기도 한다.

이 외에도 부모의 취업 상태 및 직장생활, 종교, 대중매체 등이 부모역할에 대한 가치관이나 자녀관을 형성하는 데 관여하여 부모역할의 수행에 영향을 미칠 수 있다.

이상에서 살펴본 바와 같이 부모의 특성, 자녀의 특성, 맥락적 특성과 같은 다양한 요인들이 부모역할 수행에 직·간접적인 영향을 미친다. 즉, 부모역할은 다양한 요인들 간의 역동적인 상호관계를 통해 이루어지기에 효율적인 부모역할 수행을 위해서는 개인과 가족, 환경의 특성을 이해하는 것이 필요하다.

3 부모교육의 필요성 및 목적

1) 부모교육의 정의

부모교육(parent education)은 부모의 자녀에 대한 이해와 지식을 증진시켜서 양육 시 사고와 감정, 행동에 있어서 자신의 습관적인 방법을 점검해 보도록 하여, 자녀를 양육하는 더 나은 새로운 방법을 습득하도록 도와주는 다양한 교육적 경험을 말한다(이재연, 김경희, 2003). 즉, 부모교육은 부모로서의 역량을 키우고 효과적으로 자녀를 양육하도록 도와주는 다양한 교육적 활동을 의미하기에, 아동의 사회적·정서적 부적응을 예방하는 일차적인 수단이 될 수 있다.

특히 부모는 자녀의 출생에서부터 지속적으로 자녀와 상호작용을 맺는 중요한 존재이기에, 부모의 삶에 대한 가치관이 어떠한지, 부모의 자아가치감과 사회적 관계가 어떠한지 등이 자녀에게 그대로 전달되어 자녀의 성장과 발달에 결정적 영향을 주게 된다. 따라서 부모는 자신 스스로를 자녀의 성장과 발달에 중요한 영향을 미치는 인적 환경으로 인식하고 꾸준히 성숙해 나가도록 노력하는 것이 필요하다. 즉, 인간으로서 자신을 사랑하고, 자아를 실현하려고 노력하는 부모가 자녀에게 중요한 모델이 되어 긍정적인 영향을 미치게 되므로, 부모로서의 역할뿐만 아니라 한 개인으로서 자아를 실현하도록 도움을 주는 모든 일들을 부모교육이라 할 수 있다(정계숙, 문혁준 외, 2015).

2) 부모교육의 필요성

부모는 아동이 세상에 태어나 최초로 맺게 되는 인간관계이며, 부모가 제공하는 환경은 아동의 전반적인 발달에 중요한 영향을 미친다. 그러나 가족구조와 기능의 변화, 여성취업의 증가, 지식과 정보의 폭발적 증가와 같은 현대사회의 급속한 변화는 부모들의 가치체계를 혼란시키고 부모역할을 보다 어렵고 복잡하게 만들고 있다. 이에 부모 스스로 부모역할을 제대로 수행하기 위해서는 더 많은 노력과 교육이 필요하다는 것을 인식하게 되었고, 이를 보다 효율적으로 수행할 수 있도록 도와주는 체계적인 부모교육이 필요하게 되었다.

구체적으로 부모교육의 필요성을 아동, 부모, 사회적 측면에서 살펴보면 다음과 같다(김정원, 전선옥, 2016; 김현주, 손은경 외, 2013; 유안진, 김연진, 2003; 정옥분, 정순화, 2005).

(1) 아동의 측면

부모는 아동의 발달과정에서 가장 중요한 영향을 미친다. 부모의 효과적인 개입이 자녀의 성장과 발달에 절대적인 영향을 미침에도 불구하고 대부분의 부모들은 자녀를 효율적으로 다루는 방법에 대해 아는 바가 별로 없다. 따라서 부모가 가정에서 자녀를 효율적으로 양육할 수 있도록 도움을 주는 다양한 기술이나 정보 습득이 필요하다.

(2) 부모의 측면

① 부모 자신의 성숙을 위하여 부모교육이 필요하다. 부모는 출산과 양육과정을 통하여 긍정적으로 성숙할 수도 있지만 반대로 양육과정에서의 수많은 좌절과 갈등을 경험하면서 스트레스를 받고 자책할 수도 있다. 따라서 부모교육을 통해 자

녀양육에 대한 도움을 받고 부모로서의 역량을 증진시키는 것은 부모 자신의 성숙을 위해 필요하다.

② 급속한 가족체계의 변화로 젊은 부모들이 주위로부터 자녀양육의 도움을 받을 수 없게 되면서 부모 스스로 자녀양육에 대한 책임을 지는 상황이 되었다. 그러나 현대사회의 부모들은 자녀양육이나 교육에 대해 넘쳐나는 정보의 홍수 속에서 무엇이 옳고 중요한 것인지를 판단하는 부모로서의 가치관이 부재하다. 그 결과 자신의 부모역할에 자신이 없는 부모들은 아동의 성향이나 개인차는 무시하고 남들이 하는 방식을 좇아 따라 하는 행동을 보이게 된다. 따라서 부모교육을 통해 부모역할이란 무엇인지 생각해 보고, 자녀의 욕구에 적절한 부모역할에 대한 지식과 정보를 배우면서 부모로서의 자신감과 건전한 가치관을 형성하기 위하여 부모교육이 필요하다.

③ 여성의 사회참여가 늘어나면서 일과 가정의 양립을 위한 사회 환경 조성이 무엇보다 중요하다. 이를 위하여 부모교육을 통해 남성에게 공동양육의 중요성을 강조함으로써 아버지도 자녀양육에 적극 참여하고 가사를 분담하는 등의 역할을 수행하도록 강조하는 부모교육이 필요하다.

④ 현대 문화와 대중매체가 제시하는 부모상과 부모역할은 비현실적인 이미지를 심어주는 경우가 많기에 부모교육이 필요하다. 대중매체에서의 부모역할은 지나치게 이상적이거나 극단적으로 묘사되는 경우가 많다. 이에 실제로 자녀를 낳고 부모역할을 수행하는 과정이 자신이 기대했던 것과 일치하지 않게 되면 혼란과 좌절을 경험하고 자책감을 갖게 된다. 따라서 부모가 된다는 것이 어떤 의미를 지니며 부모역할을 수행하기 위해서는 어떠한 계획과 준비가 있어야 하는지에 대한 정보를 제공하기 위하여 부모교육이 필요하다.

(3) 사회적 측면

① 정부나 국가의 차원에서 인적 투자의 효율성을 고려해볼 때 부모교육이 필요하다. 경제적인 측면에서 보면, 국가는 사회의 구성원이 어릴 때 적은 비용을 들여

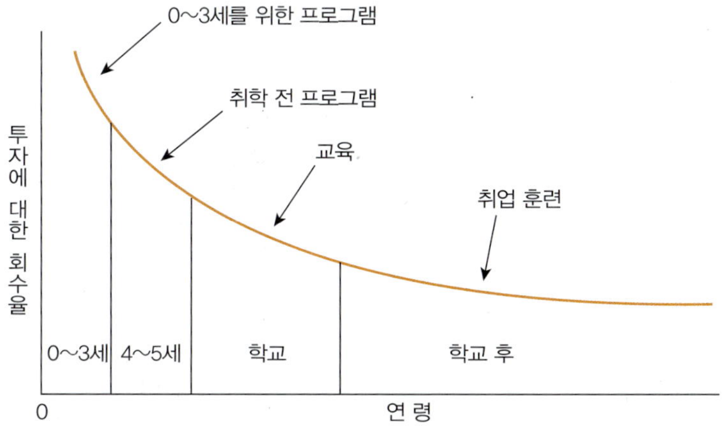

〈그림 1-4〉 조기투자의 효율성

출처: Heckman(2008).

부모교육을 함으로써 아동이 건강하게 성장·발달하는 것을 지원하여 질 높은 인적 자원을 확보하고 사회 발전의 원동력을 얻을 수 있다. 이는 나중에 비행청소년 혹은 실업자 등의 수를 줄일 수 있게 하고, 결국에는 이들을 위해 사용해야 하는 사회적 비용을 경감할 수 있게 하므로 경제적이라고 할 수 있다.

② 미래사회에 적응할 수 있는 유능한 인적 자원을 양성하기 위하여 부모교육이 필요하다. 현대사회는 급속히 변하고 있고, 변화의 속도는 앞으로 더욱 가속화될 전망이다. 그러므로 부모들은 자녀의 미래를 준비시키기 위하여 미래사회에 적절한 사고방식과 능력이 무엇인지를 배워서 자녀를 지원해 줄 필요가 있기에 부모교육이 필요하다.

③ 현대사회에는 다양한 형태의 가족이 있으며, 각 가족이 요구하는 부모역할이 다르기 때문에 가족 유형에 적합한 부모교육이 필요하다. 여성 취업률의 증가, 높은 이혼율과 실직, 가족구성원에 대한 유기와 폭력, 자녀교육으로 인한 장기 분거 등으로 한부모 가정, 계부모 가정, 조손 가정, 다문화 가정, 장기 분거 가정 등 다양한 형태의 가족이 발생하고 있다. 따라서 가족의 형태에 따라 그에 적합한 효율적인 부모역할을 수행하고, 부모–자녀 관계를 개선하고 유지하는 데 필요

한 지식과 정보 등을 제공해 주는 부모교육이 필요하다. 특히 최근에는 건강한 가정의 개념으로 가족구성원 간의 소통이 강조되고 있기에 가족 간 의사소통을 향상시키고 자녀의 성장 발달을 지원하는 부모교육이 필요하다.

이상에서 볼 때, 현대의 부모들에게 복잡하고 힘든 일이 되어 버린 가족의 구성과 유지를 위하여 부모교육이 필요하다는 것은 명백한 사실이다. 특히 부모들이 변화의 속도가 급속한 현대사회에서 부모역할을 제대로 수행하기 위해서는 그들의 특성과 요구에 적합하게 개발된 부모교육 프로그램이 뒷받침되어야 하며, 부모들은 부모역할이 아동, 부모, 국가에 미치는 영향력을 인식하고 가족의 삶의 질을 높이기 위하여 다양한 부모교육 프로그램에 참여하는 것이 필요하다.

3) 부모교육의 목적

부모교육의 궁극적인 목적은 부모로 하여금 자녀의 발달 특성을 이해하고, 자녀를 양육하는 데 필요한 지식이나 기술, 태도 등을 습득하도록 도와주는 것이다. 여러 학자들이 제시한 부모교육의 목적을 종합해 보면 다음과 같다.

첫째, 부모교육의 일차적 목적은 자녀의 성장과정이나 양육방법과 관련된 폭넓고 전문적인 지식이나 정보를 제공해 주고, 이를 상호 간에 교환할 수 있도록 도와주는 것이다. 부모들은 강연회, 토론회, 독서모임 등을 통해 부모교육 전문가로부터 자녀 양육과 관련된 정보를 획득하거나 정보를 부모 상호 간에 교환할 수 있다.

둘째, 부모가 자신의 부모로서의 신념에 대해 명료하게 인식하게 하고, 문제가 있을 경우에는 이를 변화시키도록 도와주는 것이다. 부모 자신이 어떤 유형의 부모이며, 이러한 자신의 신념이나 가치관이 자녀의 성장에 어떤 영향을 미치는가에 대한 인식이 선행되어야 부모의 태도 변화가 가능하다.

셋째, 부모로 하여금 효율적인 부모역할을 수행할 수 있도록 특정한 기술을 습득하도록 도와주는 것이다. 자녀양육과 관련된 기술 습득이라는 목표를 달성하기 위하여 부모교육 프로그램에서 가장 보편적으로 다루는 내용은 부모-자녀 간의 의사소통 방식에 관련된 것이다. 많은 부모교육 이론들이 부모-자녀 간에 원만한 상호작용이 이루어지기 위해서는 의사소통이 가장 중요하다는 것을 전제로 하고 있으며, '나 전달법', '반영적 경청' 등과 같은 의사소통 방식은 부모교육 프로그램에서 널리 활용되는 방법이다.

넷째, 일상생활에서 부모-자녀 간의 상호작용에서 직면하게 되는 여러 가지 문제들에 대한 해결 능력을 증진시켜 주는 것이다. 자녀의 잘못된 행동습관을 고쳐주고 이를 바람직한 행동으로 수정하고자 하는 것은 모든 부모의 공통된 관심사이다. 아동의 발달과정에서 발생하는 여러 문제점들을 해결하는 능력을 향상시키기 위해 전문가들은 특정 상황에서 부모-자녀 간의 상호작용을 관찰하고 이에 대한 피드백이나 행동 지침을 제시해 주기도 한다.

이상과 같은 부모교육의 목적을 이루기 위하여 부모교육은 부모 자신의 발달적 욕구를 우선적으로 고려하여야 하며 부모역할을 수행할 수 있는 역량을 배양함으로써 부모역할에 대한 자신감과 부모로서의 자존감을 갖게 해야 한다. 또한 부모교육은 지나치게 세부적이고 기술적인 측면에 치중하기보다는 부모로서의 가치관, 신념이 확립되도록 하는 것이 바람직하다. 나아가 부모교육은 부모-자녀 관계라는 좁은 의미에서 벗어나 가족 기능의 강화를 목적으로 해야 한다.

생각해 볼 문제

01 부모됨을 통해 얻을 수 있는 다음 9가지 이유의 우선순위를 적어 보자. 가장 중요한 2가지를 선택해 부모됨의 의미와 자녀출산의 동기에 대해 생각해 보자.

문항	순위
① 사회적 지위 획득	
② 나와 배우자를 닮은 사랑스러운 자녀	
③ 성취감과 생산성 획득	
④ 인격의 성숙	
⑤ 사랑과 애정의 욕구	
⑥ 희열과 행복	
⑦ 사회규범에 대한 동조	
⑧ 가정생활의 안정감	
⑨ 가계 계승	

02 자신이 생각하는 바람직한 부모역할은 무엇이며, 그러한 생각에 영향을 미친 요인은 무엇인지 생각해 보자.

03 부모역할에 대한 다음의 질문에 대해 예(O), 아니오(X)로 표시하고 결과를 점검해 보자. 결과는 〈부록〉에 제시되어 있다.

문항	응답
① 부모역할은 자녀가 성장하면 끝이 난다.	
② 대부분의 사람들은 다른 사람을 돌보려는 욕구를 충족시키기 위해 자녀를 출산한다.	
③ 부모는 자녀를 양육하고, 자녀와 사회의 욕구를 충족시킬 책임과 의무가 있다.	
④ 현대의 부모들은 과학의 발달로 과거보다 부모역할 수행이 더 쉬워졌다.	
⑤ 남성이 여성보다 부모역할 수행에 대한 문화적 압력을 더 많이 받는다.	
⑥ 부부관계, 직업, 개인의 사회적 관계망은 부모역할을 수행하는 데 있어서 지지원이나 스트레스원으로 기능한다.	
⑦ 자녀가 부모의 결혼생활을 향상시킨다.	
⑧ 자녀가 없는 부부는 좌절되고 불행하다.	
⑨ 부모는 자녀들에게 사랑을 충분히 쏟기만 하면 된다.	
⑩ 오늘날 자녀들은 부모로부터 받은 모든 편의에 감사한다.	
⑪ 자녀는 늘 귀엽고 사랑스럽다.	

출처: 정현숙, 유계숙(2002)에서 발췌, 수정.

Chapter

2 자녀 발달과 부모역할

1. 태내기 발달과 부모역할
2. 영아기 발달과 부모역할
3. 유아기 발달과 부모역할

부모가 된다는 것만큼 가치 있고 설레는 경험은 없다. 부모는 새 생명을 잉태하고 출산하며, 세상에 태어난 자녀를 양육하고 교육하는 경험을 통해 자녀와 함께 변화하고 성장한다. 태내기는 정자와 난자가 만나 수정된 후 출산하기까지의 40주간으로, 인간 발달의 초석이 형성되는 중요한 시기이다. 모체로부터 분리되어 세상에 태어난 영아는 2세까지 모든 발달의 영역에서 매우 빠른 속도로 성장한다. 즉, 미성숙하고 수동적이던 영아는 단어와 문장으로 자신의 의사를 표현하고 양육자와 애착을 형성하며 환경탐색을 추구하는 적극적인 존재로 발달하게 된다. 그 후 3세부터 초등학교 입학 이전까지의 유아기 동안, 유아는 또래와의 접촉이 빈번해지고 타인과의 의사소통이 원활해지면서 다양한 사회적 관계 능력을 발달시키게 된다. 이에 본 장에서는 자녀 발달을 태내기, 영아기, 유아기로 구분하여 각 발달단계별 주요한 발달적 특징과 이에 적합한 부모역할을 살펴봄으로써 자녀 발달에 따라 변화하는 부모역할에 대한 이해를 돕고자 한다.

학습 목표

1. 태내기 발달과 부모역할에 대해 알아본다.
2. 영아기 발달과 부모역할에 대해 알아본다.
3. 유아기 발달과 부모역할에 대해 알아본다.

1 태내기 발달과 부모역할

인간의 생명은 남성의 정자와 여성의 난자가 만나면서부터 시작된다. 정자와 난자가 만나 형성된 수정란은 태내기 동안 대단히 빠른 속도로 세포분열을 거듭하여 완전한 생명체로 생존할 수 있는 준비를 하게 된다. 수정에서 출산에 이르기까지의 태내발달은 다음과 같은 세 단계로 분류할 수 있으며, 각 단계별 특징과 원만한 태내발달을 위한 부모역할을 살펴보면 다음과 같다.

1) 태내기 발달

(1) 배란기

배란기(period of ovum)는 정자와 난자가 결합한 수정란이 자궁벽에 착상하는 약 2주까지의 기간을 의미한다. 수정란은 세포분열을 거듭하면서 난관 내부의 섬모 운동과 난관의 수축작용으로 나팔관과 난관을 지나 자궁 속으로 내려온다. 자궁 속의 수정란은 하루 혹은 이틀 정도 떠돌다가 자궁벽에 정착한다. 아주 드물게 수정란이 나팔관이나 장기의 어떤 부위에 착상하는 경우는 자궁외 임신으로 이러한 상태는 오래 지속될 수 없다.

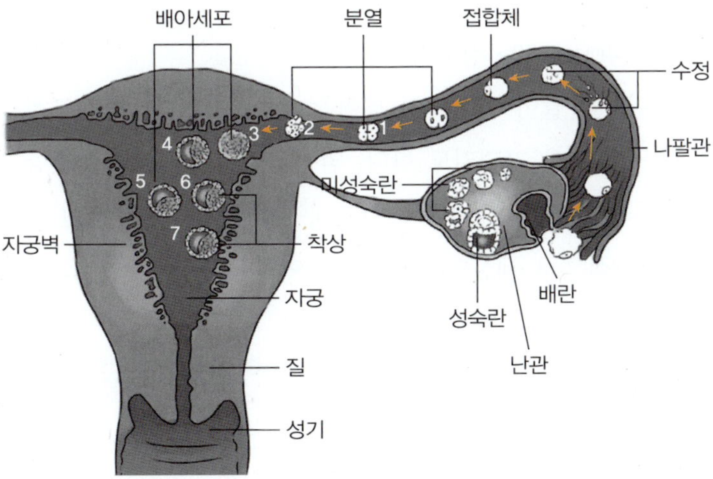

〈그림 2-1〉 수정과 착상

(2) 배아기

배아기(period of embryo)는 자궁벽에 착상한 후부터 임신 약 8주까지의 기간을 의미하며, 이 시기의 유기체를 **배아**라고 부른다. 이 시기에는 발달이 급속히 이루어져 신체의 주요 기관이 형성되는데, 제일 먼저 발달하는 기관은 순환계로 수정 후 3주경에는 미숙하지만 심장이 박동하게 된다. 수정 후 4주경에는 얼굴 모양이 만들어지고, 팔, 다리, 손가락, 발가락이 나타난다. 내부기관의 발달도 이루어져 소장과 대장이 발달하고, 기관과 허파도 형성된다.

이처럼 배아기는 신체의 주요 기관이 형성·발달되는 시기로, 이 시기에 모체의 심리적 충격, 영양실조, 약물복용 등이 있을 경우에는 배아에게 치명적인 손상이 나타날 수 있다.

(3) 태아기

태아기(period of fetus)는 수정 후 8주 후부터 출생까지의 시기를 말하며, 이 시기의 유기체를 **태아**라고 한다. 태아기에는 배아기 때 발달된 기관들이 더욱 발달되어 구조가 더 정교해지며 기능이 더욱 분화되고 복잡해진다.

임신 3개월경에는 눈꺼풀, 손톱, 발톱이 발달하는 등 인간의 형체를 닮기 시작하며, 외부생식기의 발달로 태아의 성별을 구분할 수 있게 된다. 임신 4개월경에는 태동을 느낄 수 있으며, 임신 5개월이 되면 출생 시 신장의 반이나 성장하여 태아의 신장은 25cm이고, 체중은 400~450g 정도 된다.

임신 6개월에는 뇌 발달이 이루어져 태아는 큰 소리에 짜증난 표정을 지으며 눈에 빛이 들어오면 손으로 빛을 가리기도 한다. 임신 210일은 생존가능연령(age of viability)으로 태아는 미숙아로 태어난다 하더라도 인큐베이터에서 특별한 보살핌을 받을 경우 생존이 가능하다. 일반적으로 체중이 1.5kg 정도이면 생존이 가능하고, 2.5kg 이상이면 인큐베이터에서 양육하지 않아도 된다.

임신 후반기인 7개월부터 9개월까지 태아의 키와 몸무게는 급격하게 증가하여 태아가 자궁 내에서 움직일 수 있는 공간은 점점 더 감소하게 된다. 그 결과 임신 9개월의 태아는 분만을 준비하기 위해 머리를 자궁경부 방향으로 향하도록 회전하고, 출산 1~2주일 전에 태아는 자궁경부까지 내려간다.

2) 부모의 역할

태내기는 비록 짧은 기간이기는 하지만 인간 발달의 기초가 형성되는 매우 중요한 시기이다. 따라서 이 시기의 부부는 임신과 출산에 대한 신체적·심리적·경제적 준비를 함으로써 부모가 되기 위한 준비를 하는 것이 필요하다.

(1) 임신에 대한 긍정적 태도

임신과 함께 예비 부모들은 새로운 역할과 환경의 변화에 대한 준비를 해야 한다. 임신 전까지는 자신의 문제에 집중하거나 전혀 다른 환경에서 살아오던 두 사람이 함께 살며 서로 적응해 나가는 것이 주된 과제였다. 그러나 임신과 함께 부부는 부모라는 새로운 역할을 수행하는 데 필요한 물질적·심리적 준비를 해야 한다.

태내기에 이루어져야 할 일차적인 과업은 임신 자체를 긍정적으로 받아들이는 일이다. 만약 부부가 임신을 기대하고 계획하고 있었다면 임신 자체를 축복으로 여기며 기뻐할 것이다. 그러나 여러 가지 이유로 임신을 기대하지 않았던 부부에게는 새로운 생명이 시작되고 있다는 사실을 받아들이기가 쉽지 않을 수도 있다. 이런 경우에는 남편과 아내가 함께 임신을 긍정적으로 생각할 수 있도록 생활 설계를 다시 한다든지, 임신으로 인해 야기되는 문제들을 해결할 수 있는 대안을 적극적으로 찾아보는 등의 노력을 해야 한다. 특히 남편들은 아내들보다 더 넓은 마음으로 이 시기에 아내가 가능한 빨리 편안한 마음으로 임신 사실을 받아들일 수 있도록 도와주어야 한다(정미라, 이희선 외, 2006).

실제 임신을 체험하는 여성들은 입덧, 체중 증가, 우울증, 불면증, 출산에 대한 걱정 등으로 인해 남성들보다 불안이나 우울을 경험하기가 쉽다. 불안이나 걱정, 두려움 등의 과도한 스트레스는 아드레날린의 분비를 촉진시키고 이는 모체의 혈액을 통해 태아에게 전달되어 태아의 신체발육에 지장을 줄 수 있다. 또한 출생 후에도 잘 울고 놀라며 잠을 잘 자지 않는 등의 정서적 불안증을 나타낼 수 있기에, 임신 중 어머니는 남편과 가족원들의 정서적 지지를 통해 긍정적 마음가짐을 가지려는 노력을 적극적으로 해야 한다.

Box 2-1

아내들이 원하는 남편의 태교

한 임산부 포털사이트가 임신한 엄마들을 대상으로 남편에게 바라는 태교를 조사한 결과, 태담 태교(43.5%)와 태교도서나 동화 함께 읽어 주기(40.5%)를 가장 많이 바라는 것으로 나타났다. 이어 여행이나 산책(12.5%), 아빠가 노래 불러 주기, 엄마의 배를 만지면서 따뜻한 말을 해 주기도 엄마들이 원하는 남편의 태교로 꼽혔다.

많은 산모들이 태교에 가장 방해가 되는 남편의 말이나 행동으로는 '음주 후 늦은 귀가', '무관심', '금연 약속을 못 지킬 때', '지나친 TV 시청', '게임에 빠져 있을 때', '임신해서 살쪘다고 놀릴 때', '과격한 운전과 욕설' 등을 들었다. 특히 이 중에서도 '음주 후 늦은 귀가'가 태교에 가장 방해되는 행동으로 조사됐다.

출처: KBS 첨단보고 뇌과학 제작팀(2012).

(2) 최적의 태내환경 조성을 위한 노력

임신기간 동안 어머니는 자신의 건강과 태아의 발달을 위해 최적의 태내환경을 만들어 주기 위해 노력해야 할 책임이 있다. 태아는 수정되는 순간부터 출생하기까지 어머니의 자궁 내에서 생활하기 때문에 태내환경이 태아에게 절대적인 영향을 미치기 때문이다.

따라서 임신기간 동안 어머니는 균형 있는 영양섭취를 통해 태아 발달을 위해 필요한 영양분을 충분히 공급해 주어야 한다. 아울러 어머니는 태아에게 부정적 영향을 미칠 수 있는 흡연이나 음주, 약물복용 등을 자제해야 한다. 동시에 질병에 감염되지 않도록 충분한 휴식과 적절한 운동이 필요하며 편안한 마음을 갖는 것이 필요하다.

임신한 여성이 계속적으로 일을 할 수 있는지의 여부는 산모의 건강 상태나 일의 종류에 따라 다르다. 심장질환, 빈혈, 고혈압, 당뇨, 천식 등의 질환을 가지고 있거나 계속적으로 미성숙한 아기를 출산하거나 유산을 하는 경우에는 일을 중단하는 것이 좋다. 또한 방사물질이나 마취제에 노출되는 직업, 수의과 병원, 애완동물 가게, 간병인, AIDS 감염의 위험이 있는 직업, 유기용매와 같은 위험물질을 다루는 직업은 피하는 것이 바람직하다(정옥분, 정순화, 2005).

(3) 출산 준비

임신 후반기가 되면 대부분의 어머니들은 출산에 대한 두려움과 변화된 신체에 대한 불만으로 정서가 불안해지기 쉽다. 남편의 경우에도 변화하는 아내의 모습에 불만을 갖거나 부부관계를 마음대로 갖지 못하는 것에 대한 불만이 쌓일 수 있는 시기이다. 따라서 이 시기에 남편과 아내는 서로의 요구와 변화를 이해하면서, 자녀가 태어난 이후의 생활의 변화에 대해 이야기하고 함께 준비하는 시간을 갖는 것이 필요하다. 예를 들어, 자녀의 출생은 지금까지 부부 중심으로 이루어지던 삶을 자녀 중심으로 바뀌게 하고, 중요한 일의 순서나 관심사도 변화시킬 것이다. 또한 자녀를 양육하기 위해서는 엄청난 육체적 피로와 책임감, 물리적 지원 등이 요구되므로 이 시기의 부부들은 구체적으로 어떠한 역할을 수행해야 하는지를 생각해 보고, 서로를 격려하며, 자녀양육에 대한 자료들을 찾아 함께 정보를 나누는 시간을 갖는 것이 필요하다.

또한 임신 말기가 되면 출산용품을 미리 준비하며 출산할 병원과 산후 조리할 곳을 정해 두고 정기적으로 검진을 받도록 한다. 그리고 매일 꾸준히 분만을 위한 규칙적인 호흡법을 연습하도록 하며, 진통이 시작된 뒤 2~3시간이 경과하면 병원으로 가는 것이 바람직하다.

〈표 2-1〉 태내기 부모역할의 주된 과업

주요 과업	부모의 역할
심리적 준비	• 임신 계획과 부모됨의 마음 준비 • 부모로서의 인생 계획 • 부모로서의 자신에 대한 이미지 형성
신체적 준비	• 건강 검진(담배, 약물 등 조절, 질병 검사 및 치료) • 균형 있는 영양섭취
물질적 준비	• 출산에 따른 진료비, 양육비 및 교육비 확보 • 양육에 적합한 생활환경 조성
관계의 재정립	• 부부 중심에서 자녀 중심 생활로의 변화에 대비 • 부부 사이의 양육과 가사분담 계획 • 부모와의 관계 재정립

출처: 김신영, 이순섭 외(2007).

Box 2-2

임신부 우울증 자가진단

임신 중기 이후에 생기는 우울증은 출산 후 6개월까지 지속될 수 있다. 혹시 징후가 보인다면 자가진단을 통해 미리 대비하는 것이 현명한 선택이다.

우울증을 스스로 확인하는 방법은 여러 가지가 있지만, 우울증 치료의 선구자로 불리는 펜실베니아대학교 애런 베크(Aron T. Beck) 교수의 우울척도가 가장 널리 사용된다. 다음 문항에 '아니다'는 0점, '그렇다'는 1점, '심하다'는 2점을 주어 합산한다.

합산한 점수가 11점 이상이면 우울증에 걸려 있을 가능성이 높고, 21점 이상이면 전문가의 상담이 필요하다.

감정	점수		
	0	1	2
슬픈 기분이 든다.			
앞날이 비관적이다.			
지난 일들이 실패했다고 생각된다.			
일상생활이 만족스럽지 못하다.			
죄책감을 느낀다.			
벌을 받고 있다고 생각된다.			
나 자신이 실망스럽다.			
일이 잘못되면 내 탓이라고 생각된다.			
자살하고 싶다.			
괜히 눈물이 난다.			
초조하고 짜증이 난다.			
다른 사람에 대한 관심이 줄었다.			
어떤 일에 대해 결정을 못한다.			
내가 전보다 매력이 없어졌다고 생각한다.			
무슨 일을 시작하려고 하면 힘이 든다.			
잠을 잘 못 잔다.			
쉽게 피곤해진다.			
식욕이 없다.			
체중이 줄었다.			
소화불량과 변비 같은 신체적 이상이 걱정스럽다.			
성생활에 흥미가 줄었다.			
총점			

출처: EBS 〈퍼펙트 베이비〉 제작팀(2013).

2 영아기 발달과 부모역할

출생 후부터 2세까지를 **영아기**라고 하며, 그중에서도 출생 후 첫 1개월을 신생아기라고 한다. 신생아기는 비록 짧은 기간이지만 태내환경과는 전혀 다른 새로운 환경에 적응하는 시기로 부모의 특별한 관심과 주의가 필요하다.

영아기는 일생을 통해 가장 괄목할 만한 발달이 일어나는 시기이다. 이 기간 동안 영아는 걷게 되고 말을 하기 시작하며 자신과 타인에 대한 개념을 형성하면서 독립된 존재로 발달해 간다. 이에 영아기 자녀의 부모는 자신들이 부모기에 들어섬을 이해하고 영아와의 친밀한 관계를 통해 영아에게 정서적 안정감을 제공해 주어야 한다.

1) 영아기 발달

(1) 신체 발달

영아기의 신체발달은 일생동안 가장 급속한 성장을 보이는데, 출생 시 약 50cm이던 신장은 1년 후 출생 시의 약 1.5배가 되며, 2년 후에는 88cm 정도로 성인 키의 반이 된다. 체중은 약 3~3.5kg에서 1년 후에는 출생 시의 약 3배가 되며 2년 후에는 4배 정도로 급성장을 보인다.

치아는 출생 후 6개월 이후부터 나기 시작하여 보편적으로 1세경에는 유치 6~8개가 생기고, 24~30개월경에는 20개의 유치가 모두 나게 된다. 그러나 유치가 나오는 시기는 개인차가 크며, 예외적으로 출생 시에 유치를 가지고 나오는 경우도 있고, 1세가 지나서도 치아가 나오지 않는 경우도 있다.

영아기 신체발달 가운데 두뇌는 가장 괄목할 만한 성장을 보이는 부위이다. 출생 초기 신생아의 두뇌는 성인 두뇌 무게의 약 25%를 차지하나, 6개월경에는 성인 두뇌 무게의 50%, 2세가 되면 약 75%에 이른다. 태내기 마지막 3개월과 생후 2년 동안 성인 두뇌 무게의 50%가량이 성장하기 때문에, 이 시기의 적절한 영양섭취와 다양한 자극의 제공이 중요하다고 하겠다.

한편, 영아기의 운동 기능은 골격 및 근육의 성장, 신경계의 성숙으로 발달한다. 대근육 운동의 경우, 4~5개월이 되면 도움을 받아서 잠깐 앉을 수 있고, 7~8개월이 되면 혼자 앉을 수 있으며 손바닥과 무릎을 이용해 기기 시작한다. 9~10개월 무렵에는 가구를 붙잡고 설 수 있고, 15개월이 되면 혼자 걸을 수 있게 된다. 소근육 운동의 경우, 4개월 이전에는 물체를 주면 손을 뻗치나 잡지는 못하다가, 6~7개월 정도에는 손에 닿는 물건을 잡고, 잡을 물건을 반대쪽 손으로 옮기기도 한다. 12개월 무렵에는 엄지와 검지를 이용해 물체를 잡으며, 23개월 무렵에는 손으로 컵에 든 음료를 마실 수 있을 만큼 소근육이 분화된다(〈표 2-2〉 참조).

〈표 2-2〉 영아기의 운동 기능

시기	대근육 운동	소근육 운동
1개월	• 턱을 든다.	• 꼭 쥔 주먹을 입으로 가져가 빤다. • 손을 폈다 오므렸다 한다.
2개월	• 가슴을 펴고 어깨를 든다.	
3개월	• 머리를 돌린다.	
4개월	• 목을 가눈다.	• 손에 닿는 물건을 잡는다. • 잡은 물건을 반대쪽 손으로 옮기기도 한다.
5개월	• 받쳐 주면 앉는다.	
6개월	• 뒤집기를 한다.	
7개월	• 혼자서 앉는다.	
8개월	• 손바닥과 무릎을 이용해 긴다.	• 물건을 힘 있게 손으로 쥘 수 있으며 정확하게 물건을 잡을 수 있다. • 엄지와 검지를 사용하여 손가락 끝으로 정확히 물건을 집는다.
9개월	• 누웠다가 혼자 앉는다.	
10개월	• 붙잡고 선다.	
11개월	• 손을 잡아주면 걸을 수 있다.	
12개월	• 힘이 세지고 균형이 잡혀 간다.	
13개월	• 계단을 기어오를 수 있다.	• 크레용으로 낙서를 하고 집게손가락으로 물건을 가리킨다.
14개월	• 혼자서 선다.	
15~18개월	• 혼자서 걷는다.	
19~24개월	• 뛰어다니고 기어오르기 시작한다. • 넘어지지 않고 발로 공을 찬다.	• 손을 이용해 컵에 든 음료를 마시고 서투르지만 원을 그린다.

25~29개월	• 미끄럼타기, 그네타기를 즐긴다. • 세발자전거 타기를 배울 수 있다.	• 뚜껑을 돌려 열고, 꾸겨진 종이를 펼친다.
30~36개월	• 두 발로 동시에 껑충껑충 뛴다. • 계단을 오를 때 두 발을 교대로 이동한다.	• 안전가위를 사용할 수 있다. • 간단한 악기를 연주할 수 있다.

(2) 인지 발달

인지(cognition)란 인간의 지적 또는 정신적 사고과정을 의미하는 것으로, 지능, 사고력, 문제 해결력 등의 성장을 의미한다. 인지 발달 이론가인 피아제(Piaget)에 의하면, 인간은 질적으로 서로 다른 사고를 하는 네 단계를 거치면서 인지적 성장을 하게 된다.

영아기는 **감각운동기**(sensori-motor period)에 해당하는 시기로서, 감각기관을 통해 정보를 받아들이고 사고를 한다. 즉, 언어를 구사할 수 없는 영아는 처음에는 선천적으로 타고난 반사 행동으로 환경에 적응하다가, 오감을 통한 환경과의 상호작용에 의해 세상을 이해하고 조작하는 능력을 발달시킨다. 그 결과 영아기 후기에는 시행착오뿐 아니라 통찰에 의해 문제를 해결할 수 있지만, 아직까지 외부세계를 표상하거나 상상하는 능력이 없으므로 이 시기의 문제 해결 능력은 감각운동적이라고 할 수 있다.

감각운동기에 획득되는 중요한 능력 가운데 하나는 **대상영속성**(object permanence) 개념이다. 대상영속성은 사물이 눈앞에서 보이지 않거나 사라진다고 해도 여전히 존재한다는 것을 아는 것이다. 4개월 이전의 영아는 눈에 보이지 않는 것을 찾지 않으며, 4~8개월의 영아는 완전히 감추어진 사물은 찾지 못하지만 사물의 일부분을 감추면 찾아낼 수 있다. 1세경에는 시야에서 사라진 사물을 적극적으로 찾으려고 하며, 2세경에는 사물이 숨겨지는 것을 목격하지 않고도 사물이 있을 것으로 예측되는 장소에서 사물을 찾아 냄으로써 대상영속성의 개념을 완전히 획득하게 된다. 영아기에 대상영속성 개념의 획득이 중요한 이유는 사물의 이미지를 머릿속에 그릴 수 있게 됨에 따라 **상징적·표상적 사고**를 사용할 수 있게 되기 때문이다.

〈표 2-3〉 대상영속성의 6단계

감각운동단계	행동
1단계 (출생~1개월)	분명한 대상영속성이 없다. 불빛이 볼 수 있는 범위 내에 움직일 때, 불빛을 따라 가지만 불빛이 사라지면 신경쓰지 않는다.
2단계 (1~4개월)	대상영속성의 기본 형태가 발달한다. 1단계와 같은 실험을 하면 소극적이나마 기대하면서 불빛이 사라진 지점을 잠시 응시한다.
3단계 (4~8개월)	영아의 대상영속성의 감각이 좀 더 발달된다. 간단한 도식을 협응할 수 있는 새로운 능력을 가진 영아는 사라진 대상을 찾는 분명한 행동을 보이고, 물체가 사라진 지점을 계속해서 시각적으로 또 손으로 찾는다.
4단계 (8~12개월)	영아는 물체가 사라진 지점에서 없어진 물체를 적극적으로 찾는다. 또한 찾고자 하는 목표를 성취하려는 새로운 행동을 한다. 예를 들면, 매력적인 장난감을 스크린 뒤에 숨기면 영아는 스크린을 바라보다가 손으로 스크린을 밀려고 하고, 스크린이 너무 무거워 움직이지 않거나 고정되어 있으면 영아는 두 번째 방법으로 즉시 대처한다. 즉, 스크린 주위를 기어가거나 스크린을 찬다. 이 새로운 행동은 보이지 않는 물체가 여전히 존재한다는 것을 영아가 믿고 있다는 증거이다.
5단계 (12~18개월)	영아는 물체를 여기저기 옮기면서 숨겨도 찾을 수 있다. 예를 들면, 영아가 보는 앞에서 한 장난감을 이리저리 숨겨도 장난감을 찾을 수 있다. 이것은 영아가 사라진 물체에 대해 오랫동안 생각을 하고 있다는 것을 의미한다.
6단계 (18~24개월)	영아는 5단계에서와 마찬가지로 사라진 물체를 찾을 수 있을 뿐만 아니라, 심지어는 물체가 숨겨졌을 만한 장소도 찾을 수 있다. 이 행동은 영아가 사라진 물체에 대한 '상상'을 할 수 있고, 한 장소에서 다음 장소로 옮겨졌다는 생각을 할 수 있다는 것을 의미한다.

출처: 조복희(2006).

(3) 언어 발달

언어는 지적 활동의 중요한 매개체로, 다른 사람과 관계를 맺고 자신의 요구를 충족시키기 위한 기초가 된다. 영아가 단어나 문장을 습득하는 시기에는 개인차가 크지만 대부분의 영아들은 언어 획득에 있어 동일한 발달단계를 거치게 된다. 영아의 언어 발달은 언어 이전의 시기와 언어 획득의 시기를 거치면서 이루어진다.

언어 이전의 시기란, 영아가 단어를 표현하기 전부터 표정, 몸짓 등의 비언어적 행동이나 울음, 목 울리는 소리(cooing), 옹알이를 통해 의사소통을 하는 것을 말한다. 생후 3~4개월경 시작되는 옹알이는 언어 발달의 기초가 되므로 중요한 의미를 갖는다. 따라서 이 시기의 부모는 영아의 발성에 응답해주는 '소리 주고받기 놀이(reciprocal vocal play)'를 함으로써 발성을 강화해 주는 역할을 하는 것이 중요하다.

언어 획득의 시기는 한 단어 문장과 두 단어 문장의 시기로 나누어진다. 생후 1년경에 영아는 하나의 단어로 문장을 대신하므로 부모가 이해하는 것을 돕기 위해 얼굴표정이나 몸짓, 손짓을 함께 사용한다. 최초의 어휘 획득은 한 번에 한 단어씩 이루어진다. 열 개 단어를 획득할 때까지는 보통 3~4개월이 걸린다. 그러나 생후 18개월경에 이르면 어휘급등(vocabulary spurt) 현상이 나타나고 짧은 기간 내에 30~50개의 단어를 학습하며 이후 단어 학습의 속도는 극적으로 빨라진다. 생후 24개월경 영아는 두 개 이상의 단어를 연결하여 문장을 만들 수 있다. '엄마, 물', '아빠, 쉬'와 같은 문장이 전형적인 두 단어 문장으로, 생후 30개월경에는 3~5개 단어로 구성된 전보문식 문장을 사용하게 된다.

Box 2-3

울음의 세 가지 유형

아기가 우는 데는 분명 이유가 있다. 발달심리학자들은 아기가 울 때 소리의 주파수를 측정함으로써 울음의 유형을 밝혀냈다.

• 통증

아프거나 괴로울 경우, 길고 높은 비명을 지른다. 부모가 듣기에 가장 날카롭게 느껴진다. 아기를 안고 가볍게 흔들어주거나 고통의 원인을 찾아서 빨리 해결해 줘야 한다.

• 불편함

대소변을 봤거나, 체온이 너무 높거나 낮을 경우, 배고플 때와 같이 불편을 호소할 때의 울음은 높낮이가 규칙적이며 숨을 쉴 때 끊어지는 것이 특징이다.

• 불만

외롭거나 자극이 너무 부족한 경우 아기는 울음을 통해 불만을 표시한다. 이런 점에서 아기의 울음 중에서도 가장 적극적인 의사소통 행위라고 할 수 있다. 소리가 낮고 작으며 칭얼대는 소리처럼 들린다. 이때는 그냥 안아 놀리거나 웃음 띤 부모의 얼굴을 가까이에서 보여주는 것만으로도 충분할 때가 많다. 그래도 진정되지 않으면 아기를 다른 곳으로 옮겨 새로운 자극을 주는 것이 좋다.

출처: EBS 〈퍼펙트 베이비〉 제작팀(2013).

Box 2-4

언어 발달의 적신호

언어 발달은 개인차가 심하기 때문에 어느 정도 늦는 것은 걱정하지 않아도 되지만 3세 이후에도 언어 발달이 지연된다면 고민해 보아야 한다. 다음은 언어 발달 지체를 의심해 볼 수 있는 각 연령의 지표들이다. 아래 사항이 관찰되면 전문의의 진단을 받아보는 것이 좋다.

- 0~3개월 : 말이나 의성어를 사용해 얼러도 돌아보지 않는다.
- 4~6개월 : '안 돼'라는 말에 반응하지 않고 초인종 소리에도 두리번거리지 않으며 옹알이를 하지 않는다.
- 7~12개월 : 이름을 불러도 반응을 보이지 않는다. 부모의 주의를 끌기 위해 울음 외에 말소리를 흉내 내거나 다른 소리를 내지 않는다.
- 1~2세 : 그림책을 보며 '야옹이 어디 있지?'와 같은 간단한 질문에 반응을 보이지 못하며, '엄마 책'과 같이 두 단어를 연결하여 말하지 않는다.
- 2~3세 : 위·아래 구분을 하지 못하며 한꺼번에 두 가지를 시키면 해결하지 못한다(예: '책을 가져다가 탁자 위에 놓아'). 2~3개의 단어를 연결하거나 흔히 접하는 사물의 이름을 말하지 못한다.
- 3~4세 : 다른 방에서 부를 때 듣지 못하거나 '누가? 무엇을? 왜?'와 같은 단순한 질문들을 이해하지 못한다. 가족 외 사람들이 아이의 말을 이해하지 못한다.

(4) 사회 · 정서 발달

영아기의 사회·정서 발달은 이후의 안정적인 대인관계 및 성격발달에 중요한 기본이 된다. **정서**(emotion)란 내적 감정의 변화에 대한 의식적 자각으로, 영아는 자신이 느끼는 바를 말로 표현할 수 없으므로 얼굴 표정이 중요한 단서가 된다. 영아기 정서 발달의 분화 과정을 연구한 브리지스(Bridges)에 의하면, 출생 시에 존재하는 흥분 상태의 정서가 3개월경 쾌·불쾌로 분화되고, 5~7개월에는 불쾌가 분노·혐오·공포로 분화되며, 10~12개월에는 쾌가 애정·기쁨으로 분화된다. 또한 2세 말이 되면 질투심이 생겨 성인에게서 볼 수 있는 모든 감정이 분화된다.

영아기에 일어나는 사회적 발달의 가장 중요한 형태는 애착(attachment)이다. **애착**이란 영아와 양육자 간에 형성되는 친밀한 정서적 유대감을 의미한다. 일반적으로 영아는 생후 6~8개월경에 양육자에 대한 애착을 형성하기 시작한다. 양육자로부터 일관된 양육을 받은 영아는 24개월경에 안정된 애착을 형성하지만, 그렇지 못할 경우 영아는 안정적이지 못한 애착, 즉 불안-회피 애착 또는 불안-저항 애착을 형성하게 된다.

영아기의 안정된 애착형성이 중요시되는 이유는 애착이 아동기는 물론 성인기까지 지속적인 영향을 주기 때문이다. 일반적으로 안정된 애착관계를 형성한 영아는 유아기에도 자신감, 호기심, 타인과의 관계에서 긍정적인 성향을 보이는 것으로 나타났다. 또한 아동기에 접어들어서도 도전적인 과제를 잘 해결하고, 좌절을 잘 참아 내며, 문제행동을 덜 보이는 것으로 나타났다. 그러나 영아기에 불안정한 애착을 형성한 영아들이 모두 정상적으로 성장하지 못하는 것은 아니다. 즉, 영아-부모 간의 유대가 이후의 발달에 중요한 영향을 미친다고 할지라도, 각 개인은 또래나 가까운 친구, 연인 혹은 배우자와의 상호작용을 통하여 새로운 사회적 기술과 태도를 학습할 수 있는 가능성이 많기 때문이다.

또한 영아는 생후 2년째가 되면서 신체 성장과 인지적 사고의 발달에 의해 자율성을 발달시켜 나간다. **자율성**은 영아가 생후 1년이 지나면서 걸을 수 있게 되고 물건을 열거나 닫을 수 있는 등의 새로운 능력을 획득함으로써 무엇이든지 혼자서 해보려고 하는 행동으로 나타난다. 예를 들어, 밥과 국을 온통 흘려가면서 지저분하게 먹기에 도와주려고 하면 한사코 혼자 먹겠다며 고집을 부리고, 입는 옷도 날씨에 상관없이 자기가 좋아하는 옷만 입겠다고 떼를 쓰는 행동을 보이는 것이다. 부모 입장에서는 자기 고집은 강하나 실수가 많고 행동이 더딘 영아를 키우는 것이 무척 힘들지만, 이 시기의 반항적 행동은 독립적이고 자율적인 개체로서 성숙해 나가기 위한 중요한 과정이기에 아이보다 훨씬 성숙한 부모가 이해하고 받아주는 것이 바람직하다.

2) 부모의 역할

부모에게 있어서 영아기는 자녀에 대한 기대와 현실적인 부모됨의 어려움 속에서 갈등이 계속되는 시기이다. 즉 부모는 자녀의 탄생과 성장을 통해 충만한 기쁨을 얻는 동시에 육체적 노동과 경제적 부담 속에서 자녀를 돌봐야 하는 양면성을 지니게 된다. 그러나 영아기는 전 생애 발달의 기초가 형성되는 시기이니만큼, 부모는 자녀의 성향에 맞는 적절한 양육을 제공함으로써 영아와의 안정된 신뢰감을 형성하고 영아의 욕구를 충족시켜 주는 역할을 수행하여야 한다.

(1) 양육자로서의 역할

인간은 다른 동물에 비해 보살핌을 받아야 되는 기간이 훨씬 길다. 특히 출생 직후의 신생아는 성인에게 전적으로 의존함으로써 생존이 가능하기 때문에, 부모의 양육자로서의 역할은 필수적이다. 특히 생후 1년간은 발달의 모든 영역에서 급성장이 이루어지는 시기이므로 충분한 영양 공급이 필수적이다. 일반적으로 생후 6개월까지는 모유 또는 분유를 통하여 영양을 공급하며, 생후 6개월부터 돌까지는 이유식을 통하여 충분한 영양을 제공해 주고, 돌 이후부터는 성인과 같은 세 끼의 식사를 통해 영양분을 공급한다.

또한 영아기 자녀를 둔 부모는 영양 공급뿐만 아니라 수면, 목욕, 배변훈련 등 영아의 양육과 관련된 여러 가지 일들을 담당한다. 부모가 양육자로서의 역할을 수행할 때 중요시해야 할 점은 **영아의 기질과 환경적 요구가 적합하도록 노력해야 하는 점**이다. 즉, 부모는 각 영아의 기질적 특성을 인식하고 영아가 적응적 기능을 할 수 있도록 돕는 양육환경을 만들어야 한다. 한 예로서 까다로운 영아를 둔 어떤 어머니는 불규칙하고 까다로운 영아의 특성에 대해 분노하고 강압적인 행동을 보임으로써 영아를 보다 반항적이고 신경과민적으로 성장하게 할 수 있다. 반면 까다로운 영아를 둔 다른 어머니는 영아의 다루기 힘든 특성에도 불구하고 영아에게 긍정적 관심을 보이며 행복하고 안정된 반응을 보임으로써 영아의 까다로움을 점차 감소시킬 수 있다. 따라서 영아의 적응성을 높이기 위해서는 영아가 어떤 기질적 특성을 지니고 있든, 부모가 그것과 조화를 이룰 수 있는 양육을 제공하는 것이 중요하다고 하겠다.

〈표 2-4〉 영아를 위한 양육행동

	잘 돌보며 애정적인 양육을 하는 행동	잘 돌보지 않거나 애정적이지 않은 양육을 하는 행동
출생~ 6개월	• 발달적 과제를 수행하려는 영아의 시도를 도와줌 • 사랑을 주고, 끊임없이 돌봄 • 영아의 행동단서에 적절히 반응함 • 영아 대신 생각하여 영아의 욕구를 예상함 • 수유 시 사랑스럽게 안고 눈을 맞춤 • 쓰다듬고 보고 말하며 노래하면서 애정적인 행동을 보임 • 무엇을 해야 할지 모를 때, 도와주고 정보를 줌 • 영아에게 신뢰를 주는 행동을 함	• 영아의 행동단서에 반응하지 않음 • 영아를 많이 안아주거나 접촉하지 않음 • 영아에게 엄격하고 화를 내거나 흥분하면서 반응함 • 배고파하지 않는데도 먹이는 행동 • 영아의 행동에 벌을 줌 • 건강에 좋은 물리적 환경을 제공하지 않음 • 해롭거나 위험한 것으로부터 보호하지 못함 • 영아가 한 행동을 비난함 • 영아의 요구를 무시함
6~ 8개월	• 발달적 과제를 수행하려는 영아의 시도를 도와줌 • 애정, 안전, 보호에 신경을 씀 • 영아에게 안전한 환경을 제공함 • 해로운 것과 위험에서 영아를 보호함 • 음식을 주고 애정적인 접촉 및 격려를 함 • "안 돼"라는 말을 하는 만큼 "그래"라는 말을 함 • 다양한 경험을 제공함 • 영아의 행동에 대해 피드백을 줌 • 영아의 말이나 행동을 방해하지 않음 • 영아가 놀자고 할 때 놀아줌	• 해로운 것이나 위험으로부터 영아를 보호하지 못함 • 제 마음대로 움직이지 못하게 함 • 자율성과 환경을 탐색하는 행동에 대해 비난이나 벌, 수치심을 줌 • 영아가 무엇이든 만지지 않기를 바람 • 대소변 훈련이 빨리되기를 바람 • 영아의 기본적 발달과업이나 욕구를 방해하는 행동

13개월 ~ 3년	• 발달적 과제를 수행하려는 영아의 노력을 도와줌 • 끊임없는 사랑을 주고 안전하게 보호해줌 • 사고력을 격려함 • 정보를 기초로 결론에 이르도록 격려함 • 해야 하는 것과 하면 안 되는 일에 대한 규칙과 이유를 설명함 • 긍정적 또는 부정적인 정서표현을 받아들임 • 부정적인 감정을 표현하는 방법을 가르침 • 가능한 미리 의논하여 합리적인 제한을 설정하고 지켜감 • 영아의 격한 정서적 표현에 대해 침착하게 대응함 • 걸음마기 영아에게 간단하고 분명한 지시를 하기; 성과에 대해 격려하고 칭찬함 • 자신이나 다른 사람의 감정에 대해서 생각하도록 함 • 걸음마기 영아를 '미운 두 살'로 보는 태도를 갖지 않음	• 걸음마기 영아의 행동에 대해서 '하지 말 것'을 너무 많이 말함 • 걸음마기 영아와 힘겨루기를 함 • 훌륭한 부모로 보이도록 무조건 순종하는 아이로 만들려고 함 • 아이에게나 다른 사람에게 '미운 두 살'이라는 말을 함 • 걸음마기 영아의 행동에 대해서 한계설정을 하지 않음 • 걸음마기 영아에게 더 큰 아이나 할 수 있는 행동을 기대함 • 걸음마기 영아가 다른 아이들과 잘 놀 것을 기대함 • 간단한 선택일지라도 어떻게 해야 하는지 가르치지 않음 • 어떤 것에 대해 수치심을 느끼게 함 • 걸음마기 영아를 무시하는 행동을 함

출처: 박성연, 성숙자 외(2007).

(2) 기본적 신뢰감 형성자로서의 역할

에릭슨(Erikson)에 의하면 영아기는 **기본적 신뢰감**이 발달하는 시기이다. 주 양육자인 부모가 영아의 기본적 욕구를 민감하고 일관성 있게 충족시켜주면 영아는 세상이 믿을 만하고 안전하다는 신뢰감을 획득하며, 이는 부모–자녀 간의 안정적인 애착관계를 형성하게 한다. 반대로 부모가 영아의 욕구에 민감하지 못하고 일관성 없는 태도로 영아를 돌보게 되면 영아는 세상에 대한 두려움과 불신감을 형성하게 된다.

부모와 세상에 대한 신뢰감은 영아로 하여금 자신의 행동에 대한 결과를 예측하게 하는 능력을 발달시킨다. 이는 영아가 환경의 자극에만 반응하는 수동적인 존재가 아니라 자신의 행동에 대한 결과를 예측하여 행동하는 능동적인 존재임을 의미하는 것이다. 따라서 이 시기 수유, 수면, 놀이, 훈육방법 등에 있어서 일관성이 있어야 영아가 환경을 예측하고 자신과 타인에 대한 신뢰감을 발달시킬 수 있게 된다. 이에 적어도 생후 1년 동안 부모의 주요한 역할은 영아의 욕구 혹은 문제에 대해 즉각적이고 민감한 반응을 일관되게 보임으로써 영아가 안정적인 애착과 신뢰감을 형성하도록 도와주는 것이라고 할 수 있다.

(3) 자율성 발달 조력자로서의 역할

첫 돌을 전후해서부터 2~3세까지의 영아가 보이는 대표적인 특징은 **자율성**이다. 이 시기의 영아는 모든 일을 스스로 해내려고 애쓰며 자기의 주장을 고집스럽게 내세운다. 타인과 구별되는 내가 있다는 것, 부모의 뜻과 다르게 행동할 수 있다는 것을 알게 되면서부터 부모에게 의존하지 않고 무엇이든지 스스로 하려는 고집이 생기기 때문이다.

그 결과, 영아는 부모가 무엇인가를 못하게 하면 발을 동동 구르거나 화를 내거나 "싫어", "아니야", "내가 할 거야", "미워"라는 표현을 연발하며 반항하고, 부모는 갑자기 부모의 뜻을 따르지 않고 제멋대로 하려는 영아에게 당황하여 어떻게 반응해야 할지 어려움을 겪는다.

그러나 이 시기의 영아가 보이는 자기 주장적이고 반항적인 행동은 독립적이고 자율적인 개체로서 성숙해 나가기 위한 중요한 시도이기 때문에, 부모는 영아의 자율적 시도를 허용하고 격려하며 인내함으로써 영아의 자율성을 최대한 길러주도록 노력해야 한다. 자율성의 획득을 위해서는 영아의 노력뿐만 아니라 부모의 인내와 지원이 필요하다. 예를 들어, 영아가 자유롭게 마음껏 탐색할 수 있도록 호기심이나 탐구심을 유발하는 안전한 환경을 마련해 주는 것이 필요하다. 즉, 값비싼 물건이나 위험한 물건을 만지지 말라고 혼내기보다는 영아의 손이 닿지 않는 곳으로 옮김으로써 영아가 마음껏 자율성을 시험해 볼 수 있는 환경을 마련해 주어야 한다.

일반적으로 영아는 수많은 성공의 경험과 함께 어느 정도의 실패도 경험하게 된다. 이때, 부모는 영아가 실패를 경험하더라도 그 과정을 격려하고 새로운 시도를 할 수 있도록 지원해 주는 역할을 해야 한다. 금지나 제지, 비판보다는 칭찬과 격려가 많을수록 자율성의 획득이 보다 용이해진다. 영아의 고집과 반항은 뚜렷한 자의식의 발달로 나타나는 것임을 이해해야 하는 것이다.

Box 2-5

미운 세 살, 떼쓰기를 슬기롭게 넘기는 부모의 습관

영아기를 통틀어 가장 민감한 시기라는 미운 세 살. 영어로는 테러블 투(terrible two)라고 부를 만큼 부모와 아이 모두 힘든 시간이다. 다행히 떼쓰기는 아이가 성숙하면서 줄어드는데, 평소에 아이의 마음을 잘 이해하면 이 시기를 슬기롭게 넘길 수 있다.

아이는 선택할 수 있을 때 스스로 유능하다고 느낀다

아이가 끊임없이 싫다고 할 때는 "안 돼"라고 말하는 것보다 선택의 폭을 넓혀주는 것이 좋다. 손을 씻으라고 하는 대신 "곰돌이 비누로 닦을래, 야옹이 비누로 닦을래?" 하고 물으면 아이의 관심은 선택해야 할 대상으로 쉽게 옮겨진다.

규칙을 정하고 점점 늘려나간다

아이의 선택권을 넓혀줌과 동시에 안 되는 것도 있다는 것을 알려주기 위해서 규칙을 조금씩 정해나가는 것이 좋다. '과자는 식사 후에 먹기'라든가, '만화 시청은 하루에 한 시간만'처럼 규칙을 정하고 잘 지켰을 때 격려해 주면, 아이는 그때 받았던 행복한 기분을 기억하고 반복하려고 애쓴다.

떼쓰고 있는 동안에는 멈추라고 하지 않는다

아이가 광분에 휩싸여 있는 동안 떼쓰기를 멈추라고 명령하거나 설득하는 것은 전혀 효과가 없다. 아이에게는 아무것도 들리지 않기 때문이다. 떼를 쓰는 아이에게는 진정할 시간이 필요하기 때문에 잠시 기다려주는 것이 현명한 방법이다.

가끔은 부모의 감정도 소중하다는 것을 표현한다

아이의 떼쓰기가 힘들다고 해서 소리를 지르거나 벌을 주는 것은 아이에게 실망감을 주고 자칫 공포심을 불러일으킬 수 있다. 더불어 아이가 감정조절 능력을 키울 기회는 이미 물 건너간 셈이나 마찬가지다. 이때 "엄마도 화가 나는구나.", "네가 소리를 질러서 머리가 아프다."와 같은 식으로 가끔은 부모의 감정을 말로 표현해 주면 부모도 힘들다는 것을 알려줌과 동시에 벌을 주지 않고도 이와 비슷한 효과를 낼 수 있다.

부모가 아주 힘들 땐 일단 무시한다

아이가 고집을 심하게 부리면 엄마도 덩달아 흥분해서 어찌할 줄 모르는 경우가 있다. 이때 엄마까지 감정의 중심을 잡지 못하면 상황은 오히려 더 악화된다. 부모 스스로 지금 상황이 힘들다고 느껴지면 심호흡을 크게 하고 열까지 숫자를 센다. 이렇게 우선 부모 자신의 감정을 추스르는 것이 낫다. 그래도 안 되면 잠깐 아이로부터 멀리 떨어진다. 물론 이때도 아이의 시야에는 항상 머물러 있어야 한다.

출처: EBS 〈퍼펙트 베이비〉 제작팀(2013).

(4) 자극 제공자로서의 역할

영아기는 피아제(Piaget)의 인지 발달 단계 중 감각운동기에 해당하는 시기로서, 적절한 감각과 운동 경험이 중요하다. 영아는 스스로 어떤 것을 할 수 있다는 자신감이 생기면 손에 잡히는 것은 무엇이나 호기심을 가지고 열심히 탐색한다. 따라서 부모는 영아의 감각운동적 지능을 촉진시킬 수 있도록 풍부하고 흥미로운 감각적 자극을 제공하는 것이 중요하다. 영아는 쓰던 것보다는 새로운 것, 단순한 것보다는 복잡한 것을 더 좋아하므로 영아의 감각운동적 지능 발달을 위해서는 장난감을 한꺼번에 다 꺼내 놓고 놀게 하기보다 몇 가지만을 주고 놀게 하다 다시 다른 장난감으로 바꾸어 주는 것이 좋다. 또한 부모는 단순히 놀잇감을 제공해 줄 뿐만 아니라, 놀이행동의 모델로서 영아의 활동에 참여하고 영아의 행동에 반응해주기, 만져주기, 얼굴 쳐다보기, 미소 짓기 등의 사회적 강화를 줌으로써 이 시기 영아의 발달을 보다 촉진시킬 수 있다.

〈표 2-5〉 발달단계별 감각 자극의 제시방법

개월	제 시 방 법
1개월	낮은 수준의 자극은 스트레스를 감소시키고 영아의 민감성을 증가시킨다. 지나친 자극이 주어질 경우 영아의 뇌 기능이 중단되므로 영아와 이야기할 때는 라디오 등과 같이 주의를 산만하게 하는 소음을 차단해야 한다.
1~3개월	뚜렷하게 명암의 대조를 이루는 물체는 영아의 시각 영역의 신경조직 발달을 촉진시킨다. 또한 청각에서도 소리의 억양, 고저와 같은 언어적 단서를 구분하기 시작하므로 영아에게는 활기찬 목소리로 말하는 것이 좋다.
3~5개월	영아는 외부 세계에 대한 정보를 주로 시각에 의존하여 얻는다. 특히 움직임은 영아의 주의집중을 유도하는 데 효과적이므로, 시야를 따라 움직이는 자극을 보다 많이 제공해 준다.
6~7개월	영아는 인과관계에 민감해진다. 문의 손잡이를 돌리면 문이 열리는 상황을 실제로 보여주고 이야기해 주는 것이 좋다.
7~8개월	영아의 뇌는 소리와 의미 있는 활동 간의 연합을 시도하고자 한다. 벨소리가 나면 방문객이 왔음을 의미한다는 것을 이야기해 준다.
9~12개월	주변 환경에 대한 탐색에 관심이 많아지며, 감각과 운동 능력 간의 협응이 보다 성숙한 형태로 이루어진다. 적절한 제재 하에서 전등의 스위치나 수도꼭지를 틀어보게 할 수도 있다.
13~18개월	환경과의 직접적인 상호작용 과정을 통해 보다 복잡한 연합이 이루어진다. 풍부한 환경은 이러한 연합 능력의 발달을 도와준다.

출처: 정옥분, 정순화(2005).

Box 2-6

Q & A : TV나 스마트폰을 자주 보여줘도 될까요?

Q 돌 지난 아이가 말썽을 피우거나 떼를 쓰다가도 TV나 스마트폰만 켜면 언제 그랬냐는 듯 빠져듭니다. 그냥 두면 언제까지나 움직이지도 않고 쳐다봅니다. 가끔 바쁠 때 TV나 스마트폰을 켜주고 볼일을 보는 데 무리는 없을까요?

A **아이가 어릴수록 성인과의 피부접촉이나 언어적 자극 그리고 눈 맞춤 같은 상호작용을 많이 하는 것이 좋습니다.** 아직 말이 서툴다 하더라도 될수록 말을 많이 주고받고, 서로 만지고, 애정 어린 시선으로 눈을 맞추는 등의 다양한 상호작용을 한다면 아이의 전반적 발달에 큰 도움이 됩니다.

두세 돌이 될 때까지는 TV나 스마트폰을 적게 보도록 배려해 주세요. TV나 스마트폰은 일방적이고 아이에게 자극적이어서 아이가 한번 몰입하게 되면 다양하고도 적절한 다른 상호작용을 할 기회를 빼앗기게 되기 때문이지요. 이 시기에 **아이가 TV나 스마트폰의 일방적 시청에 많은 시간을 쏟게 되면 사람과의 상호작용을 통해 발달해야 할 언어·정서·사회성 발달이 방해받기 쉽습니다.**

더구나 어른들이 다른 일을 보기 위해 혹은 아이를 얌전히 앉아 있도록 하기 위해서 장시간 동안 TV나 스마트폰을 틀어 주는 것은 그 내용이 아무리 교육적이라 할지라도 긍정적 효과를 기대하기 어렵습니다. 아이들이 좋아한다고 해서 화면 변화가 빠른 광고를 보여주는 어른들도 있는데 지나친 일입니다. 어른들은 아이가 TV에서 본 것들을 흉내 내는 것을 즐거워하고 심지어 TV가 아이의 발달을 빠르게 할 수 있다고 생각하기도 합니다.

그러나 **육성과는 달리 기계음은 정겨운 의사소통을 할 수 없으며, 아이는 체험이 없는 사건의 나열이나 화려한 시청각 자극에 마음을 빼앗기는 것이지, TV 시청은 이 시기 아이에게 정서적 연결이나 다른 의미를 주지는 못합니다.** 가능하다면 과감하게 아이를 TV나 스마트폰으로부터 떼어놓아 주세요. 미국 소아과학회에서 발표한 '텔레비전 및 비디오 가이드라인'을 보면 2세 이하의 아이에게는 TV를 아예 보여주지 말라고 되어 있습니다. **두 돌이 지난 아이들도 유익하고 비폭력적인 프로그램이라도 하루에 1~2시간 이내로 시청 시간을 제한하고, 1~2시간에는 TV나 스마트폰뿐만 아니라 컴퓨터 사용, 게임, DVD 시청 등이 모두 포함되어야 합니다.**

아이에게 TV나 스마트폰을 보여주는 대신 아이가 조금이라도 관심을 보이는 장난감을 가지고 함께 재미있게 놀이하면서 아이로 하여금 놀이의 즐거움을 느끼도록 해주세요. 또한 **부모님부터 아이 앞에서 TV나 스마트폰에 빠져 있는 모습을 보여주지 않도록 노력하셔야 합니다.**

출처: 근로복지공단(2015)에서 발췌, 수정.

3 유아기 발달과 부모역할

3세부터 초등학교 입학 이전까지의 시기를 **유아기**라고 한다. 유아기는 영아기에 비해 속도는 완만하지만 꾸준한 신체적 성장이 이루어지는 시기이다. 특히 유아기에는 상징적 표상 능력이 발달하고 많은 어휘를 습득하게 되면서 의사소통이 활발해지고 주변 환경에 대한 호기심이 왕성해진다. 또한 부모나 가족과 많은 시간을 보내는 영아와 달리 유아는 또래와의 접촉을 통해 사회적 기술을 획득하고 독립된 존재로서의 자아개념을 형성하기 시작한다. 따라서 유아기 자녀를 둔 부모는 풍부한 학습경험을 통해 유아의 주도성을 발달시키는 동시에 원만한 또래관계를 통해 긍정적 자아개념 형성을 도모하는 역할을 맡게 된다.

1) 유아기 발달

(1) 신체 발달

유아기는 영아기처럼 급속도로 신체 발달이 이루어지지는 않으나 비교적 빠른 성장을 보이고, 신경근육의 성숙으로 기본운동 기능 또한 급속히 발달한다. 2세 이후에 유아의 신장은 매년 5~8cm 정도 성장하여 5세경에는 출생 시 신장의 2배 정도로 성장한다. 체중은 2세경에 출생 시의 약 4배가 되고 5세가 되면 5배 이상이 된다.

유아기에는 계속 신장이 증가하고 두뇌의 비율이 상대적으로 작아지므로 전체적으로 통통하던 영아의 모습에서 길고 홀쭉한 모습으로 변한다. 두뇌 발달은 영아기와 마찬가지로 급속하게 이루어지며, 3세경에는 성인의 두뇌 크기의 75%, 유아기가 끝나는 6세경에는 성인의 90%까지 성장한다. 또한 6세 말에는 유치 중 앞니를 갈기 시작하며, 근육의 크기가 증가하고 뼈가 더욱 경골화되어 운동 기능이 비약적으로 발달하게 된다. 대근육 운동의 경우, 3세경에는 두 발을 바꾸면서 계단을 오르내릴 수 있고, 세발자전거를 탈 수 있다. 4세경에는 뛰다가 갑자기 멈추거나, 깡충깡충 뛸 수 있으며, 5세경에는 수영, 스케이트, 두발자전거를 탈 수 있다. 소근육 운동에서도 3세는 동그라미나 직선을 그릴 수 있으며, 4세경에는 스스로 옷을 입고 벗을 수 있고, 5세경에는 지퍼나 단추를 채울 수 있다. 일반적으로 소근육 운동은 여아가 앞서는 반면 대근육 운동은 남아가 우세하며, 근육의 발달을 위해서는 유아 스스로 할 수 있는 기회를 많이 제공해 주는 것이 바람직하다(〈표 2-6〉 참조).

〈표 2-6〉 유아기의 운동 기능

나이	대근육 운동	소근육 운동
3세	갑자기 돌아서거나 멈추지 못한다.	원을 베낄 수 있다.
	5~9cm 정도 멀리 뛸 수 있다.	주전자 물을 따를 수 있다.
	도움 없이 발을 바꾸면서 계단을 올라갈 수 있다.	직선을 그린다.
	도움을 받아 다양하게 불규칙한 깡충 뛰기를 할 수 있다.	물감을 칠할 수 있다.
4세	출발과 멈추기, 돌기를 효과적으로 통제할 수 있다.	간단한 형태를 그릴 수 있다.
	9~13cm 정도 멀리 뛸 수 있다.	스스로 옷을 입을 수 있다.
	도움 받아 발을 바꾸면서 긴 계단을 내려갈 수 있다.	서툴지만 글씨를 쓸 수 있다.
	한번에 4~6번 깡충 뛰기를 할 수 있다.	선분을 따라 가위로 자를 수 있다.
5세	게임에서 출발, 멈춤, 돌기를 효과적으로 통제할 수 있다.	눈에 보이는 단추를 잠글 수 있다.
	11~14cm 정도 멀리 뛸 수 있다.	신발 끈을 묶을 수 있다.
	도움 없이 발을 바꾸면서 긴 계단을 내려올 수 있다.	사각형을 보고 그대로 그릴 수 있다.
	5cm 정도 거리를 쉽게 깡충 뛴다.	지퍼를 내리고 올릴 수 있다.

(2) 인지 발달

유아기는 피아제의 인지 발달 단계 중 두 번째 단계인 **전조작기**에 해당한다. 이 시기에서는 정신적 표상에 의한 사고가 가능하지만, 아직 개념적인 조작 능력이 제대로 발달되지 못했기 때문에 전조작기라 부른다. 전조작기의 특징은 상징적 능력이 생겨서 가상놀이를 할 수 있고, 판단을 하는 데 있어서 직관적이며, 자기중심적이고, 물활론적 사고를 하며, 아무런 관계가 없는 두 현상을 인과관계로 설명하는 것이다.

① 상징적 사고

상징적 사고란 여러 가지 사물이나 상황 등을 상징적인 형태로 전환할 수 있는 능력을 의미한다. **가상놀이**(make-believe play)는 가상적인 사물이나 상황을 실제 사물이나 상황으로 상징화하는 놀이로서 전조작기 유아의 표상적 발달을 보여주는 좋은 예이다. 초등학교 입학 이전의 유아들의 놀이(병원놀이, 소꿉놀이, 학교놀이 등)는 대부분 가상놀이로 이루어진다. 예컨대, 베개를 아기라고 업는 시늉을 한다거나, 막대기를 총이라고 하면서 총 쏘는 흉내를 내는 것 등이다. 유아기 동안 가상놀이는 점점 더 빈번해지고, 연령이 증가하면서 점점 더 복잡해진다.

② 직관적 사고

직관적 사고란, 어떤 사물을 볼 때 실제로 보이는 대로 판단하는 것을 의미한다. 즉, 전조작기의 유아들은 사물을 볼 때 크기·무게·높이·넓이 중 한 가지 차원에만 얽매여서 다른 중요한 특성을 고려하지 못하고 판단을 한다. 예를 들어, 길고 좁은 컵 속에 담겨 있는 우유를 짧고 넓은 컵에 부었을 때에도 동일한 양이라는 것을 이해하지 못하는데, 이는 이 연령의 유아들이 높이와 넓이 차원을 동시에 고려하지 못하는 것을 보여준다.

③ 자기중심적 사고

자기중심적 사고란 유아가 타인도 자신과 동일한 방식으로 지각한다고 생각하는 것으로, 이기적이거나 독단적이라는 의미는 아니다. 의사소통 과정에서 상대방의 연령, 관심 등을 고려하지 않고 반말을 한다거나, 혼자 얘기하는 독백식 언어 사용을 많이 하는 것, 어머니에게 선물할 때 어머니가 좋아하거나 필요로 하는 것보다는 유아가 좋아하는 것(예: 로봇, 인형 등)을 선물하는 것 등이 전형적인 자기중심적 사고의 예들이다.

④ 물활론적 사고

물활론적 사고는 생명이 없는 대상과 현상에 대해서 생명과 감정을 부여하는 것을 말한다. 예를 들어, 차가 움직이면 살아 있고, 정차되어 있는 자동차는 죽었다고 말하는 것이다. 피아제(Piaget)는 유아의 사고는 성인의 사고와는 질적으로 다르다고 강조해 왔는데, 물활론적 사고는 전조작기 유아의 전형적인 사고 특징이다.

⑤ 전환적 추론

전환적 추론이란 서로 관련 없는 두 사건을 원인과 결과의 인과관계로 추론하는 것을 말한다. 예를 들어, 낮에 동생이 얄미워서 동생을 꼬집은 행동과 밤에 동생이 열이 나면서 아픈 것을 인과관계로 연결하여 자기가 동생을 꼬집어서 동생이 아프게 되었다고 생각하는 것이다.

(3) 언어 발달

유아기에는 문장의 길이와 어휘가 증가하여 필요한 의사소통이 가능하게 되고, 구문 양식이나 이해에도 놀라운 발달을 보인다. 유아 초기에는 사용하는 단어의 수가 200~300개 정도이던 것이 5세경에는 2,500개 정도로 증가한다. 문장의 길이도 길어져서 3~4세경에는 3~4개의 단어로 문장을 구사하나, 유아기 말에는 6~7단어로 구성된 문장을 구사하게 된다.

유아기 언어 발달의 특징으로는 과잉확대 현상과 과잉축소 현상을 들 수 있다. **과잉확대 현상**이란 '공'이라는 단어를 모든 둥근 형태의 사물에 확대해서 적용하는 것을 의미하며, **과잉축소 현상**은 '개'라는 단어를 자기 집 개에만 축소해서 적용하는 것을 말한다. 또한 유아들은 자신이 한 말에 확인조로 물어보는 **확인 부가의문문**을 많이 사용한다. "이거 맛있어, 그렇지?", "이거 이뻐, 그렇지?" 등의 표현으로, 이는 유아가 자신의 말에 대한 확인을 필요로 하기 때문이다.

(4) 사회 · 정서 발달

유아기에는 정서표현이 더욱 분명해지고 세련되며 정서적 감수성도 증가한다. 유아기에 가장 발달하는 정서는 **호기심**이다. 유아기에는 주변의 모든 것에 대한 호기심이 왕성하게 나타나며, 눈에 띄는 것마다 '왜'라는 질문을 끊임없이 한다. 이러한 호기심의 발달은 지식습득의 원천이 되며, 유아의 인지 발달을 도모한다(정현숙, 유계숙 외, 2002).

유아기 정서는 일시적이며, 폭발적이고, 유동적인 특징이 있다. 즉, 무슨 일인지 깨닫기도 전에 감정이 사라져 버리며, 좋은 일이 있으면 깡충깡충 뛰었다가 조금만 화가 나면 몸부림과 발버둥을 치는 등 작은 일에도 격렬한 정서표현을 한다. 이에 이 시기의 유아는 잘 놀다가도 금방 싸우고, 싸우다가도 다시 금방 사이좋게 노는 등 여러 감정의 표출이 매우 빠르고 짧지만 자주 나타난다.

또한 이 시기의 유아는 유치원, 어린이집과 같은 유아교육기관에 다니기 시작하면서 가족 외의 새로운 사회적 관계를 맺게 된다. 특히 또래는 유아의 사회화 과정에서 강화자로서, 모델로서, 그리고 비교준거로서의 역할을 하고, 유아는 또래와의 상호 관계를 통해 자신을 개인으로서 인식하게 되고 그에 따라 긍정적 또는 부정적 자아개념을 형성하기 시작한다. 즉, 유아는 부모의 칭찬이나 인정을 받는 것 외에 또래들의 인정을 받고 싶어 하며 또래의 이야기나 화제, 비판에 관심을 갖는다. 일반적으로 5~6세부터 유아들은 능력뿐 아니라 옷차림, 소유물, 가정배경, 또래로부터의 수용도 등 여러 측면에서 다른 유아와 자신을 끊임없이 비교하게 된다. 이러한 사회적 비교의 결과가 긍정적일 때 유아는 긍정적인 자아개념을 형성하게 된다.

2) 부모의 역할

유아기는 주도성을 가지고 주변 환경에 대한 탐색이 적극적으로 이루어지는 시기이다. 따라서 부모는 호기심이나 탐구심을 유발할 수 있는 환경의 구성과 더불어 안전하고 자유로운 탐색활동이 이루어질 수 있는 환경을 제공해주어야 한다. 뿐만 아니라 부모는 초등학교 입학에 대비하여 유아의 기본생활습관 확립을 위해 적절한 훈육을 제공해야 하며, 유아의 지적·정서적·사회적 능력의 발달을 위한 다양한 학습경험도 제공해 주어야 한다.

(1) 주도성 발달 조력자로서의 역할

유아기는 자신을 하나의 독립체로서 인식하게 됨에 따라 주도성이 발달하는 시기이다. 그에 따라 유아는 새로운 일을 주도적으로 해보려고 하며 자신의 생활과 환경에 대해 왕성한 호기심을 가지고 적극적으로 탐색한다. 예컨대, 유아가 컴퓨터 자판을 뜯어내어 다시 조립하려고 하거나 자기 마음대로 옷을 입으려고 하는 경우를 들 수 있다. 이러한 유아의 행동을 부모가 귀찮고 번잡스럽게 느껴 이를 지나치게 억제하거나 야단을 치면, 유아는 자신감이 손상되고 죄책감을 발달시키기도 한다. 따라서 부모는 이해하기 힘들지라도 이 시기 유아가 보이는 주도적 행동이나 호기심을 통한 시행착오 경험들이 이후 이 아이의 독립심과 책임감을 발달시키는 중요한 발달과정임을 인식하고 이를 지지하고 참아줄 수 있는 인내심을 가져야 한다.

한편 유아는 주도적으로 활동하게 되면서 "왜 그럴까?", "어떻게 하는 것일까?"와 같은 호기심 어린 질문들을 많이 하게 된다. 유아는 질문을 통해 세상을 이해하며 이는 지적 호기심의 기초가 되기 때문에 부모는 아무리 바쁘고 귀찮더라도 유아의 호기심 어린 질문들에 관심을 가지고 반응해줄 필요가 있다. 유아의 질문에 대한 답을 모를 때라도 "정말 왜 그럴까?", "어떻게 알아볼 수 있을까?"라고 말하며 함께 생각하고 해결해보려고 노력함으로써 유아의 지적 호기심을 충족시켜 주어야 한다.

(2) 훈육자로서의 역할

유아기에는 식사하기, 배변훈련, 옷 입기 등 자신의 신변처리와 관련된 바람직한 습관의 형성이 필요하다. 또한 자율성과 주도성의 발달로 지나치게 자기 주장만 내세우는 행동도 적절히 조절될 필요가 있다.

훈육은 유아의 행동을 바람직하게 이끌기 위한 광범위한 지도체계를 뜻한다. 유아가 바람직하지 못한 행동을 했을 때 부모는 우선 왜 그와 같은 행동을 하지 않아야 하는지를 설명하고 그러한 행동이 어떤 결과를 가져올지에 대해 설명해 주어야 한다. 예를 들면, 아버지가 주말에 낮잠을 주무시는 동안 큰 소리를 내고 있는 유아에게, "건호야, 조용히 해라. 아빠는 피곤하시기 때문에 주무셔야 한단다. 네가 계속해서 시끄럽게 떠든다면, 아빠는 기분이 좋지 않으실 거야"라든가 "영희야, 장난감을 다 갖고 놀고 난 후에는 정리한다고 약속했지. 방을 이렇게 어질러 놓았으니, 먼저 장난감을 정리해라. 엄마는 저녁식사 준비를 해야 한다"는 식이다. 이러한 훈육은 유아가 자신의 행동에 대한 책임을 지게 함으로써 스스로 어떤 행동이 적절한 것인지를 깨닫도록 도와준다.

부모들이 유아를 훈육할 때 특히 염두해 두어야 할 것은 일관되게 행동하며, 스스로 적절한 행동의 모델이 되어야 한다는 것이다. 어제는 혼났던 일이 오늘은 사정상 그냥 넘어가 버린다면 유아는 오히려 부모가 혼내기 어려운 상황에서 더 떼를 쓰고 고집을 부릴 수가 있다. 또한 유아가 해서는 안 되는 행동을 부모가 아무렇지도 않게 행동해 버리면 유아는 부모를 통하여 적절한 행동을 습득하는 데 어려움을 겪게 된다.

Box 2-7

아이를 훈육하기에 부적절한 부모 유형

★ 친구가 되려는 부모

친구 같은 부모는 무엇이든 아이 처지에서 생각하고 친구처럼 도와주는 것이 가장 좋다고 생각한다. 과거 가부장적인 가족관계에 대한 반발 때문에 친구 같은 부모는 좋은 부모의 상징처럼 여겨지기도 하지만 이것이 무조건 좋은 부모는 아니다. 이런 부모는 아이가 게임기를 갖고 싶다면 그 마음이 이해가 되어 가격에 상관없이 사주고, 기뻐하는 아이를 보면서 아이의 마음을 잘 알아주었다고 생각한다. 아이의 투정을 아이와 같은 눈높이에서 해결한다며 같이 입씨름을 하거나 유치하게 대응하기도 한다. 친구 같은 부모를 잘못 이해한 부모는 아이에게 마음 편한 사람이 될지는 모르지만 좋은 역할 모델이 되기는 힘들며 심지어 만만한 대상이 되는 경우가 많다.

★ 우울한 부모

양육에 어려움을 겪는 엄마들 가운데 많은 사람이 우울증을 호소한다. 많은 연구결과를 살펴보면 우울증을 앓는 엄마 밑에서 자란 아이는 커서 정서문제를 겪는 경우가 많다. 우울한 엄마는 감정 표현을 적게 하고, 아이에게 거리감을 보이거나 신경질적인 반응을 많이 보인다. 아이는 먹여주고 입혀준다고 해서 저절로 자라는 것이 아니다. 따뜻한 정서적 유대감이 생겨야 몸과 마음이 튼튼한 아이로 큰다. 그런데 우울한 엄마는 아이와 교감 자체를 거부하기 때문에 아이도 정서적으로 불안정하게 자란다. 우울한 엄마는 감정기복이 심해 짜증을 잘 내고 화를 자주 폭발시키며 같은 말이라도 아이에게 상처 주는 말만 골라 하고 육아에도 일관성이 없다. 이처럼 엄마가 부정적인 감정을 많이 표현하면 아이는 엄마가 자신을 싫어한다고 생각한다. 그리고 엄마가 자신이라는 존재 자체를 거부하는 것으로 느낀다. 자괴감과 절망감을 느낀 아이는 우울해하고 부정적으로 사고하면서 점차 내성적이고 폐쇄적인 아이로 자라게 된다.

★ 무관심한 부모

아이에게 무관심한 부모는 아이가 무엇을 느끼고 무엇을 생각하는지에 대한 민감성이 떨어진다. 아이가 불편함을 느끼지 않도록 모든 것을 다 해주려는 엄마는 민감성이 지나치게 높은 반면 아이에게 무관심한 부모는 양육의 민감성도 떨어진다. 무관심한 엄마는 자기 원칙과 기준 안에서 아이 행동을 판단하다 보니 정작 훈육해야 할 아이의 행동의 원인이 무엇인지 파악하지 못하고 계속 문제만 키운다. 양육 민감성이 떨어지는 부모는 대체로 아이 연령을 고려하지 않은 채 아이가 자신이 원하는 행동을 하지 못한다고 혼내는 경우가 많다. 이런 부모는 아이가 무엇을 필요로 하는지 모르기 때문에 긍정적인 반응을 거의 하지 않는다. 부모가 마음도 몰라주면서 다그치기 때문에 아이도 부모와 멀리하려 하고 마음을 열지 않는다. 감정은 주고받는 것이라 아이가 말을 안 듣고 피하면 부모도 아이에 대해 더 부정적인 생각을 하게 되어 감정의 악순환이 이어지는 것이다. 무관심한 부모는 아이의 문제행동을 발견하기도 힘들다. 아이의 삶을 제대로 보지 못하기 때문에 신경에 거슬리지 않는 한 알아차리기 어렵다. 문제행동을 발견했다면 아이 탓만 하지 말고 부모 자신에게 원인과 이유가 있지 않은지 세심히 살펴야 한다.

출처: EBS 60분 부모 제작팀(2010).

(3) 언어 발달 강화자로서의 역할

유아기는 어휘수가 급격히 증가하고 문법이 발달하는 시기이므로 충분한 언어적 상호작용이 필요하다. 따라서 이 시기의 부모는 언어 발달의 모델로서 바른 말을 사용하고 유아의 말을 완전한 문장으로 확장시켜 다시 말해 주는 것이 바람직하다. 유아는 부모의 언어를 모방하는 경향이 있기 때문에 부모가 정확한 발음과 언어표현에 대한 모범을 보이는 것이 필요하다.

또한 유아는 자신의 생각이나 느낌을 충분히 표현할 수 있을 때 언어 발달이 촉진되기에, 부모는 부정확한 유아의 문장을 듣고 비웃거나 중간에 개입하거나 일방적으로 지시하는 행동을 해서는 안 된다. 이러한 부모의 행동은 유아로 하여금 자신의 의사를 제대로 표현할 수 있는 기회를 상실하게 하는 것으로, 유아기 부모는 유아의 언어활동을 격려하고 경청하는 태도를 보여야 한다.

(4) 또래관계 발달 조력자로서의 역할

유아기에 접어들면서 유아는 부모로부터 분리되어 또래와의 상호작용에 적극적으로 참여하게 된다. 유아의 사회성 발달을 위해서 부모는 우선 가정환경 안에서 유아가 친사회적인 태도와 정해진 규칙을 지킬 수 있도록 지도하며, 자기 조절을 적절히 배워나가도록 도와야 한다. 더불어 비슷한 놀이를 좋아하는 또래와 자주 만날 수 있는 기회를 제공해준다. 유아는 또래와의 놀이를 통해 숨는 사람이 되기도 하고 동시에 찾는 사람도 되며, 받는 사람이 되기도 하고 던지는 사람이 되어 보면서 타인의 입장이나 관점을 이해할 수 있게 된다. 또한 유아는 또래와의 관계를 유지하기 위하여 자기의 순서를 기다리고, 장난감을 공유하며, 만족을 지연하는 기회를 경험함으로써 또래관계를 성공적으로 형성하고 유지하기 위해 필요한 사회적 기술들을 습득할 수 있다. 다만 부모가 유념해야 할 것은 유아의 기질에 따라 또래와의 관계를 형성하고 놀이집단에 적응하는 데 소요되는 시간에 개인차가 있음을 이해하고 아이의 기질을 파악하여 충분히 기다리고 배려해야 한다는 것이다.

생각해 볼 문제

01 건강한 아기를 출산하기 위해 임신 전 관리부터 출산에 이르기까지 어떠한 준비가 필요한지 생각해 보자.

02 영아기와 유아기에 이루어야 하는 발달과업은 무엇이며, 각 발달단계에 따라 부모 역할은 어떻게 변화해야 하는지 생각해 보자.

Chapter 3

맞벌이 가족

1. 맞벌이 가족의 개념
2. 맞벌이 가족의 현황과 어려움
3. 맞벌이 가족의 부모역할을 위한 지원 방안

여성의 경제활동 참여가 확대됨에 따라 맞벌이 가족이 지속적으로 증가하고 있으나, 부부가 함께 경제활동에 참여하는 모습은 이미 오래전부터 존재해 온 사회적 양상이다. 여성의 경제활동 참여는 유사 이래 지속적으로 이루어져 왔으며, 단지 형태의 변화가 있었을 뿐이다. 농경사회에서는 가정과 일터의 분리 없이 부부가 공동으로 생산과 소비의 기능을 수행하였다. 그러나 산업혁명 이후 시장경제사회가 되면서 남성은 생계를 유지하는 생산자로서 역할을, 그리고 여성은 가정을 관리하는 소비자로서 역할을 수행하는 등 역할의 이원화가 이루어졌고, 이후 다양한 시대적 · 사회적 변화와 맞물려 맞벌이 가족은 지속적으로 확산되고 있다. 맞벌이 가족 구성원들은 기존의 자녀양육을 담당해 온 어머니와 생계부양자로서 역할만을 수행해 온 아버지의 역할 변동이 생기면서 어려움과 혼란을 경험하고 있다. 이에 본 장에서는 맞벌이 가족의 개념, 맞벌이 가족의 현황과 어려움 그리고 맞벌이 가족의 부모역할을 위한 지원 방안을 살펴보고자 한다.

학습 목표

1. 맞벌이 가족의 개념을 알아본다.
2. 맞벌이 가족의 현황과 어려움을 살펴본다.
3. 맞벌이 가족의 부모역할을 위한 지원방안을 알아본다.

1 맞벌이 가족의 개념

맞벌이 가족(dual-career family)은 부부 모두가 직업을 가지고 가족 구성원들을 위한 경제활동을 하는 가족을 말하며, 부부가 둘 다 취업함에 따라 가족의 기능이나 역할에 있어서 변화가 요구되는 가족 형태를 의미한다. 산업화 초기에 빈곤계층의 가정에서 경제적 이유 때문에 시작된 기혼 여성의 취업은 여성의 교육수준 향상에 따른 자아실현 욕구의 증가, 가족계획으로 인한 자녀 양육기간의 단축, 가정 기기의 과학화로 인한 가사노동의 간편화, 그리고 경제구조 변화에 따른 여성 노동력의 수요 증가 등의 제반 조건과 맞물려 그 비율이 증가하고 있다.

미국에서 생겨난 신조어인 딩크족(DINK: Double Income, No Kids)은 자녀가 없는 맞벌이 가족을, 듀크족(DEWKs: Dual Employed With Kids)은 자녀가 있는 맞벌이 가족을 의미한다. 딩크족은 정상적으로 가정생활을 유지하지만 자녀를 두지 않는 부부를 말하는데, 결혼과 출산을 선택으로 받아들이는 젊은 세대의 사고방식을 반영하며, 육아와 교육에 대한 끊임없는 부담과 경쟁에 대한 두려움이 깔린 현상이기도 하다(통계청, 2023a). 딩크족은 초기 '경제적으로 여유롭고 자유로운 삶을 추구하기 위해 자녀를 갖지 않기로 결정한 커플'로 정의됐다. 그러나 최근 사회의 불안으로 인해 자녀를 안전하게 키우기 어렵다고 느끼거나 자녀를 낳아 키우는 고비용을 감당할 자신이 없어 '자의 반 타의 반'으로 딩크족이 되는 경우가 적지 않다(Box 3-1 참고). 자녀를 낳아 키우는 맞벌이 가족을 일컫는 듀크족은 미국 전체 가족의 51%를 차지하고 있으며(경향신문, 2000. 10. 24), 이러한 듀크족의 증가는 개인들의 생활 변화를 가져왔다. 즉, 육아에 대한 사회적 관심이 커지고 남녀의 역할 경계가 허물어지며 아빠들이 육아에 참여하거나 가사일에 참여하는 시간이 늘고 있다.

맞벌이 가족은 단순히 경제활동을 하는 가족의 개념에서 두 부부 모두 전문적 경력을 추구하면서 동시에 가족 내 역할을 병행하는 가족구조라고 정의한 것으로부터 시작되었다(Rapoport & Rapoport, 1976). 이러한 맞벌이 가족이 지니는 보편적 특성은 다음의 다섯 가지로 정리해 볼 수 있다(Greenhaus, 1989). 첫째, 일-가정 역할 갈등이다. 직장에서의 시간, 정서, 에너지 소모가 가정 역할 수행에 충돌을 일으킬 수 있다. 둘째, 양쪽 배우자의 전문적 경력 추구이다. 단순한 소득 활동을 넘어, 자아실현, 사회적 정체성 확립을 추구한다. 셋째, 역할 협상과 분담의 필요성이다. 가정 내 역할 재구성, 협상, 상호조율이 중요하며, 협력에 실패하면 갈등이 심화될 수 있다. 넷째, 이중 부담과 정서적 소진이다. 특히 여성은 직장과 가정에서 완전한 참여를 요구받는 이중 부담을 경험할 수 있다. 다섯째, 사회제도 및 조직문화의 영향이다. 육아휴직, 유연근무제, 돌봄 지원제도의 유무가 가족 기능 유지에 결정적인 역할을 한다. 한편, 맞벌이 가족의 장점으로는 경제적으로나 직업적인 측면에서의 안정성이 높은 점, 가사노동에서의 융통성이 큰 점, 삶에 대한 성취감과 자신감이 높은 점 등을 들 수 있다.

Box 3-1

신혼부부 딩크족이 대세… 10쌍 중 3쌍은 맞벌이 무자녀

초혼 신혼부부 10쌍 중 3쌍은 맞벌이이면서 자녀가 없는 딩크족으로 다른 부부 유형보다 많은 것으로 나타났다. 이러한 현상은 여성의 경제활동 참가가 늘어나는 가운데 자녀를 낳지 않아도 괜찮다는 인식이 확산한 결과로 풀이된다.

19~49세 성인을 대상으로 자녀에 대한 태도 조사에서 '자녀가 없어도 무관하다'고 응답한 비율은 남성이 23.1%, 여성이 31.6%로 나타났으며(한국보건사회연구원, 2021), 통계청의 한국의 사회동향 2023 보고서에 따르면 20~30대에서 무자녀에 대한 긍정적인 인식이 2015년 27.7%에서 2020년 44.1%로 높아졌다.

관련 전문가들은 "맞벌이 부부들 중에서 아이를 안 낳는 사람들이 많아지는 트렌드가 보인다"며 "하지만 이를 단순히 경제적 이유를 원인으로 해석하는 것은 오판"이라고 설명한다. 청년들이 딩크족이 되는 것은 외환위기 이후 우리나라 사회에 팽배한 경쟁과 가족의 효용 상실 등 사회 분위기의 영향이 크다며 정부가 정책적 지원과 더불어 가족의 필요성을 느낄 수 있도록 시민사회의 인구 담론 형성을 지원해야 한다고 강조했다.

출처: 한국보건사회연구원(2021).

맞벌이 가족을 취업 여성의 취업 동기에 따라 구분하면 크게 다음의 네 가지로 구분할 수 있다. 첫째, 생계유지형 맞벌이 가족으로, 가족의 경제적 필요성에 의하여 기혼 여성이 자발적 혹은 비자발적으로 취업하는 형태이다. 둘째, 내조형 맞벌이 가족으로, 생계에 위협을 받지는 않지만 가족의 보다 나은 경제적 여유를 위하여 여성이 취업을 하는 경우와 남편의 학업이나 출세를 위하여 여성이 생계를 전적으로 담당하는 가족 형태이다. 내조형 맞벌이 가족의 여성은 취업을 하였지만 매우 보수적인 성역할 태도를 지니고 있으며, 남편에게 종속된 위치를 수용한다. 셋째, 자아실현형 맞벌이 가족으로, 중산층 이상 고학력 여성들이 가사노동의 사회적 불인정 속에서 취업을 통하여 자아를 실현하고 근대적인 성역할 태도에 입각하여 평등한 부부관계를 정립하려는 형태이다. 넷째, 여가활용형 맞벌이 가족으로, 주로 중산층을 중심으로 경제적 이유, 내조, 또는 자아실현 등을 크게 의식하지 않고, 자신의 취미를 살리고 여가를 활용하기 위하여 직업을 가지고자 하는 형태이다. 이러한 네 가지 유형 중 우리나라 취업 여성의 상당수는 생계유지형에 해당된다. 그러나 앞으로 정보화 사회에서 여성 인력의 요구가 더욱 높아지게 되면, 우리나라도 점차 서구 사회에서 볼 수 있는 자아실현 형태의 맞벌이 가족 비율이 증가하리라 전망된다(한국가족학연구회 편, 1995).

2 맞벌이 가족의 현황과 어려움

1) 맞벌이 가족의 현황

통계청 자료에 따르면, 우리나라 여성의 취업에 대한 열의는 점차 높아지고 있으며, 가사돌봄 여부와 관계없이 계속 취업하겠다고 응답한 비율이 2013년 52.1%에서 2023년 60.2%로 증가하였다. 반면, 2013년에는 응답자의 11.4%가 결혼 전까지만 직장을 다니거나 가사돌봄에 전념하는 것이 더 중요하다고 응답하였으나, 해당 비율은 2023년 7.2%로 감소하였다(통계청, 2023b). 이러한 자료를 종합해 볼 때, 여성의 취업은 결혼이나 자녀 출산 이전까지의 일시적인 현상에 머무르지 않고, 향후 지속적으로 증가할 것으로 보인다.

〈표 3-1〉 여성취업에 대한 인식

	계	직업을 가지는 것이 좋다							가사돌봄에 전념하는 것이 더 중요	모르겠다
			소계	가사돌봄에 관계없이 계속 취업	출산전과 자녀 성장후	자녀 성장후	첫자녀 출산전 까지	결혼전 까지		
2013	100.0	84.5	100.0	52.1	24.3	13.1	6.1	4.5	6.9	8.6
2015	100.0	85.4	100.0	51.3	24.8	14.8	5.7	3.4	6.9	7.8
2017	100.0	87.2	100.0	57.1	22.0	13.0	4.7	3.1	5.9	6.9
2019	100.0	86.4	100.0	61.4	19.0	13.5	3.7	2.4	5.8	7.8
2021	100.0	85.2	100.0	63.7	18.1	12.6	3.6	2.0	5.6	9.2
2023	100.0	84.2	100.0	60.2	20.8	13.2	4.0	1.8	5.4	10.4

출처: 통계청 사회조사 각 연도.

실제 우리나라 여성경제활동참가율은 1980년대 이후로 꾸준히 증가하는 추세에 있으나 지난 10년간 여성경제활동참가율은 50% 수준에서 정체된 상황이다. 2004년 50.1%로 최초로 50%를 넘어섰으나, 2009년 경제위기로 다시 49.3% 수준으로 하락하였다. 2012년 다시 50%를 넘어섰으며, 2024년 56.3%로 50%대 중반의 수준을 보이고 있다(통계청, 2024d). 또한 1980년대 초까지 우리나라 기혼 여성의 경제활동참가율은 별다른 변화를 보이지 않았으나, 1980년대 중반 이후 기혼 여성의 취업률이 급속하게 신장되었다. 이후 전체 취업 여성 중 기혼 여성의 비율이 증가 추세에 있으며 기혼 여성의 취업률이 증가함에 따라 우리나라 맞벌이 가족은 보편적인 가족의 형태로 자리 잡아 가고 있다.

우리나라 여성의 연령대별 여성 고용률은 15~19세가 9.5%이지만 20~24세는 50.2%, 25~29세는 73.9%로 증가하다가 30~34세는 68.5%, 35~39세는 60.5%로 감소하며, 40~44세는 63.5%로 상승하는 **M자형 곡선**을 그리는 것으로 나타났다(통계청, 2022). 이는 30대 여성이 결혼 전에는 활발한 경제활동을 하다가 결혼과 더불어 출산 및 육아, 가사 문제로 취업 현장을 떠나는 것을 보여주고 있다. 2000년, 2010년과 2022년의 연령대별 여성 고용률을 비교해 봤을 때 여성고용률 최저연령이 30~34세(2000년)에서

35~39세(2022년)로 이동한 것을 확인할 수 있다. 이는 결혼 연령이 늦어지고 이에 따라 출산 연령 또한 늦어지고 있음을 의미한다. 즉, 20~30대의 여성들이 현실적으로 경제적 안정이나 경력 지속을 위해 결혼·출산을 일정 기간 지연하고 있으며, 이러한 상황은 결과적으로 저출산 현상을 심화시키는 결과를 낳는 것으로 여겨진다.

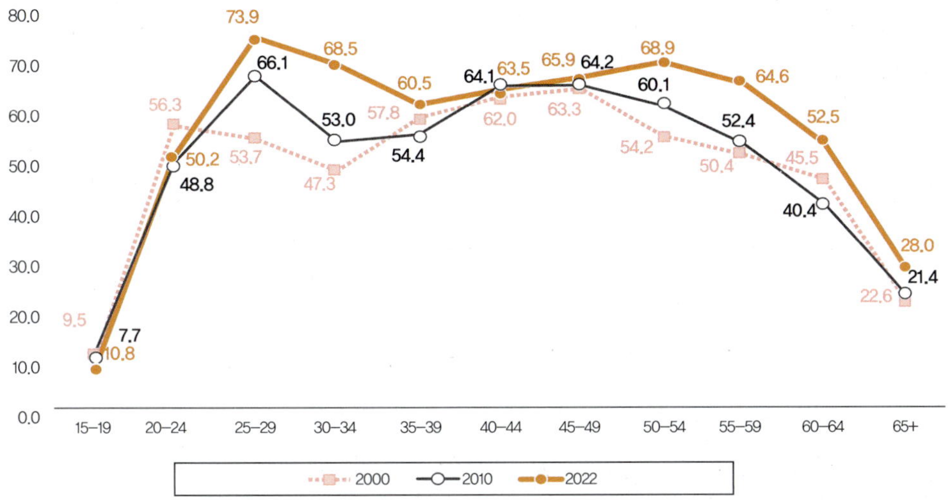

〈그림 3-1〉 연령대별 여성 고용률

출처: 통계청, 경제활동인구조사

통계청의 지역별고용조사에 따르면, 2023년 전체 가구 중 48.2%가 맞벌이 가구이며, 전년 대비 2.1%p 증가하였다. 전체 가구 중 맞벌이 가구의 비율은 2011년 이후 지속적으로 40%를 넘고 있다. 맞벌이 부부의 주당 평균 취업시간은 남자 41.9시간, 여자 39.2시간으로 남자가 여자보다 2.7시간 많은 것으로 나타났다. 18세 미만 자녀가 있는 맞벌이 가구의 고용 현황을 살펴보면 자녀가 어릴수록 맞벌이 가구의 비중이 낮게 나타나는데, 6세 이하는 51.5%, 7~12세는 58.6%, 13~17세는 62.6%였다.

우리나라 여성 고용률은 전반적으로 상승 추세(2017년 56.9% → 2022년 60.0%)이나 OECD 평균인 66.5%보다 낮아 OECD 38개 국가 중 하위권을 기록하고 있다. 현재 대부분의 OECD 회원국들은 여성 고용, 특히 어린 자녀가 있는 여성 고용의 증가를 지속적인 경제성장, 지속가능한 복지국가체제를 위한 핵심요소로 간주하고 있다. 이와 같이 여성 고용 증진은 대부분 서구 복지국가들의 중요한 정책 목표로 설정되어 있고, 이때 가장 중요한 이슈는 일·가정 양립이다(안상훈, 류연규 외, 2012). 따라서 고용노동부는 2027년까지 여성고용률을 65% 수준까지 높인다는 목표 아래 2018년부터 5년간 '제6차 남녀고용평등과 일가정양립 기본계획'을 추진했고, 2023년부터 5년간 '제7차 남녀고용평등과 일가정양립기본계획'을 추진 중이다. 더욱이 젊은 세대의 맞벌이 선호도가 매우 높고 여성의 취업을 결혼 전의 일시적인 과정으로 간주하지 않는다는 것을 감안해 본다면 맞벌이 가족은 지속적으로 증가할 것으로 예상할 수 있다.

2) 맞벌이 가족의 어려움

(1) 자녀양육의 어려움

맞벌이 가족의 증가는 단순히 고용 상태의 변화를 보여주는 것 이외에도 가족원의 기능, 관계, 역할의 변화를 불가피하게 만들어 다양한 문제를 야기하게 된다. 맞벌이 가족의 경우 자녀가 생기면 자녀양육의 문제가 큰 쟁점으로 떠오른다. 그중에서도 어린 자녀를 둔 맞벌이 가족은 적절한 대리양육자를 구하는 문제에서 많은 어려움을 겪는다. 맞벌이 가족은 주위의 상황이나 경제적 여건에 의해서 어머니를 대신할 양육자를 결정하게 되는데, 일반적으로 시부모님이나 친정부모님과 같은 친인척, 전문적으로 아이를 돌보는 대리양육자, 어린이집 등을 이용하게 된다. 부모님과 근거리에 거주하는 맞벌이 가족의 경우, 자녀양육에 대한 부담을 덜 수 있으며, 최근에는 어린 자녀를 둔 취업모의 경우 자녀를 부모님께 맡기고 주말에만 만나는 소위 '주말부모'의 형태를 취하기도 한다. 2024년 전국보육실태조사에 따르면, 취업모들은 긴급 상황, 이른 출근, 늦은 퇴근시간, 그리고 보육·교육기관에의 부모참여에 대해 어려움을 높게 인식하고 있었다. 연령 및 지역별로 살펴보면, 영아 부모에 비해 유아 부모가 불규칙한 근로시간으로 인한 어려움이 더 컸으며, 읍·면지역에 비해 도시지역에서 늦은 퇴근시간과 불규칙한 근로시간의 어려움이 더 많은 것으로 나타났다.

보육에 대한 수요 증가로 2013년까지 어린이집의 수가 증가하다가, 저출산의 여파로 어린이집의 수가 지속적으로 감소하고 있다. 2018년 총 어린이집은 39,171개소였고, 2024년 27,387개소로 감소하였다. 이 중 가정어린이집이 35.0%로 가장 많고, 이어서 민간 어린이집(29.9%), 국·공립어린이집(23.8%), 그리고 직장어린이집(4.8%)으로, 민간과 가정어린이집이 64.9%를 차지하고 있다(교육부, 2024). 고무적인 것은 2018년도 국·공립어린이집이 9.2%에서 2024년도 23.8%로 증가하였다는 점이다. 그러나 여전히 우리나라 어린이집의 64.9%가 민간과 가정어린이집으로 이루어졌다는 점은 우리나라 보육정책이 공보육을 지향하면서도 민간 및 가정어린이집에 의존하여 정책을 수행해 나감으로써 보육서비스 제공 및 관리에서 어려움이 있다는 것을 보여주고 있다. 즉, 국가에서 국·공립어린이집의 비중을 높이고, 다양한 서비스를 제공하는 등 보육정책을 수행하고는 있지만 맞벌이 가족은 여전히 어린 자녀를 맡길 곳이 없어 어려움을 토로하고 있다. 특히 영아를 위한 어린이집, 종일반, 24시간반, 주말반 등 다양한 수요에 맞는 어린이집 수는 부족한 실정이다.

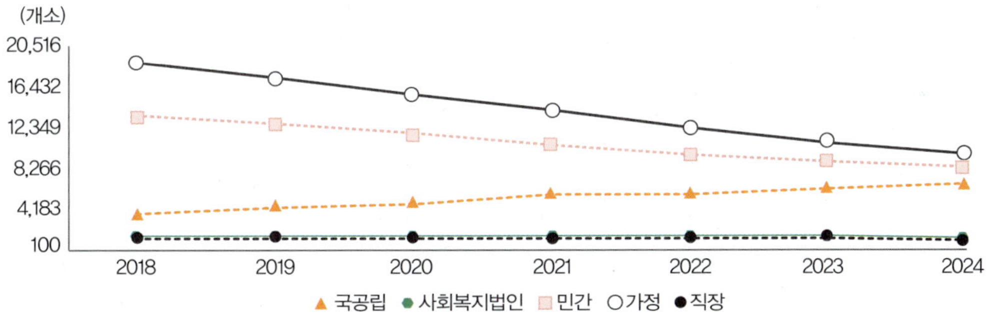

〈그림 3-2〉 설립주체별 어린이집 시설 수

출처: 교육부 보육통계

우리나라의 경우 영아를 돌볼 수 없어 출산이나 직장을 포기하는 비율이 세계 어느 나라보다도 높고, 자녀가 유아기 및 초등학생인 경우도 자녀양육 및 교육의 문제로 직장을 그만두는 경우가 많다. 2024년 기혼여성의 고용 현황에서 자녀연령별 경력단절여성 비율을 살펴보면, 자녀 연령 6세 이하가 33.5%, 7~12세가 19.9%, 13~17세가 11.4%로 나타나, 영유아기 및 초등학생 자녀를 둔 여성이 경제활동을 계속하기 어려운 것을 확인할 수 있다.

실제로 자녀가 초등학생인 경우 방과 후 맞아 줄 사람이 없거나 어린 자녀들끼리만 집에 남겨지는 경우가 많은 것으로 나타났다. 여성가족부에서 전국 12,062가구를 대상으로 조사한 2023년 가족실태조사 분석연구 결과에 따르면 하루 평균적으로 방과 후 1시간 이상 홀로 방치된 초등학생의 비율이 28.1% 정도였으며, 구체적으로 혼자 있는 시간이 '1시간 이상 2시간 미만'은 16.8%, '2시간 이상 3시간 미만'은 9.0%, '3시간 이상'은 2.3%에 해당하였다(여성가족부, 2023a).

이에 교육부에서는 정규수업 외 시간에 돌봄이 필요한 초등학생들을 대상으로 학교 내 돌봄 강화를 지속적으로 추진해 왔다. 초등돌봄교실의 경우 2017년 1만 1,980실에서 2022년 1만 4,970실로 늘어났지만, 대기인원 역시 9,225명에서 1만 5,106명으로 증가하여, 여전히 많은 맞벌이 가족의 초등학생 자녀들은 사설 학원에 다니거나 길거리를 배회하며 부모가 올 때까지 시간을 보내고 있다. 특히 학원에 보내기 어려운 저소득층의 자녀들은 보다 큰 문제를 안고 있을 뿐만 아니라 아이들이 무리하게 여러 학원을 전전하게 하는 것도 결코 좋은 대안이 될 수 없다. 따라서 아동이 방치되지 않도록 사회적인 안전장치가 마련되어야 하며, 아동을 위한 공공 복지시설 및 이를 위한 인적 자원이 확충되어야 한다. 즉, 영유아 보육대책뿐만 아니라 초등학교 자녀를 둔 맞벌이 가족에 대한 지원책도 절실히 필요하다.

(2) 취업모의 다중역할

맞벌이 가족의 취업모는 다중 역할에 시달리고 있다. 자신의 일과 가족의 전통적 역할을 모두 수행해야 한다는 요구가 그것이다. 특히 자녀를 양육하는 책임을 대부분 어머니에게 돌리는 우리 사회의 모성 이데올로기는 일하는 어머니들에게 종종 죄책감을 안겨 주기도 한다. 그러나 일반적으로 어머니의 취업이 아동 발달에 부정적인 영향을 미친다는 증거는 없다(Hoffman, 1989). 자녀와 함께 보내는 시간의 양보다는 어머니와 자녀가 어떻게 시간을 보내는가가 더욱 중요하다. 또한 어머니가 자신의 직업을 중시하고 그 일에 만족할 때 결혼생활과 자녀에게 미치는 영향 또한 긍정적이다. 특히 취업을 원하나 실제적으로 취업을 하지 못한 여성은 자신의 역할에 불만족하고, 자녀와도 더 많은 갈등을 느끼는 것으로 나타났다(Moen, 1982). 부모가 가지는 불필요한 죄책감은 부모 자신뿐 아니라 자녀에게도 부정적인 영향을 미칠 수 있다. 과도한 죄책감은 자녀의 요구를 무조건 충족시켜 주거나 적절한 통제를 가하지 못하는 부적절한 양육으로 이어질 수 있으며, 지나친 경제적 투자로 부모 자신의 죄책감을 상쇄하려는 경향을 보일 위험이 있다. 따라서 맞벌이 가족 부모는 많은 시간을 자녀와 함께 있지 못한다는 죄책감을 가지기보다는 자녀와 좀 더 많은 시간을 같이 보내려고 노력하고, 함께 하는 시간 동안 잘 놀아 주고 대화하며 더 많은 온정 및 관심을 보여주는 것이 필요하다. 지나친 죄책감, 과잉보호는 자녀로 하여금 부모의 상황을 잘못 인식하고 부모의 취업에 대해 그릇된 개념을 형성하게 한다.

사회적으로 여성의 취업에 대한 인식이 상당히 수용적으로 변화하였음에도 불구하고, 아직도 가정에서의 남녀 간의 역할에 관한 전통적인 사고방식은 크게 변화되지 않고 있다. 부인이 취업을 한 경우 가정생활 내에서 새로운 역할 구도가 생겨야 하나, 아직도 많은 맞벌이 가족에서 취업모들은 직장생활과 가정생활에서의 가중된 이중 역할의 부담을 가지고 있다. 2019년 통계청 생활시간조사에 따르면 맞벌이 주부의 가사노동 시간은 187분으로 맞벌이 남편의 가사노동시간 54분의 3.46배에 이르는 것으로 나타났다(통계청, 2019b). 아울러 비맞벌이 가구 남편의 가사노동시간은 46분으로 맞벌이 가구 남편과 비교해 불과 8분밖에 차이가 나지 않았다. 이는 '집안일=여성'이란 인식이 가정에서도 여전히 만연해 있는 것을 드러내는 결과이다. 또한 통계청(2024e)의 사회조사 결과에 따르면 15세 이상 인구 중 가사분담을 '공평하게 분담'해야 한다고 생각하는 비율이 68.9%로 나타났다. '아내가 주도'해야 한다는 비율은 29.0%, '남편이 주도'해야 한다는 2.1%였다. 아울러 실제로 '공평하게 분담'하고 있다고 대답한 경우는 남편 24.4%, 아내 23.3%에 불과했다. 연령대가 낮을수록 가사를 공평하게 분담하는 비중이 높은데, 19~29세 이하에서는 그 비중이 남편 51.0%, 아내 55.2%로 나타나 60세 이상과 비교할 때 2.9배 높은 수준이었다. 연령대별로 차이가 나타나는 결과는 남녀 간 역할에 대한 전통적인 사고방식이 변화하고 있음을 보여준다. 그러나 여전히 가사분담에 대한 견해와 실태 간에는 차이가 있으며, 맞벌이 가족의 여성들이 겪고 있는 역할 부담이 심각하다. 맞벌이 가족 부모의 역할 과중과 스트레스는 자녀양육에 부정적인 영향을 미칠 수 있으므로 이를 해소하기 위한 다양한 지원책이 제공되어야 한다.

3 맞벌이 가족의 부모역할을 위한 지원 방안

'아이 한 명을 키우는 데에는 마을 전체가 필요하다'는 외국의 속담처럼 자녀양육의 문제는 비단 맞벌이 가족만의 문제는 아니다. 그러나 맞벌이 가족의 경우 자녀양육이 가장 어려운 문제가 될 가능성이 높으므로 일과 가정의 양립, 특히 어린 자녀가 있는 가족의 부모역할은 더 이상 개인만의 문제가 아닌 사회 전반의 문제로 시각을 달리할 필요가 있다. 앞에서 언급했던 것과 같이 자녀 출산과 양육은 여성의 몫이라는 이분화된 성 역할은 맞벌이를 하는 여성에게 이중, 삼중의 짐을 지어 왔다. 친인척에게라도 자녀양육을 부탁할 수 있는 경우는 매우 다행스러운 상황에 해당되나 이것 역시 또 다른 여성의 희생을 담보로 한다는 점에서 권장할 만한 일은 아니다. 따라서 자녀양육에 관한 문제는 개별적으로 가족 내에서 해결해야 하는 것이 아니라 정부, 직장 및 개인이 삼위일체가 되어 종합적으로 접근하는 것이 바람직하다.

맞벌이 가족의 부모역할을 위한 지원 방안을 알아보기에 앞서 맞벌이가 가족에게 미치는 영향을 살펴보고자 한다. 우선 맞벌이가 부부 관계에 미친 영향으로 긍정적인 측면은 부부 간 동료의식을 공유한다거나, 부인이 성취감을 맛보거나 자아실현의 가능성이 높아진다는 것, 또한 실질적인 부분으로 총 가계소득이 증가된다는 것 등이다. 반면 부정적인 측면은 여성에게 일과 가사노동, 자녀양육을 전담하게 하여 이른바 슈퍼우먼 콤플렉스에 시달릴 가능성이 높다는 것이다. 뿐만 아니라 여성의 취업 동기가 무엇인가에 따라서도 부부 만족도가 달라질 수 있다. 일례로 경제적인 어려움 때문에 불가피하게 취업을 해야 할 경우 여성의 만족도가 낮은 것으로 나타나며, 저소득층의 경우 남편이 전통적인 성 역할을 고수하는 경향이 강하여 일하는 아내에 대한 지원이 더 적은 것으로 보고된다. 뿐만 아니라 아내의 소득이 남편보다 더 많을 때 부부 갈등의 원인이 되기도 한다.

다음으로 어머니의 취업이 자녀에게 미치는 영향을 살펴보면 자녀의 가치관 형성에 중요한 영향을 미칠 수 있다는 것이다. 즉, 어렸을 때부터 전통적인 성 역할을 적게 경험하며, 여성과 남성에 대한 다양한 역할 모델을 관찰할 수 있다. 그리고 자녀의 성별에 따라 반응이 달라질 수 있는데, 딸이 어머니의 취업을 더 인정하고 협조하는 경향을 보인다. 자녀에게 바람직한 역할 모델이 되기 위해서는 어머니 자신의 취업에 대한 태도가 중요하다. 예를 들면, 취업 선택이 자발적인가 비자발적인가에 따라, 혹은 비자발적인 경우라 할지라도 어머니가 일에 대해 만족스러워 하면 자녀 역시 어머니의 취업을 긍정적으로 생각하게 된다.

맞벌이 가족의 부모역할에서 중요하게 생각해야 할 점은 아버지의 적극적인 양육 참여자로서의 역할과 어머니의 일관성 있는 훈육자로서의 역할이다. 현대의 가족은 외적으로는 부부 중심, 소자녀화로 빠르게 변화하는 반면 여전히 가부장적인 가치관이 유지되는 지체를 보이고 있다. 전통적인 성 역할은 크게 변화되지 않는 것으로 나타나, 2019년 통계청 생활시간조사에 따르면 맞벌이 가구 남성의 가사노동시간은 54분, 여성은 187분으로 나타났다. 2022년 주요국의 성별 일평균 가사노동시간을 조사한 자료에 따르면, 국가별 남성 1일 가사노동시간은 덴마크(186분), 스웨덴(171분), 노르웨이(168분), 한국(49분), 일본(47분)의 순으로 나타났다. 자녀양육에 있어서도 이와 별반 다르지 않다. 통계청 생활시간조사(2019)에 따르면 19세 이상 성인의 경우 가족과 함께 하는 생활시간량이 남성은 162분, 여성은 282분이었다. 특히 가족 및 가구원 돌보기의 경우 남성의 참여시간이 12분이었다. 가족 간 대화시간을 살펴보면, 아버지와 대화가 전혀 없는 경우가 5.4%, 30분~1시간인 경우가 31.4%로 가장 많았고, 어머니와 대화가 전혀 없는 경우는 1.8%, 2시간 이상 대화하는 경우(33.0%)가 가장 많은 것으로 나타나, 아버지와 자녀와의 대화시간이 어머니에 비해 부족함을 알 수 있다(여성가족부, 2023c). 또한, 여성의 경력단절 사유로 육아의 비율이 가장 높은 것으로 나타난 점은 가사분담이나 자녀양육 등 가족생활에 있어 아버지의 역할이 미미했던 점을 보여준다(통계청 보도자료, 2024. 9. 5).

그러나 최근 좋은 부모 역할에 대한 관심이 늘어나면서 예전처럼 돈만 벌어다 주는 경제적 역할 외에 자녀양육에도 적극적으로 참여하는 아버지의 역할을 요구받고 있다(Box 3-2 참조). 특히 맞벌이 부부의 증가로 인해 남녀 모두가 일과 가정의 양립에 대한 필요성을 미약하나마 공감하는 것으로 보인다. 아버지 자신도 이러한 변화를 자각하고 있으므로 효과적인 참여를 위해서는 남성의 가족 돌봄 참여를 제도화함으로써 가정과 노동시장에서 양성평등 실현이 가능하다. 흔히 남성이 집안일을 도와준다는 식의 표현을 자주 사용하는데 '도와준다'는 말은 자신의 일이나 역할로서 받아들일 수 없다는 것을 의미하고, 이에 적극적으로 개입하는 것을 망설인다는 의미를 내포하므로 올바른 표현이 아니다. 남성들로 하여금 '가사·육아 도와주기' 차원이 아닌 '가사·육아 함께 하기' 차원으로 끌어올리기 위한 구체적인 전략과 프로그램이 개발되고 실시되어야 한다. 양성평등 및 성 인지적 관점의 필요성에 대한 소개와 더불어 가사 및 육아에 어떻게 참여하고 그 역할을 수행해야 하는지에 대한 내용을 교육하는 프로그램 구성이 요구된다.

Box 3-2

맞벌이 남편의 육아 체크리스트

1. 출근 때 유치원, 어린이집 등으로 아이를 데려간다.
2. 퇴근 때 아이 돌보는 일, 집안일 등이 떠오른다.
3. 아이에게 동화책을 읽어 주거나 함께 놀아 준다.
4. 가정 일을 위해 퇴근 후 곧장 귀가한다.
5. 아내에게 아이와 놀 기회를 주기 위해 집안일을 한다.
6. 셔츠 다리기, 양말 찾아 신기 등 자신의 신변 관리를 스스로 한다.
7. 집에 있을 때 TV를 많이 보는 편이다.
8. 학부모회나 공개수업 등이 있으면 아이의 교육(보육)기관을 방문한다.
9. 주말에 아이들과 함께 시간을 보낸다.
10. 하루에 30분 이상 아이와 대화를 나눈다.

* 채점 방법: 매일 그렇다(5점), 일주일에 4번(4점), 일주일에 2번(3점), 생각나면 한다(2점), 거의 없다(1점)
단, 7번 문항은 하루에 1시간 미만(5점), 1~2시간(4점), 2~3시간(3점), 3~4시간(2점), 4시간 이상(1점)
9번 문항은 매주 그렇다(5점), 격주에 한 번(4점), 한 달에 한 번(3점), 두 달에 한 번(2점), 기타(1점)

* 평가: 40점 초과 - '육아에 적극적 협조'
31~40점 - '잘 하는 편'
21~30점 - '보통'
20점 이하 - '육아에 무심한 편'

출처: 김지현, 정지나 외(2013).

맞벌이 가족의 어머니 역할로는 일관성 있는 훈육자로서의 역할이 매우 중요하다. 맞벌이를 하는 여성은 많은 시간을 자녀와 함께 할 수 없다는 죄책감에 시달리는 경우가 종종 있다. 브래즐톤(Brazelton, 1986)의 연구에 따르면 자녀가 3개월이 되기 전에 일터로 돌아간 여성은 너무 이른 시기에 자녀와 분리되는 고통으로 인해 다음과 같은 보호적 방어기제를 발달시킨다고 주장하였다.

- 부인(denial) : 자녀를 떠나는 것이 문제가 된다는 것을 부인함
- 투사(projection) : 중요한 양육 문제를 대리 양육자에게 전가함
- 분리(detachment) : 강한 애착과 양육 책임감을 멀리하는 경향을 보임

그러나 취업 여성이 증가하는 현 세태를 볼 때 자녀양육 때문에 취업을 포기한 경우 여성 자신이나 자녀에게 좋은 영향을 미치지 못할 가능성이 있다. 예를 들어 취업하기를 희망하나 여의치 않아 집에 있는 어머니들은 높은 우울증의 위험이 있는 것으로 나타났으며, 자녀에 대한 애정 정도나 반응 정도, 자발성도 낮은 것으로 보고되었다(Hock & DeMeis, 1990). 또한 어머니의 취업은 한 인격체로서 독립성과 자녀와의 개별화된 정서를 제공하는 기회가 될 수 있다(Plunkett, 1980). 자녀가 신생아일 때 영아와 어머니는 공생적 관계이므로 자녀가 자신에게 의존하는 것은 어머니로서의 만족감을 경험하게 한다. 또한, 이러한 경험은 어머니가 취업 여성으로서의 유능감과 독립성의 성취욕을 충족시키는 데 기여할 수 있다. 하지만 취업 여성이 어머니로서 역할 갈등을 느낀다면 이는 자녀와 어머니의 관계를 손상시켜, 자칫 회의를 느낄 수도 있다는 것이다.

따라서 부모로서(특히 어머니) 역할을 다하지 못한다는 자책은 부모-자녀 양쪽 모두에게 도움이 되지 않는다. 그러나 이를 만회하기 위해 자녀의 요구를 지나칠 정도로 수용하는 태도를 보인다면 이들은 부모 유형 중 허용적인 부모가 되기 쉽다(Baumrind, 1967; Maccoby & Martin, 1983). 또한 부족한 부분을 물질적인 보상으로 상쇄하려는 경우가 상당한데 이런 경우 자녀에게 물질 만능주의적인 가치관을 주입시키는 결과가 되므로 외형적인 보상보다는 칭찬, 격려 등 자존감을 고양시킬 수 있는 방법을 사용하는 것이 바람직하다. 그리고 자녀와 함께 하는 시간이 한정되어 있으므로 양적으로는 매우 부족

하다고 느낄 수 있다. 이를 보충하기 위해서는 단시간일지라도 질적으로 우수한 상호작용을 하는 것이 필요하다(Box 3-3 참조).

Box 3-3

자녀와 질적인 시간을 보내는 방법

1. 자녀와 일대일로 시간을 보낸다. 자녀와 함께 하는 활동을 계획하여 둘만의 특별한 시간을 갖는다.
2. 성장한 자녀일지라도 꼭 안아 준다. 부모가 모두 자녀를 안아 주거나 다른 방법의 신체적인 접촉을 통해 애정을 표현한다. 단, 부모는 자녀의 감정 상태를 관찰하여 자녀가 원할 때 신체적인 애정 표현을 해야 한다.
3. 직장에서 돌아왔을 때 자녀가 하고 있는 일을 함께 한다. 자녀가 숙제 중인 경우 숙제나 학교생활에 대해 질문한다. "오늘은 뭐 했니?"라고 묻기보다 구체적인 질문을 해야 보다 많은 정보를 유도할 수 있다.
4. 부모와 자녀가 함께 할 수 있는 프로그램에 참여한다.
5. 부모 자신이 하는 일에 대해 자녀에게 설명해 준다.
6. 가능하다면 출장 시 자녀를 동행한다.
7. 자녀를 집안일에 함께 하도록 한다.

출처: Books(1999).

맞벌이 부부가 직장생활과 가정생활을 양립할 수 있도록 지원이 체계화되어야 하는데 다양한 보육시설의 확충 및 질적 수준 제고, 육아휴직제의 정착 강화, 아버지의 출산휴가 및 육아휴직 의무제 실시, 출산 전후 휴가의 연장 및 대상 확대 등의 지원을 들 수 있다.

1) 다양한 보육시설의 확충 및 질적 수준 제고

취업 여성의 보육 형태를 2024 전국보육실태조사의 자료에 기초하여 살펴보면 낮 시간에 영유아를 기관에 맡기는 비율이 67.5%였고, 조부모에게 맡기는 비율이 7.8%, 그리고 육아전문인력이 돌보는 비율이 0.5%였다. 2024년 어린이집을 이용하는 아동은 94만 1,303명으로 조사되었다. 어린이집에 다니는 영유아들을 시설 유형별로 살펴보면 민간 어린이집(39.7%), 가정 어린이집(14.8%), 국·공립 어린이집(31.1%), 그리고 직장어린이집(6.6%)인 것으로 나타났다. 어린이집에 다니는 영유아들을 연령별로 살펴보면 2세가 27.0%로 가장 많았고 그다음이 1세 24.3%, 3세 13.6%였다(교육부, 2024).

〈표 3-2〉 연령별 보육아동 현황 2024. 12. 31. (단위: 명)

구분		설립주체별							
		계	국·공립 어린이집	사회복지 법인 어린이집	법인·단체등 어린이집	민간 어린이집	가정 어린이집	협동 어린이집	직장 어린이집
계	계	941,303	293,049	50,337	20,778	373,524	139,172	2,662	61,741
	남	487,591	152,137	26,660	10,685	193,304	71,445	1,436	31,924
	여	453,712	140,912	23,717	10,093	180,220	67,727	1,226	29,817
만 0세	계	119,978	30,494	3,642	1,443	39,310	41,215	105	3,769
	남	62,473	15,863	1,911	728	20,435	21,585	54	1,897
	여	57,505	14,631	1,731	715	18,875	19,630	51	1,872
만 1세	계	228,615	70,163	8,284	3,513	79,841	53,026	318	13,470
	남	117,273	36,056	4,219	1,765	41,025	27,077	158	6,973
	여	111,342	34,107	4,065	1,748	38,816	25,949	160	6,497
만 2세	계	253,802	80,537	11,179	4,496	98,022	44,065	589	14,914
	남	130,142	41,303	5,778	2,288	50,445	22,323	329	7,676
	여	123,660	39,234	5,401	2,208	47,577	21,742	260	7,238
만 3세	계	127,489	43,686	9,448	3,964	57,526	471	550	11,844
	남	66,529	22,879	4,990	2,035	29,900	239	306	6,180
	여	60,960	20,807	4,458	1,929	27,626	232	244	5,664

만 4세	계	105,360	34,296	8,061	3,573	49,318	214	571	9,327
	남	55,304	18,150	4,263	1,896	25,748	125	300	4,822
	여	50,056	16,146	3,798	1,677	23,570	89	271	4,505
만 5세	계	101,685	32,857	7,866	3,343	48,592	171	526	8,330
	남	53,063	17,203	4,214	1,716	25,223	92	287	4,328
	여	48,622	15,654	3,652	1,627	23,369	79	239	4,002
만 6세 이상	계	4,374	1,016	1,897	446	915	10	3	87
	남	2,807	683	1,285	257	528	4	2	48
	여	1,567	333	612	189	387	6	1	39

출처: 교육부(2024).

어린이집이나 이를 이용하는 아동이 늘어나고는 있지만 아직 개선되어야 하는 부분이 많다. 먼저 1, 2세 영아의 높은 어린이집 이용률을 고려할 때, 영아를 위한 어린이집의 확충이 시급하다. 방과 후 보육, 시간제, 휴일 및 24시간 보육 등 수요자의 요구에 부응하는 다양한 형태의 보육 서비스가 제공되어야 하며 장애아 등 특수 어린이집의 지속적인 확충도 요구된다. 뿐만 아니라 어린이집 교사의 처우를 개선하고, 전문성을 향상시키려는 노력이 있어야 한다.

직장 어린이집의 활성화도 정책적인 관심의 대상이다. 이 시설은 부모가 자녀를 가까이에서 보육함으로써 심리적인 안정감을 느끼게 되고 비상시 쉽게 대처할 수 있는 장점이 있기 때문이다. 하지만 그동안의 노력에도 불구하고 직장 어린이집의 숫자와 보육 시장의 점유율은 매우 낮은 형편이다. 직장 어린이집은 2018년 12월 기준 1,111개소, 2021년 1,248개소, 2024년 1,305개소로 조사되어 증가 추세이나 「영유아보육법」상에 명시되어 있는 설치 의무 사업장의 기준은 현실적으로 실효성이 떨어지며 다음과 같은 문세점이 있다. 첫째, 의무설치기준의 문제이다. 현재 의무설치기준은 상시 여성 근로자 300명 이상 또는 근로자 500명 이상을 고용하고 있는 사업장이다. 현실적으로 여성 근로자가 많은 사업장은 기혼 여성이 적은 반면, 어린이집을 필요로 하는 사업장은 300인 미만의 영세 사업장으로 나타나고 있다(김유경, 서문희 외, 2003). 따라서 직장어린이집 의무설치기준의 변경이 필요하다. 2023년 어린이집 설치 의무 사업장의 93.1%가 이행하고 있고 미이행하고 있는 사업장이 9.9%이다. 2016년 1월 1일부터 설치의무 미이행 사업장에 대한 이행 명령 및 이행강제금이 도입되어 시행되고 있으며, 2019년 1월 1일부터 직장어린이집 설치의무를 이행하지 않은 사업장에 대해 이행강제금이 50%까지 가중부과된다(연간 최대 3억 원).

둘째, 직장보육의 비중 문제이다. 전체 어린이집 중 직장 어린이집의 비중이 4.7%로 우리나라 직장 어린이집 및 직장보육 아동 수는 매우 제한적이다. 정부의 노력에도 불구하고 보육 아동 94만 1,303명 중 6.6%에 해당하는 아동만이 기업으로부터 보육을 지원받고 있다. 이상과 같은 문제점들이 해결되지 않는 한 직장 어린이집의 활성화는 어려울 것으로 생각된다. 따라서 직장 어린이집의 설치 의무 사업장에 대한 기준에서 여성 상시 근로자의 수를 따로 명시하는 것이 아니라 상시 근로자의 수를 기준으로 명시하고, 성 평등한 육아 책임의 일환으로 남성 근로자가 자녀를 데리고 출근을 하도록 한다면 직장 어린이집을 설치할 기업이 크게 늘어날 것이다. 현재 직장 어린이집이 있는 경우도 직장 어린이집 이용 순위에서 여성 근로자가 우선인 경우가 대부분이다. 또한 지역 보육과의 경계를 완화하는 것도 바람직한 하나의 방법이 될 것이다.

2) 육아휴직제 정착 강화

2001년 모성보호 관련 3법(남녀고용평등법, 근로기준법, 고용보험법)이 개정되면서 모성보호의 사회 분담화 기반 마련에 있어 질적인 변화를 도모하였다. 가장 주목할 만한 제도 개선은 적용 대상의 확대와 대상 근로자에게 보장된 휴직기간 중 소득 보전에 대한 부분이다. '생후 1년 미만의 영아를 가진 근로자'로 그 적용 대상을 명시함으로써 육아가 남녀 공동의 책임으로 자리매김하게 되었다. 이후 육아휴직 대상 기간 확대, 육아휴직급여 인상 등 제도개편이 지속적으로 이루어지고 있다.

2011년 1월부터 고용보험기금에서 육아휴직급여를 지급하면서 육아휴직급여 수급자 수를 토대로 육아휴직자 수를 파악하고 있다. 2022년 통계청 자료에 의하면 육아휴직 급여 수급자는 13만 1,129명으로, 2015년 대비 4만 3,790명 증가했다. 성별로 보면 남

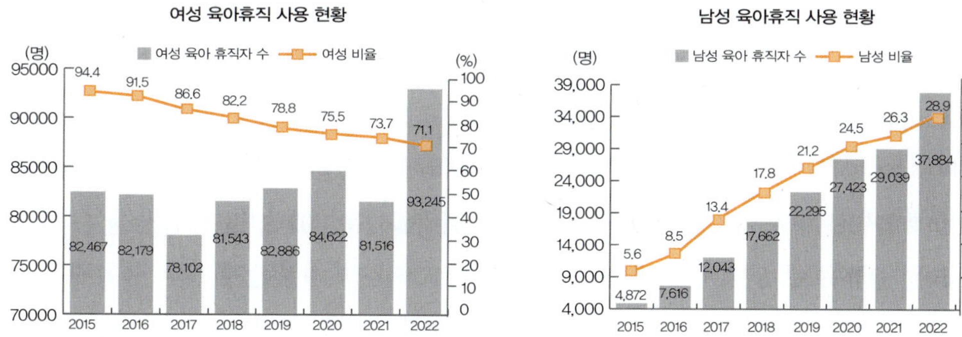

〈그림 3-3〉 연도별 여성 남성 육아휴직 사용 현황

출처: 고용노동부(2022).

성 육아휴직급여 수급자는 3만 7,884명으로, 2015년 대비 7.8배 증가하였고, 여성 육아휴직급여 수급자는 9만 3,245명으로 전체의 71.1%를 차지한다(〈그림 3-3〉 참조). 현재 육아휴직은 8세 이하 또는 초등학교 2학년 자녀를 양육하기 위하여 휴직을 신청할 수 있으며 2011년을 기점으로 육아휴직급여가 정액제에서 정률제로 바뀌었다. 2010년까지 임금수준에 상관없이 월 50만 원 정액으로 고정되어 있었는데, 2011년부터 정률제로 바뀌어 통상임금의 100%가 되었다(상한액은 250만 원). 자녀 출산 18개월 이내에 부모가 동시에 또는 차례대로 육아휴직을 쓰면 첫 6개월간 각각 육아휴직 급여를 통상임금의 100%까지 받을 수 있다(상한액은 450만 원). 맞벌이 부부는 부부 합산 최대 3년 육아휴직을 사용할 수 있다. 즉, 육아휴직 기간이 1년에서 1년 6개월로 늘어나는데, 단 남편이 3개월 이상 육아휴직을 사용했거나 사용해야 한다.

3) 아버지의 출산휴가 및 육아휴직 의무제 실시

출산과 육아는 여성만의 문제가 아니라 남성의 문제이기도 하며, 남성의 출산과 양육에 대한 참여 의지가 출산을 증가시킬 수 있는 중요한 요인임에도 불구하고 그동안 이에 대해서는 대책을 제대로 수립하지 못한 것이 사실이다. 현재 배우자 출산휴가는 20일의 유급휴가가 주어진다. 또한 출산 후 120일 이내에 신청해서 사용할 수 있으며 3회까지 분할하여 사용할 수 있다. 이는 과거 10일의 유급휴가, 90일 이내 1회에 한해 분할하여 사용하는 배우자 출산휴가를 2025년 2월 23일부터 확대한 것이다. 육아휴직을 이용하는 남성 근로자수는 매년 크게 증가하고 있지만 여성에 비하여 이용실적은 미미하다. 전체 육아휴직자 중 남성근로자의 비율은 2018년 17.8%, 2020년 24.5%, 2022년 28.9%를 차지하고 있다. 저출산·고령사회위원회는 2030년 합계출산율 1.0% 달성을 위한 일환으로 남성의 육아휴직 사용률을 70%까지 대폭 높이겠다는 목표를 세웠고, 이를 위해 아버지의 육아휴직 의무제를 실시하는 방안을 논의 중에 있다.

4) 출산전후 휴가의 연장 및 대상 확대

출산전후 휴가제와 관련하여 정부가 시급하게 해야 할 정책에 대한 조사(김태홍, 김난주, 2003)에서 여성 근로자의 약 40.0%가 '휴가를 자유롭게 실시할 수 있는 기업 환경 및 문화 조성'이라고 응답하였다. 그 다음으로는 '법정 출산전후 휴가 기간을 현재보다 늘림(13.8%)', '기업이 부담하고 있는 임금 부분까지 고용보험에서 부담(12.1%)', '대체 인력 관련 지원 정책 실시(10.1%)' 순으로 나타났다. 이와 같은 내용이 반영되어 현재 임신 중의 여성에 대하여는 출산 전과 출산 후를 통하여 90일(다태아일 경우 120일)의 출산전후 휴가를 신청할 수 있다. 휴가기간의 배정은 출산 후에 45일(다태아일 경우 60일) 이상이 확보되도록 부여하여야 한다. 휴가기간 중의 임금지급에 대해서는 우선지원 대상기업의 경우 90일(다태아 120일)의 급여가 고용보험에서 지급되고, 대규모 기업의 경우 최소 60일(다태아 75일)은 사업주, 그 이후 30일(다태아 45일)은 고용보험에서 지급된다. 2007년부터 도입된 육아기근로시간단축제는 12세 이하 또는 초등학교 6학년 이하 자녀를 둔 근로자가 1년 이내(육아휴직 미사용 기간을 가산하는 경우 최대 3년까지 사용 가능)의 기간에 한하여 단축 후 근로시간을 주당 15~35시간을 근무하는 제도이며, 2015년 1,891명, 2017년 2,500명, 2019년 4,918명, 2022년 17,465명이 사용하여 사용 근로자 수가 증가하고 있다. 특히 2022년 남성 근로자의 육아기근로시간단축제 사용 인원이 2,001명으로 전체 사용 근로자 수의 10.3%였고, 2015년 170명에 비해 사용자가 가파르게 증가하였다.

이상과 같이 맞벌이 가족의 원활한 부모역할을 위한 여러 가지 방안과 정책들을 살펴보았다. 고용노동부 자료에 따르면 2022년 출생아 부모 중 여성의 육아휴직 사용자는 9만 3,245명으로 2015년 대비 10,778명 증가했다. 육아휴직을 이용하는 남성 근로자 사용자는 매년 크게 증가하고 있다. 육아휴직자 중 남성 비율은 2015년 4,872명에서 2022년 37,884명으로 증가했지만 전체 육아휴직 사용비율에서 남성의 비율은 28.9%를 차지하는 데 그치고 있다. 동일한 기준으로 보면 노르웨이의 경우 여성은 100%, 남성도 90%, 스웨덴의 경우 남성과 여성 모두 90%에 달하고 있어 이와 비교하면 우리나라 육아휴직 이용률은 낮은 수준이다(고용노동부, 2021). 우리나라 문제 중 보다 심각한 것은 유급육아휴직제도로부터 소외된 사각지대가 매우 크다는 점이다. 전술한 통계치는 고용보험의 가입자들에 한해서 추산된 것일 뿐 모든 근로자를 대상으로 한 것이 아니다.

2018년 기준으로 우리나라 출생아는 32만 6천 명이었지만 육아휴직 급여를 받는 직장인은 9만 9,205명이었다. 신생아들의 부모 중 자영업자들이 있다는 점을 고려한다해도 육아휴직을 이용하는 부모가 전체 출생아의 30% 정도이다. 2019년 7월부터 '고용보험 미가입자 출산급여' 정책을 도입하였으며, 고용보험의 '출산전후 휴가급여' 지원을 받지 못하는 출산 여성에게 출산급여를 지원해 지원한다. 또한 서울시도 출산휴가 등 육아 지원 정책의 사각지대에 높인 1인 자영업자와 프리랜서를 위한 출산급여 지원한다. 그동안 지원이 전무했던 출산 배우자를 둔 1인 자영업자와 프리랜서에게도 배우자 출산휴가 급여 80만 원을 지급한다. 정부 및 지방자치단체들은 이러한 제도를 통해 소외된 사각지대를 줄여 출산 후 소득 감소와 단절에 따른 생계와 육아 부담을 경감하기 위해 노력을 하고 있다.

우리나라의 경우 선진국에서 실시하고 있는 제도들이 거의 다 있지만 도입된 제도가 현실에서 안착하지 못하고 있다는 점이 가장 큰 문제라고 할 수 있다. 따라서 기존 제도가 제대로 안착되고 실질적인 도움을 주기 위해 기존 맞벌이 가족을 지원하는 제도 중에서 보완해야 할 내용을 제안해 보면 육아휴직급여 인상, 직장 어린이집 설치 기준 변경, 그리고 모성보호 급여 수급 자격 조건을 완화하는 것이다.

육아휴직급여 인상은 육아휴직 사용에는 긍정적인 영향을 미쳤으나 육아휴직기간이 길어질수록 직장 복귀율은 낮아지는 것으로 분석되었다. 또한 복귀하더라도 원래 직장이 아닌 다른 직장으로 이직하는 것으로 나타났다(김난주, 박건표 외, 2016). 따라서 육아휴직 후 직장복귀 근로자가 6개월 유지 시 일정 금액을 정액 지급하여(예: 정액 20만 원) 자발적 퇴사자를 줄이도록 제도를 보완해야 한다.

또한 현재 여성 상시 근로자 수 300인 이상 또는 상시 근로자 수 500인 이상 사업자를 대상으로 직장 어린이집을 설치하도록 하고 있는데 이를 상시근로자 300인 이상으로 통일하여 맞벌이 가족의 어려움을 줄이도록 한다. 마지막으로 모성호보 급여 수급 자격 조건을 완화하는 방안이다. 예를 들어 고용보험 가입 기간 180일에 대하여 부부 합산을 인정하거나 고용보험 가입 기간이 휴가 직전 6개월 계속 가입이 아니라 최근 2년 이내 총 가입일이 180일인 경우 이를 인정하는 방안으로 모성보호 급여 수급 자격 조건을 완화하도록 한다.

맞벌이 가족 지원을 위한 신규제도로 생각해 볼 수 있는 것은 기업의 일·가정양립제도 사용 실적 보고 의무화, 「남녀고용평등과 일·가정 양립 지원에 관한 법률」에서 모성보호를 모부성보호로 변경하는 방안 등이 있다. 근로자의 일·가정 양립을 위한 제도 중 출산전후 휴가, 육아휴직제도와 육아기근로시간단축제 등은 고용보험에서 지급되는 것으로 근로자 사용 현황이 파악된다. 직장 어린이집은 이행의무사업장 대상으로 매년 설치 현황에 대해 조사를 하고 있다. 그러나 배우자 출산휴가와 임신기근로시간단축제는 제도가 도입되었지만 기업에서 활용이 잘 되고 있는가에 대한 현황 파악이 불가하다. 임신기근로시간단축제는 임신 12주 이내이거나 32주가 넘은 모든 근로자는 임금을 그대로 받으면서 하루 2시간씩 시간을 줄여서 일할 수 있는 제도이며 상시 근로자 300이상 사업장을 대상으로 2014년 9월 도입되었고 현재 근로자 1인 이상 전 사업장으로 확대·적용되었다. 임신 12주 이내 또는 32주 이후 직원이 근로시간 단축(1일 2시간)을 신청하면 사용자는 이를 허용해야 하고 거부할 경우 과태료 500만 원을 납부해야 한다. 이와 같이 도입된 제도가 제대로 활용되고 있는지 파악하기 위해서는 기업이 배우자 출산휴가와 임신기근로시간단축제 사용 현황에 대해 보고하도록 하여 제도가 기업에 정착되도록 분위기 조성을 강화할 필요가 있다. 또한 법률상의 모성보호라는 단어를 모부성보호로 변경하여 육아는 부모 공동의 책임임을 강조할 필요가 있다.

지금까지 살펴본 바를 정리해 보면 정책이 없어서 혹은 부족해서 활성화되지 않았다기보다는 이러한 정책들을 실행하려는 의지가 보다 중요한 것으로 생각된다. 또한 남녀구분 없이 부모역할에 책임감을 가지고 자녀양육에 적극적으로 참여하려는 마음가짐 역시 우선적으로 갖추어야 할 태도라고 할 수 있다. 이처럼 가족과 직장, 정부가 협조할 때 맞벌이 가족의 부모역할이 좀 더 수월해질 것으로 예상된다.

생각해 볼 문제

01 부부의 직장이 서로 거리가 멀어 불가피하게 가족이 떨어져 지내야 하는 경우가 있다. 이럴 경우 부모역할을 수행하는 데 어떤 변화가 일어날지 생각해 보자.

02 개인 차원, 기업 차원, 정부 차원에서 맞벌이 가족을 지원할 수 있는 방안을 생각해 보자.

Chapter

4 한부모 가족

1. 한부모 가족의 개념
2. 한부모 가족의 현황과 어려움
3. 한부모 가족의 부모역할을 위한 지원 방안

현대사회의 산업화에 따라 가족 구조가 변화하고 있으며, 이혼의 증가로 인해 한부모 가족이 지속적으로 증가하고 있다. 한부모 가족의 경우 한부모가 혼자서 경제생활과 자녀양육을 모두 책임져야 하는 어려운 상황이고, 또한 많은 조손 가족이 한부모 가족에서 파생되고 있으므로 한부모 가족의 실질적인 자녀 양육과 부모역할 지원 정책이 필요하다. 본 장에서는 한부모 가족의 개념, 한부모 가족의 현황 및 어려움, 한부모 가족의 부모역할 지원을 위한 방안에 대해 살펴보고자 한다.

학습 목표

1. 한부모 가족의 개념을 알아본다.

2. 한부모 가족의 현황과 어려움을 살펴본다.

3. 한부모 가족의 부모역할 지원을 위한 방안을 알아본다.

1 한부모 가족의 개념

우리나라 「한부모 가족지원법」에 의하면, **한부모 가족**은 모 또는 부 중 한 사람이 사별, 이혼, 유기, 배우자로부터 유기, 미혼자의 자녀 출산, 정신이나 신체의 장애로 장기간 노동 능력을 상실한 배우자를 가지는 등의 이유로 부모 중 한 사람만이 18세(취학 중인 경우 22세) 미만의 자녀를 혼자서 양육하는 가족을 의미한다. 「한부모 가족지원법」에서 배우자 없이 자녀를 양육하는 한부모란 다음 중 하나에 해당하는 자를 의미한다.

- 배우자와 사별 또는 이혼하거나 배우자로부터 유기된 자
- 정신이나 신체의 장애로 장기간 노동 능력을 상실한 배우자를 가진 자
- 교정 시설, 치료 감호 시설에 입소한 배우자 또는 병역 복무 중인 배우자를 가진 자
- 미혼자(사실혼 제외)
- 배우자의 생사가 분명하지 아니한 자
- 배우자 또는 배우자 가족과의 불화 등으로 인하여 가출한 자
- 배우자의 장기복역 등으로 인하여 부양을 받을 수 없는 자

2007년에 「모·부자복지법」이 **「한부모 가족지원법」**으로 개정되면서 조손 가족을 보호 대상으로 포함하였으며, 한부모 가족의 자녀가 취학 중인 때에는 아동의 보호 연령을 20세 미만에서 22세 미만으로 확대하고, 고용 촉진을 위해 취업 지원 사업을 추진하는 내용을 포함하였다. 한부모 가족지원 정책으로는 자녀 학비 지원, 아동 양육비 지원, 복지 자금 지원, 자녀양육비 이행 지원 서비스, 미혼모·부자 거점 기관 운영 지원, 취약 가족 역량 강화 서비스 지원, 한부모 가족 복지시설 입소자 상담·치료 지원, 한부모 가족 상담 사업, 저소득 한부모 가족 주거 지원, 저소득 한부모 가족 취업 지원(취업성공 패키지), 모·부자 세대 건강 보험료 지원 등이 있다.

2 한부모 가족의 현황과 어려움

1) 한부모 가족의 현황

2023년도 우리나라의 가족형태별 한부모 가족 현황을 살펴보면, 한부모와 자녀로 구성된 한부모 가족은 총 1,493,000가구로, 2019년 약 1,529,000가구에 비해 감소한 것으로 나타났다. 한부모 가족의 규모 및 변화 추이를 보면, 전체 가구 중 한부모가 차지하는 비율은 2019년 7.3%, 2020년 7.1%, 2021년 6.9%, 2022년 6.7%, 2023년 6.6%로 계속 감소하는 추세이다(〈표 4-1〉 참조).

〈표 4-1〉 전국 한부모 가족 현황 (단위 : 1,000가구, %)

연 도	총 가구수	한부모가구	한부모가구 비율
2019	20,891	1,529	7.3
2020	21,485	1,533	7.1
2021	22,023	1,510	6.9
2022	22,383	1,494	6.7
2023	22,728	1,493	6.6

출처: 통계청(2024a).

여성가족부는 2024년 12월 전국 한부모 가족 가구주 3,351명을 대상으로 조사한 '2024년 한부모 가족실태조사'를 발표하였다. 본 조사는 「한부모 가족지원법」 제6조에 따라 한부모 가족에 대한 기초자료를 수집하여 중장기 지원 정책 방향에 활용하기 위해 2012년부터 3년마다 실시하는 법정 조사이다.

'2024년 한부모 가족실태조사'에 의하면, 한부모의 평균 연령은 43.6세로 응답자의 연령분포는 40대 57.2%, 30대 이하 25.5%, 50대 이상 17.3%로 절반 이상이 40대였으며, 학력은 고졸 이하 50.3%, 대학 이상 46.7%, 중졸 이하 3.0%로 97%가 중학교 졸업 이상의 학력을 가지고 있었다. 가구 구성은 모자가구 53.5%, 부자가구 20.3%, 모자+기타

가구 15.2%, 부자+기타가구 11.0% 순으로 나타났으며(기타가구: 모자(母子), 부자(父子) 외 조부모 등 다른 세대원이 함께 거주하는 가구를 뜻함), 절반 이상이 모자가구였다. 2018년, 2021년, 2024년 실태조사의 가구 구성은 전체적으로 비슷한 추세를 계속 이어오고 있다(배호중 외, 2024).

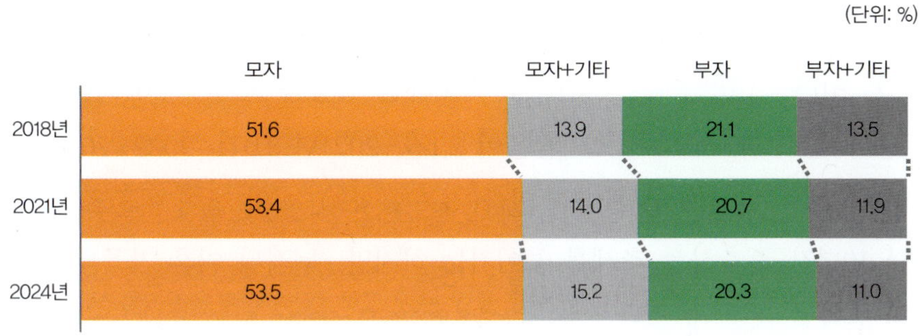

〈그림 4-1〉 한부모 가족 가구 구성, 2018년, 2021년, 2024년

출처: 배호중, 정가원 외(2024).

한부모 가족의 혼인 상태는 이혼 84.2%, 사별 10.4%, 기타(미혼·비혼·별거 등) 5.4%로 대부분 이혼 상태였다. 2018년, 2021년, 2024년 실태조사의 한부모 혼인상태는 동일한 순으로 나타났고, 차츰 사별의 비중이 줄어들고 이혼의 비중이 늘어나는 추세를 보였다.

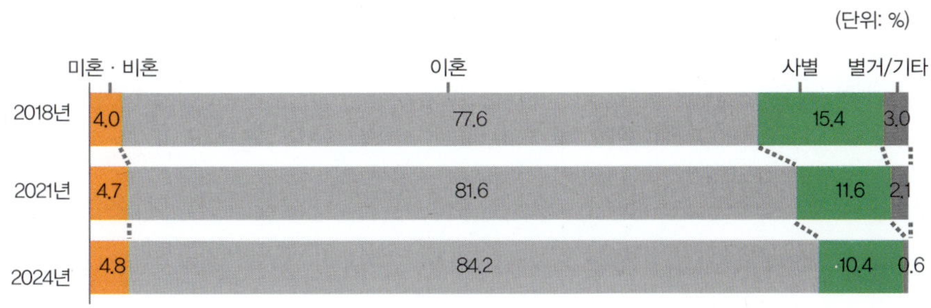

〈그림 4-2〉 한부모 가족 혼인 상태, 2018년, 2021년, 2024년

출처: 배호중, 정가원 외(2024).

통계청의 2024년 혼인·이혼 통계 결과에 따르면, 우리나라에서 2024년 한 해 동안 보고된 이혼 건수는 91,200건으로 하루 평균 249쌍의 부부가 이혼하였으며, 전년도보다 1.3%가 감소하였다(통계청, 2025). 우리나라에서 1970년에 이혼 건수는 약 21,000건으로 인구 천 명당 이혼건수를 나타내는 조이혼율이 0.7건에 불과했으나, 1990년에는 약 90,000쌍의 부부가 이혼하여 조이혼율이 2.1건으로 증가하였고, 2003년에는 167,096쌍의 부부가 이혼하여 조이혼율이 3.5건에 달하였다. 매년 증가하던 조이혼율은 2014년에는 2.3건, 2015~2018년에는 2.1건으로 감소하는 경향을 보이며, 2019년에는 2.2건으로 다소 증가하였으나, 2020년 조이혼율이 2.1건, 2021년 2.0건, 2022~2024년에는 1.8건으로 다시 감소하는 경향을 보이고 있다(〈표 4-2〉 참조). 이와 같이 이혼율의 가파른 증가가 최근 10년간 주춤하는 추세를 보이기는 하지만, 누적된 이혼 가족의 증가 및 가족 구조의 변화를 엿볼 수 있다.

〈표 4-2〉 총 이혼 건수 및 조이혼율 (단위: 천 건, %)

	2014	2015	2016	2017	2018	2019	2020	2021	2022	2023	2024
이혼 건수(천 건)	115.5	109.2	107.3	106.0	108.7	110.8	106.5	101.7	93.2	92.4	91.2
증감(천 건)	0.2	−6.4	−1.8	−1.3	2.7	2.1	−4.3	−4.8	−8.4	−0.8	−1.2
증감률(%)	0.2	−5.5	−1.7	−1.2	2.5	2.0	−3.9	−4.5	−8.3	−0.9	−1.3
조이혼율*	2.3	2.1	2.1	2.1	2.1	2.2	2.1	2.0	1.8	1.8	1.8

* 인구 1천 명당 건
출처: 통계청(2025).

2024년 이혼한 부부를 살펴보면, 이혼 부부의 평균 혼인 지속기간은 17.2년으로 전년 대비 0.4년 증가하였으며, 10년 전 대비로는 2.9년이 증가한 것으로 나타났다. 혼인 지속기간별로 살펴보면, 5~9년이 18.0%로 가장 많고, 다음으로 4년 이하가 16.7%를 차지하였으며, 30년 이상이 16.6%의 순으로 나타났다(〈표 4-3〉 참조).

〈표 4-3〉 혼인지속기간별 이혼 건수 (단위: 천 건, %)

	2014	2015	2016	2017	2018	2019	2020	2021	2022	2023	2024	전년대비		
												구성비	증감	증감률
이혼건수*	115.5	109.2	107.3	106.0	108.7	110.8	106.5	101.7	93.2	92.4	91.2	100.0	−1.2	−1.3
4년 이하	27.2	24.7	24.6	23.7	23.2	23.3	21.1	19.1	17.3	16.6	15.2	16.7	−1.4	−8.4
5~9년	22.0	20.8	20.6	20.5	20.1	20.0	18.4	17.3	16.7	16.8	16.4	18.0	−0.4	−2.1
10~14년	16.3	14.9	14.7	14.8	15.5	16.0	15.4	14.6	13.8	14.4	14.4	15.8	0.0	0.2
15~19년	17.0	16.2	14.9	13.8	13.5	13.2	11.9	11.3	11.2	11.7	12.1	13.3	0.3	2.9
20년 이상	33.1	32.6	32.6	33.1	36.3	38.4	39.7	39.4	34.2	32.9	33.0	36.2	0.1	0.4
20~24년	14.2	13.4	12.8	12.6	13.1	13.5	13.0	12.0	10.3	10.1	9.6	10.5	−0.5	−4.6
25~29년	8.6	8.8	9.0	8.9	9.7	10.0	10.0	9.6	8.3	8.0	8.3	9.1	0.2	3.1
30년 이상	10.3	10.4	10.8	11.6	13.6	15.0	16.6	17.9	15.7	14.8	15.1	16.6	0.3	2.3
평균혼인지속기간	14.3	14.6	14.7	15.0	15.6	16.0	16.7	17.3	17.0	16.8	17.2	–	0.4	2.3

* 미상 포함

출처: 통계청(2025).

2024년 이혼자의 평균 이혼 연령은 남자가 50.4세, 여자가 47.1세로 2019년에 비해 각각 0.5세 상승하였으며, 10년 전인 2010년에 비해 남자는 3.9세, 여자는 4.3세 상승하였다. 이는 초혼 연령의 상승과 20년 이상 동거한 부부의 이혼 비중이 증가한 데 기인한다.

2024년 이혼한 부부 중 42.8%인 39,000쌍이 20세 미만의 미성년 자녀를 두고 있는 것으로 나타났으며, 미성년 자녀가 1명인 이혼 부부의 구성비는 22.6%, 2명은 16.7%, 3명 이상은 3.5%를 차지하는 것으로 나타났다(〈표 4-4〉 참조). 미성년 자녀를 둔 부부의 이혼율은 지속적인 감소세이나, 매년 많은 미성년 자녀들이 본인의 의사와 관계없이 부모의 이혼을 경험하게 된다. 즉 부모의 이혼은 자녀의 의사와는 관계없이 결정된 일이지만, 자녀의 생활과 환경에 변화를 가져오므로 자녀의 일생에 중대한 사건이다.

〈표 4-4〉 미성년 자녀 유무별 이혼 건수 및 구성비 (단위: 천 건, %)

	2014	구성비	2015	2016	2017	2018	2019	2020	2021	2022	2023	2024	구성비	전년 대비 증감률
이혼건수*	115.5	(100.0)	109.2	107.3	106.0	108.7	110.8	106.5	101.7	93.2	92.4	91.2	100.0	−1.3
미성년 자녀 있음	57.2	(49.5)	52.8	51.0	50.1	49.4	49.0	45.0	41.2	38.9	39.6	39.0	42.8	−1.5
1명	30.0	(25.9)	27.8	27.3	26.7	27.0	26.2	23.9	22.0	20.6	20.8	20.6	22.6	−1.1
2명	23.3	(20.2)	21.2	20.0	19.7	18.7	19.0	17.5	15.9	15.2	15.5	15.3	16.7	−1.7
3명 이상	3.9	(3.3)	3.8	3.7	3.7	3.7	3.8	3.5	3.2	3.1	3.3	3.2	3.5	−3.6
미성년 자녀 없음	58.1	(50.3)	55.6	55.4	54.4	57.6	59.4	58.7	57.9	51.2	49.2	50.8	55.7	3.2

* 미상 포함

출처: 통계청(2025).

2) 한부모 가족의 어려움

(1) 역할 과중

한부모 가족의 부모는 그들이 이전에 수행해 왔던 어머니 또는 아버지로서의 역할 이외에 다른 한편의 부모역할까지 수행해야 하며 이에 따른 역할 긴장, 특히 역할 과중을 경험하게 된다. 역할 긴장은 크게 역할 과중과 역할 간 갈등의 두 가지 유형으로 구분된다. **역할 과중**이란 역할 수행자가 맡고 있는 역할들을 편안하게 수행하지 못할 만큼 과도한 양의 역할이 부여되었을 때 나타난다. 또한 **역할 간 갈등**이란 한 개인에게 기대되는 역할들의 상충으로 가족생활에 긴장이 초래되는 현상을 의미한다(정현숙, 유계숙, 2002).

한부모 가족은 경제적인 면을 혼자서 책임지고, 동시에 가사노동이나 자녀 양육에 대한 책임 또한 혼자서 감당해야 한다. 특히 저소득층 한부모 가족의 부모는 주로 업무 부담이 많고 열악한 직업에 종사하게 되며, 이로 인해 만성적이고 일상적인 피로에 시달리며, 자녀 양육에 할애할 시간이 절대적으로 부족할 수 있다. 즉, 역할 과중으로 인해 자녀를 양육하고 감독하는 능력이 손상될 수 있다(McLanahan, 1999). 부모가 경험하는 스트레스가 부모의 사회적·심리적 기능을 손상시키게 되면 자녀를 효과적으로 양육하기 어려워지고, 이와 같은 부모의 부적절한 양육이 아동의 적응에 부정적인 영향을 미치게 된다(Hetherington, 1989).

(2) 경제적 어려움

한부모 가족의 가장 큰 스트레스 요인 중 하나는 경제적 어려움이다. 경제적 어려움은 특히 저소득층에서, 부자 가족보다는 모자 가족에서 보다 심각하며, 경제적 어려움은 인해 자녀 양육에서도 어려움을 겪는다. 또한 저소득층의 경우 경제적 기능 및 양육 기능 등 가족 기능이 원활하게 수행되지 않을 경우 가장인 아버지나 어머니가 가출을 하거나 아동 유기로 이어져 소년소녀가장 가정으로 변화될 수 있는 위험이 있다. 이에 빈곤·실직 한부모 가족에 대한 사회적 관심 및 지원이 필요하며, 가장이 경제적 활동을 할 수 있도록 지속적인 직업 훈련이 제공되고 실직 기간 중 가정의 생활비 및 교육비의 지원 등이 필요하다.

한부모 가족의 경제적 어려움은 아버지와 어머니 간에 차이를 보이는데, 어머니의 경우 주거 및 생계의 어려움이 가장 심각한 문제로 대두된다. 일부 한부모 가족 어머니는 경제적 형편의 악화 내지 빈곤계층으로 전락할 가능성이 높아진다. 특히 전업 주부는 한부모가 된 이후 경제적 어려움에 직면할 수 있다. 경우에 따라 자녀만 보살피고 살림만 하던 여성이 새로 직장에 나가야 하는데, 대부분 저임금 및 미숙련된 일에 종사해야 하는 등 취업 기회의 제한으로 경제적 여건이 불리하다(Collins & Coltrane, 1991). 이러한 현상은 여성의 저임금 문제, 노동시장에서의 성차, 빈약한 공공 수혜의 문제 등과 복합적으로 작용하며 부모의 빈곤은 결국 아동의 빈곤으로 이어져 아동의 인적 자원을 저해하는 요소로 작용하게 된다.

한편 이혼 가족 아버지의 경우에는 이혼 시 위자료, 양육비 지불, 불규칙한 생활로 인해 수반되는 지출 과다 등의 이유로 경제적 어려움을 겪게 되기 쉽다. 아버지들이 이혼 후 겪는 어려움은 절대적 경제적 빈곤보다는 상대적 빈곤감으로 인한 심리적 갈등이 더욱 크다(변화순, 1996).

한부모 가족의 경제적 어려움은 자녀에게도 직접적으로 영향을 미친다(Amato, 1993). 일반적으로 한부모 가족의 경제적 어려움은 아동의 학업 성취, 행동, 심리적 적응과 자아개념, 사회적 관계와 관련성을 지닌다. 경제적 어려움으로 인한 부모의 장시간 노동은 자녀의 식사, 생활의 불균형 등을 초래하고 자녀의 용돈 부족은 도벽이나 폭력과 같은 행동, 사회적 문제로 연결되기도 한다. 또한 경제적 여건이 어려운 상황에서 우범지대 이웃과의 생활은 비행을 부추길 수 있다.

한편, 한부모 가족의 경제적 어려움은 간접적 영향도 미친다. 이혼 후 수입이 감소되면 특히 이혼모들의 경우, 경제적 압력을 받게 되고 경제적 압력은 심리적 안정을 저해하게 되어 부모역할에 지장을 초래하는 등 자녀의 적응을 어렵게 할 수 있다(오은순, 1997; Amato, 1993).

(3) 정서적 문제

한부모 가족이 된 부모는 우울과 분노, 가족과 역할의 상실, 자녀에 대한 죄의식, 그리고 전 배우자에 대한 애착 등을 경험하게 된다. 부모의 심리·정서적 어려움은 다른 가족에게도 부정적 영향을 미칠 수 있다. 한부모 가족 부모는 자녀 양육에 따른 부담으로 인해 가정생활에 덜 만족하고, 더 우울해 하는 것으로 나타났으며, 이는 한부모 가족 아동의 적응과도 관련이 있었다(Fine & Voydanoff, 1986). 즉, 부모의 심리적 어려움은 아동의 적응에 영향을 미치며, 이는 다시 부모와 아동 간의 관계를 어렵게 하여 부모가 지각하는 양육스트레스가 증가될 것이다.

(4) 사회적 관계망의 축소

한부모 가족의 또 다른 어려움으로 사회적 관계망의 축소가 있다. 모자 가족에 있어 배우자의 상실은 이전에 남편 중심으로 이루어지던 배우자와 관련된 사회적 관계망의 상실을 의미하기도 한다. 부자 가족의 경우도 마찬가지이다. 특히 이혼으로 인해 형성된 한부모 가족은 의도적으로 전 배우자와 함께 형성하였던 사회적 관계를 회피하게 되며, 그 결과 사회적 관계망의 축소와 더불어 사회적 지원의 양도 감소하게 된다. 한

부모 가족 부모는 사회활동에 참여하거나 대인관계를 형성하는 과정에서 주변 사람들의 부정적인 인식을 경험하는 경우가 많으므로 적응에 더욱 어려움을 갖는 것으로 나타났다(한경혜, 1993).

3 한부모 가족의 부모역할을 위한 지원 방안

한부모 가족의 실태를 알려 줄 수 있는 정확한 자료에 대한 요구가 높아지면서, 2011년 한부모 가족에 대한 실태조사를 3년마다 수행하도록 「한부모 가족지원법」이 개정되었다. 이에 따라 2012년 최초로 제1차 한부모 가족실태조사가 실시되었으며, 2015년 제2차 한부모 가족실태조사, 2018년 제3차 한부모 가족실태조사, 2021년 제4차 한부모 가족실태조사, 2024년 제5차 한부모 가족실태조사가 실시되었다. 이 조사는 전국 규모의 한부모 전체의 생활 실태를 파악하여 한부모 가족지원정책에 실질적인 도움이 되는데 기여하고자 실시되었고, 본서에서는 한부모실태조사의 제언 중심으로 한부모 가족의 부모 역할 지원 방안을 제시하고자 한다.

1) 자녀의 돌봄 서비스 지원 확대

한부모 가족 자녀를 위한 보육·교육시설과 기관을 통한 돌봄 서비스는 상당히 확대되었으나, 시설 보육이 장시간 근로나 일시 보육 등 긴급한 수요에 대응하는 데에는 한계가 있다. 2024년 한부모 가족실태조사에 의하면 한부모 자녀의 돌봄 유형은 미취학 자녀는 어린이집(68.9%), 유치원(18.2%), 한부모가 직접 돌봄(9.5%), 조부모 돌봄(2.2%) 등의 순으로 어린이집과 유치원 등 시설보육 이용률이 87.1%였다. 초등학생 자녀는 초등돌봄교실/방과후교실이 43.3%로 가장 높았고, 학원(39.2%), 지역아동센터(5.9%), 조부모 돌봄(5.1%), 본인 직접 돌봄(4.4%) 등의 순이었다. 초등학생 자녀의 경우 2018년 대비 2024년 학원을 이용하는 비중이 크게 증가하였다.

특히 한부모 가족은 주변에 인적 자원이 충분하지 않아, 자녀가 돌봐주는 어른이 없이 혼자 있는 시간이 있는 것으로 나타났다. 2024년 한부모 가족실태조사에 의하면 미취학 자녀를 둔 한부모의 3.2%, 초등학생 자녀를 둔 한부모의 35.9%는 자녀가 평일 일과 후 돌봐주는 어른 없이 '혼자 보내는 시간이 있다'라고 응답하였으며, 자녀가 혼자 보내는 시간이 있는 경우 미취학 자녀는 하루 평균 2.2시간, 초등 자녀는 평균 2.5시간으로 응답하였다. 2018년도 조사 대비 미취학 자녀와 초등학생 자녀 각각 평균 0.2시간, 0.3시간 혼자 있는 시간이 줄었지만, 여전히 한부모 가족 자녀의 돌봄 공백이 있었다. 자녀가 혼자 지내는 시간에 필요한 서비스로는 미취학 자녀는 야간 보육 활성화가 34.5%로 가장 높았고, 자녀 등·하원 서비스(24.8%), 식사제공 서비스(20.8%), 학습지도 도우미 파견 서비스(13.6%) 등의 순이었으며, 초등학교 자녀에게 필요한 서비스로는 초등돌봄/방과후 교실 활성화가 32.0%로 가장 높았고, 식사제공 서비스, 학습지도 도우미 파견 서비스, 지역 아동센터 활성화, 자녀 등·하원 서비스 등의 순으로 나타났다. 이와 같이 한부모 자녀의 경우 추가적인 보육 및 돌봄에 대한 욕구가 강한 것으로 나타났다(배호중, 정가원 외, 2024). 특히 한부모 가족이 소규모화되고 있어, 한부모 가족의 돌봄 네트워크의 문제는 더 심각하다(김은지, 최인희 외, 2018).

아이 돌봄 서비스는 사회적 지지망이 열악한 한부모들이 경험할 수 있는 시설 보육의 사각지대를 채워주는 역할을 할 수 있다. 정부는 가구 평균 소득 이하이면서 3개월~12세 이하의 아동이 있는 가정을 위해서 아이 돌봄 서비스를 제공하고 있다. 정부의 아이 돌봄 서비스 사업은 가구 소득수준에 따라서 정부 지원금 비율과 본인 부담비율에 차이가 있는데, 저소득 한부모 가족이나 그 외 한부모 가족에게 서비스 이용 우선권을 제공하고 있다.

그 가운데 '시간제서비스'에 대해 살펴보면, 학교, 보육시설 등·하원 및 준비물 보조, 부모가 올 때까지 임시보육, 놀이활동, 준비된 식사 및 간식 챙겨주기를 비롯하여 아동과 관련한 가사에 이르기까지 돌봄에 관련한 활동 이용을 지원하고 있다.

아이 돌봄 서비스가 한부모 가족의 자녀 양육을 실질적으로 지원할 수 있도록 제도에 대한 홍보가 강화될 필요가 있으며 양질의 안정적인 돌봄 지원이 이루어져야 한다. 또한 모자가구의 경우 아동의 안전과 관련된 우려가 높은 편이므로 지역사회 비상연락망 등 안전을 강화할 필요가 있다(김은지, 장혜경 외, 2015).

2) 자녀의 성장 단계 및 양육 부모에 따른 양육 지원 서비스 제공

한부모가 경험하는 자녀 양육상의 어려움은 자녀의 성장 단계에 따라 상이하다. 2024년 한부모 가족실태조사에 의하면 자녀를 양육하며 경험하는 한부모들의 가장 큰 어려움은 '양육비·교육비 부담'으로 미취학 자녀 78%, 초등학생 자녀 81.4%, 중·고등학생 자녀 82.1%이었다. 다음으로는 미취학자녀의 경우 '자녀를 돌볼 시간의 부족', '자녀를 돌봐줄 사람을 구하는 어려움'이 있다는 응답이 많았고, 초등학생 자녀의 경우 '양육, 교육 관련 정보 부족', '자녀 진로 지도의 어려움' 등 교육과 관련된 어려움도 높게 나타나고 있었다. 중·고등학생 자녀는 '진로지도', '자녀 학업성적', '양육, 교육 정보 부족'에 대해 상당히 어려움을 느끼고 있었다. 2018년 한부모 가족 실태조사와 비교하면 전반적인 응답 경향은 유사하나, 미취학 자녀를 양육하는 한부모는 '양육비, 교육비용의 부담이 크다'는 응답과 '직접 자녀를 돌볼 시간이 부족하다/자녀를 돌봐줄 믿을 만한 사람을 구하기 어렵다'는 응답이 증가하였고 중학생 이상 자녀를 양육하는 한부모의 경우, '자녀의 생활지도에 어려움이 있다'는 응답이 다소 증가하였다(배호중, 정가원 외, 2024).

한부모 가족에게 제공되는 자녀 양육 지원 정책은 한부모와 그 자녀의 생애주기에 따라 보다 세분화되어 제공되어야 할 필요가 있다. 한부모 가족이 공통적으로 자녀 양육에서 가장 어려움을 느끼는 양육비, 교육비 부담을 덜어주기 위해 현실적인 지원 정책이 필요하다. 또한 영유아 자녀 양육하는 한부모에게는 자녀 돌봄 서비스 지원을 강화하며, 취학 자녀를 양육하는 한부모에게는 양육, 교육 관련 정보 제공, 자녀 진로 지도 서비스 지원을 강화하여야 한다. 한편 중학생 이상의 자녀를 양육하는 한부모에게는 자녀의 생활지도를 효율적으로 할 수 있는 부모교육이 필요할 것이다.

부모가 자녀를 양육할 때 실질적인 도움을 받을 수 있는 부모교육이 필요하며 부모로서의 자신감을 얻을 수 있도록 도와주는 프로그램이 실시되어야 할 것이다. 부모는 자녀양육과 관련된 다양한 고민을 하며, 아동을 양육하는 아버지와 어머니에 따라서 서로 다른 문제를 가질 것이다. 즉 한부모 가족의 경우 여성 한부모, 남성 한부모에 따라 어려움의 종류와 강도가 다르므로 이에 따른 지원 정책을 달리 마련할 필요가 있다.

따라서 한부모 가족의 특성을 감안하여 자녀양육과 관련된 부모교육이 이루어져야 하며, 한부모 가족의 가족관계를 강화하기 위한 상담 프로그램이 전문화되어야 한다. 이러한 프로그램에서는 법적인 내용, 경제 관리, 자녀양육 방법 및 자녀양육 문제 등 실제적인 정보를 제공하여야 할 것이다. 특히 저소득층 한부모 가족 부모가 부모교육 프로그램 및 상담 프로그램에 접근을 용이하게 하고, 참여도를 높이기 위해서는 정부의 재정적 지원과 사회복지기관의 지속적인 관리가 필요하다(한준아, 2008).

3) 영유아교육기관에서의 편견 없는 교육 프로그램

편견 없는 사고와 태도, 행동은 타고나는 것이 아니라 편견 없는 성인을 통해 자연스럽게 모방하며 편견적 사고에 대한 비판적 성찰과 문제 해결식 활동을 통한 의도적 교육을 통해 형성되므로 영유아기 때부터 편견 없는 사고와 태도, 행동을 함양할 수 있는 보육 및 교육 프로그램이 필요하다. 다양한 가족 유형과 문화 등 국제화와 다원화된 사회 속에서 성장·발달하고 있는 영유아들이 편견 없이 나와 다른 사람과의 차이를 존중하며 협력하고 조화를 이루며 살아가는 능력과 태도를 키우는 것은 민주 시민의 기초를 형성하는 데 필요한 요소이다.

영유아들은 성장하면서 자신과 타인에 대한 이해를 넓혀가며 스스로의 정체성을 형성하기 때문에 이를 방해하는 편견이 형성되지 않도록 해야 한다. 자신과 다른 사람, 자신과 다른 사회에 대해 알아가면서 차이점을 다름으로 이해하고 자신만의 정체성과 다른 집단의 정체성을 동시에 발달시켜야만 보다 개방적인 생각과 태도를 형성할 수 있기 때문이다. 이를 위해서 영유아가 속한 가족, 성, 사회경제적 특성 등을 탐색하면서 자신이 속한 집단에 대한 정체성을 발달시키고, 자신과 다른 집단의 특성을 '다름'으로 인정하도록 하는 보육프로그램을 영유아교육기관에서 실시하여야 한다.

또한 이러한 교육을 가정과 연계하여, 다양한 부모교육 및 부모참여 프로그램을 통해 한부모 가족 부모의 참여를 도모하며, 다양한 유형의 가족이 자녀 양육에 대한 정보와 양육 기술을 상호교류할 수 있는 기회를 제공하는 것은 우리 사회의 한부모 가족에 대한 편견이나 고정관념을 없애는 데 도움이 될 것이다.

4) 한부모 가족의 경제적 안정을 위한 직업훈련, 교육 및 고용 지원

한부모 가족, 특히 모자 가족이 경험하는 경제적인 문제는 심각하며, 경제적 어려움으로 인해 자녀 양육에서도 어려움을 겪는다. 저소득층의 한부모 가족 부모는 장시간 저임금 노동, 최저 수준의 생계 등 다양한 스트레스를 경험하고 있으며, 이로 인해 자녀 양육에 투자할 시간과 에너지는 부족하게 되고 생활에 지쳐서 아동에게 무관심한 양육을 하게 될 수 있다고 여겨진다. 즉, 근본적으로 아동의 적응을 돕기 위해서는 아동을 양육하는 부모의 생활의 질이 나아질 수 있도록 경제적 환경이 개선되어야 할 것이다. 한부모 가장이 경제적 활동을 할 수 있도록 지속적인 직업 훈련이 제공되어야 하며, 실직 기간 중 가정의 생활비 및 교육비 지원 등이 필요하다.

특히 아버지가 가장인 경우 상대적으로 경제적 능력이 있다고 인식되어 사회적 지원 대상에서 제외될 수 있으므로 더욱 관심이 필요하다. 실업 상태인 부모의 취업 상담 및 양육에 대한 지원이 필요하다. 즉, 지역사회의 지속적인 관심과 정부의 저소득층 한부모 가족에 대한 복지 자금의 증액 및 보호 대상의 확대, 직업 교육 및 훈련, 고용 지원, 양육비 및 교육비 지원 확대 등 적극적인 지원 정책이 필요하다. 모자 가구인 경우, 취업 및 직업 훈련으로 여성가족부에서 새로 일하기 센터를 통하여 실시하는 각종 경력 단절 여성 대상으로 한 직업 훈련 프로그램 및 고용 지원 프로그램도 이용할 수 있다.

5) 심리 · 정서 지원 서비스 강화

한부모 가족 부모가 경험하는 심리·정서적 어려움은 본인뿐만 아니라 다른 가족에게도 부정적 영향을 미칠 수 있다. 2024년 한부모 가족실태조사에 의하면 우울증을 경험하는 한부모들이 상담 등 전문적인 서비스를 받는 비율이 매우 낮게 나타났다. 그러므로 심리·정서적 어려움이 있는 한부모 가족의 심리·정서적 복지를 증진시킬 수 있는 전문적이고 다양한 심리·정서 지원서비스가 개발되고 제공되어야 한다.

6) 양육비 이행확보 전담기구 실효성 제고 및 양육비 긴급 지원제도 확대 필요성

2014년 제정된 「양육비 이행 확보 및 지원에 관한 법률」이 2015년 3월 25일부터 시행되면서, 여성 가족부 산하 양육비 이행 전담 기구인 양육비 이행 관리원이 신설되어 관련 업무를 총괄하는 업무를 수행하고 있다. 양육비 이행 관리원은 미성년 자녀를 양육하고 있는 이혼 또는 미혼 한부모 가족이면 누구나 이용 가능하며, 신청자 중 저소득 가구를 우선으로 지원하고 있다.

그러나 아직까지 안정적으로 양육비를 지급받고 있는 비율이 전체적으로는 높지 않은 수준으로, 양육비 이행을 위한 제도 실효성을 강화해 나갈 필요가 있다. 양육비 이행확보 전담기구 설치로 이행집행의 실효성을 높이는 것이 중요하나 경제적 능력이 없는 비양육부모의 경우 양육비 지급이 어렵거나 양육비 지급 전까지 공백 기간이 발생하는 등 전담기구 설치만으로는 양육부모의 안정적 양육비 수급에 한계가 있다. 현재의 양육비 긴급지원제도를 보다 확대하고 안착시킬 필요가 있다(김은지, 최인희 외, 2018). 2024년 한부모실태조사에서 양육비이행관리원 서비스 이용 경험을 살펴보면, '이용 경험이 있다'라는 비율이 4.1%, '이용 경험이 없다'라는 비율이 95.9%로 대부분 이용 경험이 없는 것으로 나타났다. 서비스 이용 의사는 여전히 낮게 나타나고 있으며, 그 이유로 '비양육 부모가 양육비를 낼 형편이 되지 않기 때문에', '비양육부모와 얽히기 싫어서'라는 응답이 높게 나타나고 있다. 이는 전 배우자와의 관계를 양자 간의 자율적 관계로만 두는 것이 아니라, 국가가 보다 적극적으로 개입하여 양육비를 안정적으로 받을 수 있도록 제도적 개입을 강화할 필요성을 시사한다.

7) 양육부모와 비양육부모와의 협력적 양육체계 지원

우리나라에서는 2007년 말에 「민법」 개정으로 합의 이혼을 하려면 양육할 자녀가 있는 경우는 3개월, 없는 경우는 1개월의 숙려기간을 반드시 거쳐야 한다는 조항이 신설되면서 2008년 6월부터 이혼을 신청하는 부부에게 이혼숙려제가 시행되고 있다. 또한 부부는 자녀의 친권자가 누구이고 양육은 누가 할지, 양육비용 부담 주체와 부담

액수 및 방법, 면접 교섭권 행사 여부 등의 내용이 담긴 협의서를 제출해야 하며, 만약 협의가 안 되거나 협의 내용이 자녀 복리에 어긋날 경우 가정법원이 이를 결정하게 된다. 또한 이혼 뒤 부모에게만 인정되던 면접 교섭권을 자녀에게도 주어 부모와 만나는 것을 요구할 수 있도록 했다. 이혼숙려제 제도로 인해 이혼 억제의 효과가 나타나고 있다.

그러나 서구와 달리 한국에서는 이혼 후 부부간 교류가 없고, 양육비 이행 확보 문제가 중요한 문제로 부각되는 측면이 있다(김은지, 황정임, 2012; 한준아, 2008). 2024년 한부모 가족실태조사에서 자녀와 비양육부모와의 교류 정도를 보면 절반가량의 한부모 가족이 비양육부모와 연락을 원하지 않거나(29.9%), 소재 파악이 되지 않아(18.0%) 교류가 없는 것으로 나타났다. '특별한 일이 있을 때마다 만나고 있다'는 28.0%였으며, 반면 정기적으로 만나는 경우는 11.8%에 그쳤다. 한부모와 전 배우자와의 교류 정도는 '연락을 원하지 않아서 연락하지 않는다'가 40.2%로 가장 많았고, '특별한 일이 있을 때마다 만나고 있음(20.1%)', '소재 파악이 되지 않아 전혀 연락이 닿지 않음(18.3%)' 등의 순으로 집계되었으며, 한부모와 비양육부모가 '정기적으로 만나고 있다'는 비율은 5.8%에 그쳤다. 이러한 비양육부모와 자녀와의 관계 단절은 비양육부모의 양육 책임에 대한 인식을 어렵게 만드는 요소가 될 수 있다.

이혼 절차에 있어서 부모교육을 반드시 들어야만 하는 제도가 도입된 것은 2012년 11월 1일 「가사재판·가사조정 및 협의이혼의사확인 절차에서의 자녀양육안내 실시에 관한 지침」에 의하여 미성년 자녀를 둔 이혼(예정) 부부에게 법원에서 원칙적으로 실시하도록 부모교육(자녀양육안내) 제도를 만든 이후부터이다(이소영, 김은정 외, 2015).

또한 서울가정법원은 협의이혼을 신청하는 부부들의 합리적인 의사결정을 돕고 자녀들이 겪는 불안과 고통을 최소화하기 위해 후견프로그램을 시행하고 있다. 이는 미성년 자녀가 있는 협의이혼 당사자가 숙려기간 안에 후견프로그램 중 하나의 프로그램에 반드시 1회 참여하여야 하고 미성년자녀가 없는 경우에도 프로그램에 참여하기 원하면 신청할 수 있도록 하는 지원 프로그램이다.

서울 가정법원 홈페이지에는 '부모'라는 내용을 게재하고 있으며, '부모'에는 이혼하는 부부가 알아야 할 미성년 자녀에 관한 지침에 대한 내용을 다루고 있으며, 부모의 이혼에 따른 자녀의 연령별(영유아기, 유치원기, 초등학생기, 청소년기) 행동 특징, 부모가 자녀를 위해 꼭 지켜야 할 유의점, 자녀에게 도움이 되는 부모행동 '체크리스트'로 구성되어 있다. 이와 같이 이혼 과정에 있는 가족에게 부모교육을 통해 부모의 이혼에 따른 자녀의 행동 특징, 면접교섭 및 양육분담과 양육비 지급 등 구체적인 양육계획을 세우게 하여 한부모 가족 기능 강화를 도모하고 있다.

8) 사회적 인식의 전환

한부모 가족을 '결손 가족'으로 받아들이는 것은 사회적 편견을 조장할 수 있으므로 이에 대한 인식의 전환이 필요하다. 우리나라에서도 종전에 사용하던 편부모라는 용어가 결손, 결핍을 상징하는 용어라는 이유로 한부모라는 용어로 대치하였다. 한부모에서 '한'은 하나로서 온전하다는 의미로 한 명의 부모가 두 부모의 역할을 모두 수행할 수 있다는 의미이다. 그러므로 이러한 용어에 부합되는 사회적 인식의 전환이 필요하다.

생각해 볼 문제

01 최근 결혼을 원하지 않고 배우자 없이 자녀를 키우는 여성이 늘고 있다. 이러한 가족의 부모-자녀 관계의 장점과 단점을 생각해 보자.

02 교사로서 한부모 가족의 부모역할을 지원하기 위한 방안을 생각해 보자.

Chapter 5

재혼 가족

현대사회에서는 이혼의 증가로 인해 한부모 가족이 지속적으로 증가하고 있으며, 재혼 가족도 꾸준히 증가하는 추세이다. 다양해지는 가족 구조의 변화는 그에 적응할 수 있는 새로운 부모역할상을 필요로 하며, 재혼 가족은 서로 상이한 가족구성원 간의 화합을 이루는 것이 과제라 할 수 있다. 본 장에서는 재혼 가족의 개념, 재혼 가족의 현황 및 어려움, 재혼 가족의 부모역할 지원을 위한 방안에 대해 살펴보고자 한다.

학습 목표

1. 재혼 가족의 개념을 알아본다.
2. 재혼 가족의 현황과 어려움을 살펴본다.
3. 재혼 가족의 부모역할 지원을 위한 방안을 알아본다.

1 재혼 가족의 개념

재혼은 이혼이나 사별로 전혼 관계가 해체된 후 또 다른 혼인 관계를 맺는 것으로, **재혼 가족**(remarriage family)은 자녀의 유무에 관계없이 한쪽 배우자가 재혼인 경우 형성되는 가족을 의미한다. 부부 중 어느 쪽이든 전혼에서 얻은 자녀가 최소한 한 명 이상 있는 가족을 **계부모 가족**(step family)이라고 한다. 즉 계부모 가족은 재혼 가족의 하위 유형이라 할 수 있다.

2 재혼 가족의 현황과 어려움

1) 재혼 가족의 현황

우리나라에서 1980년대 중반 이후 이혼율의 증가는 이혼으로 형성된 한부모 가족의 증가를 수반하고 아울러 재혼 가족의 증가로 이어지고 있다. 2024년 통계청에서 발표한 자료에 의하면, 2024년 혼인은 222,400건이며, 전년보다 14.8% 증가하였으며, 인구 1천 명당 혼인건수를 의미하는 조혼인율은 4.4건으로 나타났다(통계청, 2025).

〈표 5-1〉 혼인 건수 및 조혼인률, 2014-2024년

	2014	2015	2016	2017	2018	2019	2020	2021	2022	2023	2024
혼인 건수(천 건)	305.5	302.8	281.6	264.5	257.6	239.2	213.5	192.5	191.7	193.7	222.4
증감(천 건)	-17.3	-2.7	-21.2	-17.2	-6.8	-18.5	-25.7	-21.0	-0.8	2.0	28.8
증감률(%)	-5.4	-0.9	-7.0	-6.1	-2.6	-7.2	-10.7	-9.8	-0.4	1.0	14.8
조혼인율*	6.0	5.9	5.5	5.2	5.0	4.7	4.2	3.8	3.7	3.8	4.4

* 인구 1천 명당 건
출처: 통계청(2025).

2024년 전체 결혼 건수 중 재혼의 비율은 19.6%로 나타났다(통계청, 2025). 즉 남녀 모두 초혼은 80.4%, 남자 재혼과 여성 초혼은 3.6%, 남자 초혼과 여자 재혼은 5.0%, 남녀 모두 재혼은 10.4%를 차지한다(〈표 5-2〉 참조). 전체 결혼 수에 대한 재혼의 비율은 남자는 14.1%, 여자는 15.4%로 나타났으며, 평균 재혼 연령은 남자 51.6세, 여자 47.1세로 나타났다.

재혼이 전체 혼인에서 차지하는 비중은 감소하는 추세이다. 재혼의 비율은 꾸준히 증가하는 추세였으나, 최근 이혼율의 감소로 재혼의 비율도 다소 감소하는 것으로 보이며, 그동안 형성된 재혼 가족의 수와 더불어 동거를 하며 사실혼 관계에 있는 재혼 가족도 적지 않으므로 현실적으로 재혼 가족은 보다 많을 것으로 여겨진다.

〈표 5-2〉 혼인종류별 건수 및 구성비

(단위: 천 건, %)

		2014	2015	2016	2017	2018	2019	2020	2021	2022	2023	2024	전년대비		
													구성비	증감	증감률
혼인건수*		305.5	302.8	281.6	264.5	257.6	239.2	213.5	192.5	191.7	193.7	222.4	100.0	28.8	14.8
남자	초혼	257.9	256.4	238.1	222.5	216.3	199.5	180.1	161.2	160.1	161.6	190.6	85.7	29.0	17.9
	재혼	47.5	46.4	43.3	41.7	41.1	39.4	33.3	31.1	31.2	31.6	31.3	14.1	−0.3	−1.0
여자	초혼	251.5	250.0	232.4	216.8	210.3	193.9	175.0	156.5	156.0	157.4	187.0	84.1	29.5	18.7
	재혼	53.9	52.7	48.9	47.4	46.7	44.5	38.1	35.6	35.0	35.2	34.3	15.4	−0.9	−2.6
남(초)+여(초)		239.4	238.3	221.1	206.1	200.0	184.0	167.0	149.2	148.3	149.6	178.7	80.4	29.1	19.4
남(재)+여(초)		12.0	11.7	11.1	10.5	10.2	9.8	7.9	7.1	7.4	7.6	7.9	3.6	0.3	4.2
남(초)+여(재)		18.4	18.0	16.7	16.2	15.9	15.0	12.8	11.7	11.3	11.4	11.2	5.0	−0.2	−2.0
남(재)+여(재)		35.5	34.7	32.1	31.1	30.7	29.4	25.2	23.8	23.5	23.7	23.0	10.4	−0.6	−2.7

*미상 포함 / 남(초): 남자초혼, 남(재): 남자재혼, 여(초): 여자초혼, 여(재): 여자재혼

출처: 통계청(2025).

2) 재혼 가족의 어려움

재혼 가족의 형성은 초혼 가족과 비교하여 상이한 구조를 지닌다. 재혼으로 인해 부부는 심리적 안녕을 도모할 수 있으며, 두 가정의 결합으로 가정의 경제적 안정을 도모할 수 있고, 자녀 양육으로 인한 한부모의 부담을 줄인다는 이점이 있다. 그러나 하나의 새로운 가족을 구성해 나가는 과정 속에서 발생하는 스트레스도 있다. 일반적으로 계부모와 계자녀의 관계는 재혼 가족의 스트레스나 문제를 유발하는 요인으로 간주된다.

초혼 가족과 구별되는 재혼 가족의 특성은 다음과 같다(Berger, 2000). 첫째, 초혼 가족과는 달리 재혼 가족은 시작부터 몇 개의 관계를 지니고 시작되어 좀 더 복잡한 구성 단위로 되어 있다. 즉 친부모–친자녀 관계, 계부모–계자녀 관계, 계형제 관계, 조부모–손자녀 및 계조부모–손자녀 관계 등 초혼 가족보다 관계가 복잡하며, 이러한 관계 간의 역할 및 책임이 명확하지 않아 어려움이 있다.

둘째, 자녀들은 때로는 두 가정의 구성원이다. 재혼 가족의 자녀들은 양육 부모의 가정과 비동거 부모의 가정을 오가는 경우가 있다. 이러한 상황은 자녀들이 행동하는데 있어서 정서적으로 복잡하게 만들 수 있으며, 서로 다른 가정환경의 규칙과 기대에 적응하기 어려울 수 있다. 두 가정에서 한 자녀를 공유하는 것은 자녀의 행동에 대한 통제와 권리와 관련된 문제를 야기할 수 있으며, 전 배우자와 전 조부모들은 새로운 재혼 가족에 지속적으로 영향을 미칠 수 있다.

셋째, 어딘가에 또는 자녀의 기억 속에는 친부모가 자리 잡고 있다. 자녀는 현재의 양육 부모나 계부모와 살지 않고, 친부모와 살았으면 더 행복할 것이라는 강한 믿음을 가질 수 있으며, 이러한 믿음으로 인해 자녀들은 새로운 재혼 가족에 자발적으로 참여하지 않을 수 있다. 비록 재혼하는 부모들이 재혼에 대해 자녀와 상의한다 할지라도, 재혼을 결정할 때 자녀의 승인을 구하지 않는 경우가 많다. 특히 이혼한 부모의 유아기 자녀는 친부모가 다시 결합하여 자신의 가족이 이전 상태로 되돌아가는 환상을 가지므로 새로운 재혼 가족의 생활이 편안하지 않을 수 있다.

넷째, 계부모 가족구성원들은 서로 다른 가족사를 가졌다. 재혼 이전의 가족에 대하여 친부모와 그 자녀들이 공유하는 경험과 기억은 계부모와 그 자녀들이 함께 나눌 수 없는 것이다. 재혼 가족들은 하나의 단위로서 공유하는 역사가 길지 않으므로 새로운 상호작용 유형을 만들어야 하고, 서로 다른 가족의 역사를 수용하고 인정하며, 가족 공동 의식을 발달시켜 새로운 가족사를 만들어야 한다.

다섯째, 부모와 자녀 간의 유대가 배우자 간의 유대보다 더 오래되어서 친밀한 부부 관계 형성에 어려움이 있을 수 있다. 특히 계부모 가족에서 남편이나 아내와 전혼 자녀와의 관계가 밀착되었을 경우, 친밀한 부부 관계의 형성이 어려울 수 있다. 계자녀들은 계부모를 자신의 부모에 대한 애정과 관심의 경쟁자로 여겨 부모와 계부모와의 친밀한 관계에 대해 배신감을 느끼며, 계부모와의 친밀한 관계 형성을 거부할 수 있다. 따라서 계부모 가족 내의 부부는 친밀한 부부 관계 형성과 함께 부모–자녀 관계 유지, 그리고 계부모–자녀 간의 유대를 함양시켜야 한다.

여섯째, 개인, 부부, 가족의 생활 주기가 일치하지 않을 수 있다. 재혼 부부들 중 연령 차이가 크게 나는 자녀들이 있는 경우, 가족의 생활 주기가 일치하지 않을 수 있다. 또한 부부 중 한쪽이 초혼인 경우 결혼을 함과 동시에 자녀를 양육을 하게 되는 경우가 있다. 이러한 경우 계부모는 갑작스러운 발달 과업에 직면하게 된다.

일곱째, 재혼 가족은 모든 가족이 부모의 죽음이나 별거와 같은 중요한 상실의 경험 및 몇 번의 가족 변화 후에 형성된다.

마지막으로, 자녀와 부모는 이전 가족의 경험에 근거하여 재혼 가족에 대한 비현실적 기대를 가지고 재혼 생활을 시작한다. 즉 재혼을 할 때 새로운 결혼 관계는 이전 결혼에서의 문제점과 결점을 극복하거나 보상할 것이라고 기대하는 경향이 있다. 이러한 기대는 새로운 결혼에 과도한 부담을 주며, 재혼 초기에 발생하는 다양한 문제를 회피하거나 인정하려 하지 않아 재혼 가족의 적응에 방해를 줄 수 있다.

3 재혼 가족의 부모역할을 위한 지원 방안

건강한 재혼 가족은 상실감을 부인하거나 회피하기보다는 이를 수용하고 애도하는 기간을 가지며, 재혼 가족에 대해서 비현실적인 기대를 하지 않고, 부부 관계가 견고하며, 가족의 규칙을 융통성 있게 재설정하며, 계부모-계자녀 관계, 계형제 간의 관계가 원만하고, 전배우자나 그 가족과 협조적이며, 가족구성원들의 역할이 분명하다.

1) 부부 관계 강화

재혼 가족의 적응을 위해 가장 중요한 부분은 부부 관계로서 성공적인 재혼 생활을 위해서는 부부 간의 관계와 정서적 유대감이 필요하다. 부부가 모두 재혼인 경우가 한쪽만 재혼인 경우보다 갈등이나 부정적 감정에 원만하게 대처하며, 결혼 만족도도 더 높은 것으로 나타났는데, 이는 부부 모두가 재혼인 경우 전혼 해체와 재혼 경험을 공유하여 부부 관계에 긍정적인 영향을 미치는 것을 의미한다. 재혼 가족의 부부는 초혼 가족의 부부처럼 서로에게 적응하는 신혼기가 거의 없는데, 이는 배우자보다 전혼 자녀에게 정서적으로 밀착되어 있기 때문일 수 있다. 성공적인 재혼 생활을 위해 무엇보다 부부 관계가 우선되어야 하며, 재혼 초기에 부부체계의 경계를 명확히 할 필요가 있다.

2) 자녀 입장에 대한 이해

재혼 가족의 자녀는 이미 부모의 죽음이나 이혼 과정을 거치면서 가족의 큰 변화를 경험하였고, 부모의 재혼에 의해 새로운 가족이 생기는 또 다른 가족 환경의 변화를 경험하게 된다. 부모의 재혼으로 인해 영유아는 친부모를 빼앗겼다는 상실감과 이혼한 친부모의 재결합에 대한 환상이 깨지는 상실감을 경험할 수 있다. 영유아가 이러한 상실감을 극복하지 못한다면 부모의 재혼을 받아들이는 것을 친부모에 대한 배반으로 여길 수 있다(Kaufman, 1993). 또한 유아들은 같이 살고 있지 않은 다른 친부모에 대한 충성심 갈등 때문에 죄책감을 느끼기도 한다. 특히 이혼 가정 유아의 경우 자신이 부모의 이혼 원인이었다는 죄책감과 부모의 이혼과 재혼을 막지 못한 죄책감으로 계부모와의 관계에 의식적으로 부정적이 될 수 있다.

영유아의 입장에서 부모의 재혼은 함께 살고 있는 부모와 영유아의 관계에 변화를 주며, 새로운 부모와 가족 관계를 형성하며, 함께 살고 있지 않은 부모 및 조부모와의 관계 및 접촉에 변화를 준다는 점을 기억하여야 한다. 재혼 가족의 부모는 영유아기 자녀의 기억 속에 있는 함께 살지 않는 친부모와의 기억을 인정해 주며, 자녀와 비친권자인 부모와의 지속적 관계를 유지하도록 하는 것이 재혼 가족 자녀의 적응에 도움이 된다.

3) 친부모의 양육 및 훈육 방식 지지

친부모가 친자녀의 행동을 지도하는 권한을 갖도록 재혼 부부가 의견 일치를 보는 것이 중요하다. 자녀를 지도할 때 계부모는 자녀에게 친부모의 양육 방침을 따른다는 것을 알려주고, 친부모는 자녀에게 계부모의 지시에 따르도록 가르쳐야 한다. 또한 친부모 자신이 부재중일 때는 계부모가 자녀 양육의 일차적인 책임자라는 사실을 자녀들에게 이해시켜야 한다. 그리고 친부모는 자녀 훈육 방침에 대해 새 배우자와 의논하고 타협하여 자녀들로 하여금 계부모도 재혼 가족의 중요한 일원이라는 점을 인식시켜야 한다. 재혼한 부모의 가장 성공적인 전략은 초기에 계자녀와 따뜻한 관계를 형성하고, 친부모의 훈육 방식을 지지하고, 갑자기 통제적 훈육자의 역할을 수행하는 것을 자제하는 것이다(Hetherington, 1992).

4) 원만한 부모-자녀 관계를 맺기 위한 시간

초혼 가족과는 달리 혈연적 유대도 없고 서로 다른 역사를 가진 재혼 가족에서 자녀와 원만한 관계를 형성하는 것은 재혼 가족이 해결해야 할 가장 중요한 문제이다. 재혼 가족의 부모-자녀 관계는 친부모-자녀 관계보다 소원하며, 갈등이 크고, 스트레스의 원천이 될 가능성이 크다. 재혼 가족은 가족구성원들의 규칙, 경계를 합의하며, 새로운 가족의 역사를 만들어 가는 과정이 필요하다. 재혼 가족이 하나의 가족으로 기능하기 위해서는 시간이 필요하며, 가족구성원들이 소속감을 가지도록 노력을 하여 가족 정체성을 확립하여야 한다.

5) 재혼 가족에 대한 사회적 인식의 변화

재혼 가족에서 자녀 양육에 대한 계부모의 정신적 부담은 상당히 크다. 재혼 가족의 계부모에 대한 사회적 편견과 통념은 재혼 가족을 힘들게 하는 주요인이다. 우리는 '신데렐라'나 '콩쥐팥쥐' 등의 동화를 통해 재혼 가족에 대한 신화를 가지고 있으며, 최근 사회적 이슈가 되었던 계부·계모의 아동학대 사건은 재혼을 한 계부모에 대한 불안하고 부정적인 시각을 가지게 한다. 재혼 가족의 성공적인 가족생활을 위해서는 우선 재혼 가족에 대한 사회적 편견이나 통념이 변화되는 것이 필요하다. 특히 우리 사회의 이혼율 증가와 더불어 재혼은 필연적으로 새로운 가족 체계를 수반하고 있으므로, 재혼 가족을 한국 사회의 주요한 가족 형태로 인정하여야 하며, 재혼 및 계부모에 대한 부정적인 인식의 변화가 필요하다.

6) 재혼 가족을 위한 부모교육

재혼 가족 적응을 위해 재혼을 앞둔 사람들을 대상으로 성공적인 재혼 생활을 위한 체계적 준비를 돕는 재혼 준비 교육이 필요하며, 특히 자녀를 가진 재혼 가족의 경우 부모교육, 계부모-자녀 관계 및 부부 관계를 강화할 수 있는 내용이 포함되어야 할 것이다.

생각해 볼 문제

01 자신이 재혼 가족의 부모가 되었다고 가정하고, 건강한 재혼 가족이 되기 위해서 가족구성원으로서 지켜야 할 가족 규칙은 무엇이 있을지 생각해 보자.

02 교사로서 재혼 가족의 부모역할을 지원하기 위한 방안을 생각해 보자.

Chapter 6

다문화 가족

한국사회는 국제화, 개방화라는 시대적 흐름에 발맞추어 매우 빠르게 다문화 사회로 변하고 있다. 한국사회의 다문화 사회로의 변화는 1987년 이후 이주 노동자가 대량 유입되면서 시작되었으며, 다문화 가족은 2002년 이후 도시 저소득층, 농촌 지역 남성의 결혼 문제와 결부되어 결혼 이민자 중심으로 급속히 증가하게 되었다. 다문화 가족은 정부의 다차원적인 다문화 가족지원 정책으로 인해 다양한 어려움을 극복해 가면서 우리 사회의 일원으로 자리 잡고 있다. 본 장에서는 다문화 가족의 개념, 다문화 가족의 현황 및 어려움, 다문화 가족의 부모역할 지원을 위한 방안에 대해 살펴보고자 한다.

학습 목표

1. 다문화 가족의 개념을 알아본다.
2. 다문화 가족의 현황과 어려움을 살펴본다.
3. 다문화 가족의 부모역할 지원을 위한 방안을 알아본다.

1 다문화 가족의 개념

다문화 가족이란 우리와 다른 민족 또는 다른 문화적 배경을 가진 사람들이 포함된 가정을 총칭하는 용어이다. 이 용어는 2003년 건강가정시민연대가 '국제결혼', '혼혈아' 등의 차별적 용어 대신 '다문화 가족'이나 '다문화 가족 2세'로 부르자고 제안함으로써 사용되기 시작하였다. 2008년 3월 제정되어 2009년 9월부터 시행된 「다문화가족지원법」은 다문화가족에게 필요한 생활 정보 제공과 교육 지원, 아동의 보육 및 교육 지원, 다국어에 의한 서비스 제공 등 결혼이민자와 가족구성원의 사회 적응을 위한 정책을 주요 내용으로 한다. 「다문화가족지원법」에서 다문화 가족은 결혼이민자와 출생 시부터 대한민국 국적을 취득한 자로 이루어진 가족과 귀화 허가를 받은 자와 출생 시부터 대한민국 국적을 취득한 자로 이루어진 가족을 말한다.

2 다문화 가족의 현황과 어려움

1) 다문화 가족의 현황

다문화 가족은 2002년 이후 도시 저소득층, 농촌 지역 남성의 결혼 문제와 결부되어 결혼 이민자 중심으로 급속히 증가하였으며, 다문화 가족은 2021년 기준으로 전체 385,000가구(가구원 1,120,000명)로 전체 가구 대비 1.8%(가구원 2.2%)를 차지하며, 다문화 출생 증가 등으로 다문화 가족 증가세가 강화되고 있다. 또한 결혼이민자, 귀화자의 15년 이상 거주 비율이 2018년 27.6%에서 2021년 39.9%로 증가하는 등 결혼이민자 및 귀화자의 국내 체류가 장기화되고 있다(여성가족부, 2023b).

2023년 다문화 혼인은 20,431건으로 전년(17,428건)보다 3,003건(17.2%) 증가하였으며, 2023년 전체 혼인이 전년보다 1.0% 증가한 데 비해 다문화 혼인은 17.2% 증가하여 증가폭이 크게 나타났다. 전체 혼인에서 다문화 혼인이 차지하는 비중은 10.6%로 전년보다 1.5%p 증가하였다(〈표 6-1〉 참조). 이는 2020~2021년 코로나19 확산으로 증가 추세에 있던 다문화 혼인이 일시적 감소 현상을 보이다가 국외 이동이 원활해지면서 다시 증가한 것으로 해석된다. 다문화 유형별로는 외국인 아내의 혼인이 69.8%로 가장 많고, 외국인 남편이 17.9%, 귀화자 12.3% 순으로 많은 것으로 나타났다(통계청, 2024c).

〈표 6-1〉 다문화 혼인 건수 및 전체 혼인 중 다문화 비중, 2021–2023년 (단위: 건, %)

		전체			다문화 혼인[1]			출생기준 한국인 간의 혼인[2]		
		2021	2022	2023	2021	2022	2023	2021	2022	2023
혼인 건수		192,507	191,690	193,657	13,926	17,428	20,431	178,581	174,262	173,226
(비중)		100.0	100.0	100.0	7.2	9.1	10.6	92.8	90.9	89.5
전년 대비	증감	–20,995	–817	1,967	–2,251	3,502	3,003	–18,744	–4,319	–1,036
	증감률	–9.8	–0.4	1.0	–13.9	25.1	17.2	–9.5	–2.4	–0.6

1) 다문화 혼인 : 남녀 모두 또는 어느 한쪽이라도 외국인 또는 귀화자인 경우
2) 출생기준 한국인 간의 혼인 : 남녀 모두 출생기준 한국인인 경우
출처: 통계청(2024c).

한편 다문화 가족 부부의 이혼을 살펴보면, 2023년 다문화 이혼은 8,158건으로 전년도(7,853건)보다 305건(3.9%) 증가하였으며, 전체 이혼에서 다문화 이혼이 차지하는 비중은 8.8%로 전년(8.4%)보다 다소 증가하였다(〈표 6-2〉 참조). 국제결혼의 역사가 길어지면서 사별이나 이혼을 경험하는 다문화 가족이 증가하고 있다.

〈표 6-2〉 다문화 이혼 건수 및 전체 이혼 중 다문화 비중, 2021–2023년 (단위: 건, %)

		전체			다문화 이혼[1]			출생기준 한국인 간의 이혼[2]		
		2021	2022	2023	2021	2022	2023	2021	2022	2023
이혼 건수		101,673	93,232	92,394	8,424	7,853	8,158	93,249	85,379	84,236
(비중)		100.0	100.0	100.0	8.3	8.4	8.8	91.7	91.6	91.2
전년 대비	증감	–4,827	–8,441	–838	–261	–571	305	–4,566	–7,870	–1,143
	증감률	–4.5	–8.3	–0.9	–3.0	–6.8	3.9	–4.7	–8.4	–1.3

1) 다문화 이혼 : 남녀 모두 또는 어느 한쪽이라도 외국인 또는 귀화자인 경우
2) 출생기준 한국인 간의 이혼 : 남녀 모두 출생기준 한국인인 경우
출처: 통계청(2024c).

다문화 가족이 지속적으로 증가함에 따라 다문화 가족에서 출산되는 자녀의 수 또한 지속적으로 증가하고 있다. 통계청(2024c)의 자료에 의하면, 2023년 다문화 가족의 출생아는 12,150명으로 전년(12,526명)보다 376명(3.0%) 감소하였다(〈표 6-3〉 참조). 2023년 전체 출생이 230,028명으로 전년보다 7.7% 감소한 데 비해 다문화 부모의 출생아는 3.0% 감소하여 상대적으로 감소폭이 적은 것을 알 수 있으며, 전체 출생에서의 비중은 5.3%로 전년보다 소폭 상승한 것으로 나타났다. 다문화 출생아 중 남아는 6,371명, 여아는 5,779명으로 성비(여아 100명당 남아 수)는 110.2으로, 출생 기준 한국인 부모(104.8)보다 높은 것으로 나타났다(〈표 6-3〉, 〈그림 6-1〉 참조).

〈표 6-3〉 다문화 출생아 수 및 출생성비, 2021–2023년 (단위: 명, %, 여아 100명당 남아 수)

		전체*			다문화 부모[1]			출생기준 한국인 부모[2]		
		2021	2022	2023	2021	2022	2023	2021	2022	2023
출생아 수		260,562	249,186	230,028	14,322	12,526	12,150	244,144	234,051	215,413
(비중)		100.0	100.0	100.0	5.5	5.0	5.3	93.7	93.9	93.6
전년 대비	증감	–11,775	–11,376	–19,158	–2,099	–1,796	–376	–9,082	–10,093	–18,638
	증감률	–4.3	–4.4	–7.7	–12.8	–12.5	–3.0	–3.6	–4.1	–8.0
남아		133,516	127,454	117,862	7,322	6,410	6,371	125,164	119,731	110,215
여아		127,046	121,732	112,166	7,000	6,116	5,779	118,980	114,320	105,198
출생성비		105.1	104.7	105.1	104.6	104.8	110.2	105.2	104.7	104.8

* 부모 국적미상(기아, 영아사망 등) 포함

출처: 통계청(2024c).

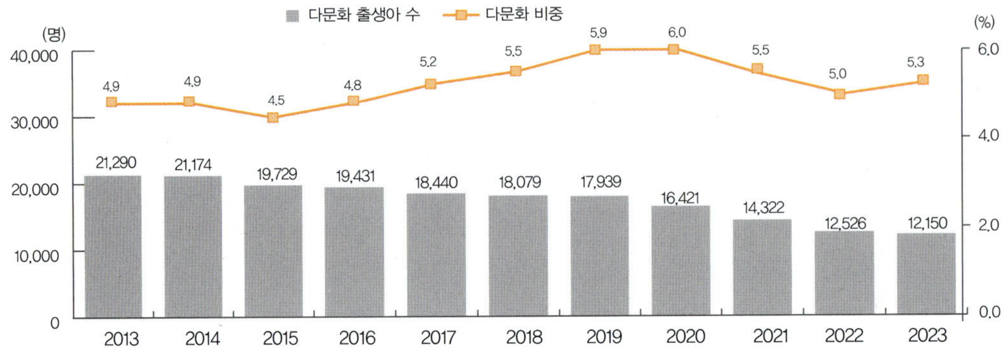

〈그림 6-1〉 다문화 출생아 수 및 전체 출생 중 다문화 비중 추이, 2013–2023년

출처: 통계청(2024c).

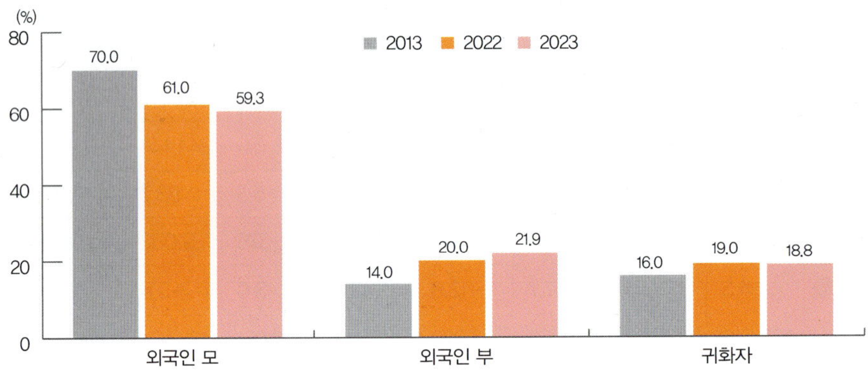

〈그림 6-2〉 다문화 출산 유형별 비중, 2013년, 2022년, 2023년

출처: 통계청(2024c).

어떤 다문화 가정에서 출산이 많았는지 살펴보면 외국인 모가 차지하는 비중이 59.3%로 가장 많았고, 외국인 부(21.9%), 귀화자(18.8%) 순으로 많았다. 외국인 모의 출산 비중은 전년 대비 1.7%p, 귀화자 출산 비중은 0.2%p 감소한 반면, 외국인 부 출산 비중은 1.9%p 증가하였다(〈그림 6-2〉 참조). 한편, 다문화 가족의 정착이 장기화됨에 따라 7~18세 다문화 가족 자녀가 빠르게 증가하는 추세이다. 7~18세 자녀 수는 2017년 10만 7천 명에서 2021년 17만 5천 명으로 63% 증가하였으며, 미취학 자녀에 비해 취학

자녀 비율이 크게 증가하고 있다. 전체 미성년 자녀 중 7~12세 비율은 2017년 48.3%에서 2021년 60.4%로 증가하였다(여성가족부, 2023b).

다문화 가족의 자녀 수 증가와 더불어 다문화 가족의 자녀 양육과 교육의 문제가 발생하고 있다. 2024년 12월 31일 기준으로, 어린이집을 이용하는 다문화 가족 영유아는 총 29,462명으로 나타나 2023년 12월 31일 기준으로 어린이집을 이용하는 다문화 가정 영유아가 총 34,001명인 것에 비교하면, 전년에 비해 어린이집을 이용하는 영유아의 수가 4,539명 감소하였다(보건복지부, 2025). 이 중 민간어린이집에 12,966명(44.0%), 국·공립어린이집에 8,788명(29.8%), 사회복지법인 어린이집에 3,055명(10.4%)이 다니고 있었다(〈표 6-4〉 참조). 즉 다문화 가족 영유아는 민간어린이집을 가장 많이 이용하고 있으며, 국·공립 어린이집, 사회복지법인 어린이집 순으로 많이 이용함을 알 수 있었다. 지역별로는 중소도시에 10,712명, 농어촌에 10,109명, 대도시에 8,641명이 거주하고 있는 것으로 나타났다.

〈표 6-4〉 지역유형별 어린이집에 재원하고 있는 다문화 가족 영유아 현원 (단위: 명)

구분	총계	국·공립 어린이집	사회복지법인 어린이집	법인·단체 어린이집	민간 어린이집	가정 어린이집	부모협동 어린이집	직장 어린이집
대도시	8,641	3,128	512	136	3,848	890	12	115
중소도시	10,712	2,805	520	322	5,418	1,544	9	84
농어촌	10,109	2,855	2,023	888	3,720	547	10	66
전국총계	29,462	8,788	3,055	1,346	12,966	2,991	31	265

출처: 보건복지부(2025).

2) 다문화 가족의 어려움

다문화 가족이 빠른 속도로 증가하고 있는 한국 사회에서 다문화 가족에 대한 차별과 무관심은 여전히 남아 있다.

(1) 언어 문제 및 문화적 차이

국제결혼 이주 여성 대부분이 한국어를 배울 기회조차 없이 매우 짧은 시일에 결혼이 이루어지고 국내에 들어오므로 언어 문제 및 문화적 차이의 어려움을 겪게 된다. 국내에 정착한 국제결혼 이주 여성은 위장결혼을 우려하는 가족에 의해 외부 활동을 통제 당하는 일이 많으므로 외부의 한국어 교육에 참여할 기회조차 갖지 못한다. 국제결혼 이주 여성의 의사소통의 어려움은 배우자나 가족구성원과 대화를 기피하게 만들고, 스스로를 고립시키는 부정적인 결과를 초래하며, 궁극적으로 부부 갈등으로 이어져 결혼생활을 어렵게 하고 있다. 그리고 의사소통의 어려움은 한국 문화를 이해하는 데 커다란 장애 요인이 되며, 자신의 문화와 다른 한국 문화에 적응을 해야 하는 국제결혼 여성 이민자는 익숙하지 않은 한국 문화를 받아들이면서 스트레스를 받게 되고, 이러한 형태는 자녀를 양육하는 데 있어 어려움을 겪을 수 있다(김갑성, 2006).

언어는 의사소통의 수단이자 모든 학습 능력의 기초가 된다. 아동의 언어 습득 및 발달은 가정환경, 교육환경의 영향을 많이 받는다. 가정환경은 언어 학습을 하는 데 중요한 역할을 하며 특히 부모와의 언어적 상호작용은 매우 중요한 요인이라 할 수 있다. 언어적 상호작용에 있어서 가정의 충분한 모국어 습득 환경과 주된 양육자인 어머니의 사용 언어 및 의사소통 유형은 아동의 언어 발달에 직접적인 영향을 미치게 된다(정은희, 2004). 다문화 가족 자녀의 경우 부모가 외국인임으로 인해서 가정에서 습득하는 언어 습관에 차이가 있을 수 있다. 부모의 이중 언어 사용으로 다문화 가족 자녀는 한국어 습득을 하는 데 어려움이 있다.

자녀의 언어 발달 지연은 어머니의 한국어 구사 능력과 상당한 관련을 가지게 되는데, 하루 종일 집 밖에서 일하는 아버지와 한국말을 할 수 없는 어머니 사이에서 자녀는 긍정적인 피드백을 받을 수 없을 뿐 아니라 의사소통의 흐름이 원활하지 못하여 언어 발달이 지연되거나 정체되는 경우가 발생한다.

2024년 전국보육실태조사에 의하면, 다문화 및 외국인 영유아가 겪는 1순위 어려움으로는 언어발달 지연이 55.9%로 가장 많고, 다음으로 또래관계 형성의 어려움이 8.8%, 기본생활 습관 문제가 5.7%, 자신감, 자아정체감 부족이 5.0% 순이었다. 없다는 응답도 16.4%를 차지하였다. 언어발달 지연 문제는 2023년 전국보육실태조사에 비해 더 심각하게 나타나, 다문화 가족 영유아의 언어발달을 촉진하기 위한 조치가 요구된다. 특히, 농어촌 지역에서 언어발달 지연 문제가 62.0%로 높게 나타났으므로, 농어촌과 같이 인프라가 적은 지역에서 영유아의 발달을 위한 지원 대책 마련이 시급하다고 할 수 있다(양미선, 배윤진 외, 2024: 434).

언어 발달 지연의 문제는 학습 발달 지연이나 그에 따른 자신감 부족 등의 문제로 파생시킬 수 있으며, 또래 집단과의 언어 소통의 어려움은 집단 따돌림의 중요한 요인의 하나로도 작용할 수 있어서 이에 대한 대책이 필요하다(양재찬, 2006). 어머니가 한글을 사용할 수는 있지만 발음과 어휘력이 능숙하지 못하여 이에 영향을 받은 자녀가 언어 체계 형성에 어려움을 가질 가능성이 크며, 이는 자녀에게 무능력한 어머니로 비춰질 수 있다.

(2) 자녀 양육의 어려움

2021년 전국다문화실태조사(최윤정, 전기택 외, 2022)에서 결혼이민자, 귀화자가 자녀 양육에서 어떤 어려움을 겪고 있는지를 5세 이하 영유아기와 6~24세 연령으로 나누어 조사한 결과, 5세 이하의 자녀를 키우면서 가장 어려운 점으로는 '자녀에게 한국어를 직접 가르치기 어렵다'(26.8%)가 가장 많았고, 그다음으로 '바쁘거나 아플 때 자녀를 돌봐줄 사람을 찾기 어렵다'(20.5%), '자녀 양육에 대해 배우자나 가족과 의견 차이가 있어 어렵다'(15.8%), '어린이집과 유치원, 학교 등 교육기관에 대해 잘 모른다'(8.0%)의 순이었다. 한편 자녀 양육에서 어려움이 없다고 응답한 사람은 26.3%였다.

2018년 조사에서는 '자녀를 돌볼 사람을 구하기 어렵다'(26.9%)는 응답이 1순위였으나 2021년 조사에서는 20.5%로 감소하였으며, '자녀에게 한국을 직접 가르치기 어렵다'는 응답은 2018년 26.3%에서 이번 조사에서는 26.8%로 소폭 증가하면서 1순위로 나타났다. 영유아 자녀를 양육하는 단계에서는 한국어를 직접 가르칠 수 없는 결혼이민자, 귀화자의 어려움이 여전히 지속되고 있다. 어린이집과 유치원, 학교 등 교육기관에 대해 잘 모른다는 응답은 지난 조사에 비해 완만하지만 경향적으로 감소하고 있다(2015년

10.1%, 2018년 9.1%, 2021년 8.0%). 반면 자녀 양육에 대한 배우자나 가족과의 의견 차이로 어려움을 겪는다는 응답은 꾸준히 경향적으로 증가하고 있다(2015년 10.9%, 2018년 12.8%, 2021년 15.8%).

5세 이하 자녀에게 한국어를 직접 가르치기 어렵다는 응답은 국내 거주기간이 5년 미만인 초기 이민자에게 가장 높고 거주기간이 길어질수록 점차 어려움이 완화되는 경향이 나타났다. 하지만 결혼이민자, 귀화자가 바쁘거나 아플 때 돌봐줄 사람을 찾기 어렵다는 응답은 국내 거주기간이 길어질수록 더 증가하고 있다(5년 미만 15.7%, 15년 이상 30.6%).

한편, 6세부터 24세 연령의 자녀가 있는 경우 자녀 양육에서 어떤 어려움을 겪고 있는지를 조사한 결과, 결혼이민자, 귀화자들이 '자녀 학습 지도와 학업 관리가 어렵다'는 응답이 50.4%로 가장 많았으며, 그다음은 '진학이나 진로에 관한 정보 부족'(37.6%), '교육비와 용돈 등 비용 부담'(32.0%), '게임과 인터넷스마트폰 이용에 대한 갈등'(19.6%), '자녀와의 대화 부족'(11.2%) 등의 순으로 조사되었다(복수 응답). 어려움이 전혀 없다는 응답은 11.9%에 불과하였다(최윤정, 전기택 외, 2022).

다문화 가족을 대상으로 자녀 양육 지원에 대해 살펴본 장명림, 권미경 외(2013)의 연구에 따르면, 다문화 가족 어머니들은 자녀의 양육 과정에서 자신의 다문화 배경에 대해 양가적인 측면을 경험하고 있는 것으로 나타났다. 다문화 가족 어머니들은 다문화 가족임에 자부심을 느끼며 장점이 있다고 생각하는 경우가 자녀가 위축될까 염려하는 경우보다 높게 나타났다. 하지만 어머니의 한국어 실력이 낮은 집단에서 다문화 가족이어서 자녀가 위축될까 염려하는 비율이 50.7%로 높게 나타났다. 자녀양육에 유리하게 여겨지는 부분은 '이중 언어의 습득'(38.5%), '이중 문화의 습득'(18.9%), '사회적 다양성에 대한 이해'(15.5%), '다문화 가족에 대한 다양한 혜택'(14.3%) 등이며, '유리한 점이 없다'는 응답도 12.3%로 나타났다. 자녀 양육에 불리하게 여겨지는 부분은 '언어문제로 인한 상호작용 한계'(34.0%)가 가장 크며, '다문화 가족에 대한 사회적 편견'(23.8%), '육아정보 획득의 어려움'(13.8%), '경제적 어려움'(12.8%)의 순으로 높게 나타났고, '전혀 불리한 점이 없다'는 응답도 10.9%로 나타났다.

서문희(2012)의 연구에 따르면, 다문화 가족 어머니가 어린이집이나 유치원을 이용할 때 가장 어려워하는 점은 교사나 원장과의 의사소통, 알림장 및 가정통신문의 이해, 기관 준비물 준비 순으로 나타났다. 또한 어머니가 한국어를 제대로 익히지 못한 상태에서 자녀를 양육하다 보니 다문화 가족 영유아의 언어 발달이 늦어, 취학이 늦춰지는 경우도 있다(오성배, 2005). 또한 다문화 가족에서 적절하게 지도되지 못하여 나타나는 기본생활습관 문제에 대해서도 다양한 가족지원의 필요성이 요구된다(이미화, 최윤경 외, 2016).

다문화 가족 유아의 적응을 위해서는 다문화 가족 유아를 대상으로 초등학교 입학 전 지원 프로그램이 필요하다. 다문화 가족 유아가 언어 능력 및 의사소통 문제로 이후 학교생활 적응에 어려움을 겪지 않도록, 다문화 가족 유아가 다니고 있는 어린이집이나 유치원에서 방과 후 프로그램이나 특별활동으로 한글, 한국어 교육 프로그램, 사회 정서 프로그램을 운영하는 것이 도움이 될 것이다(서문희, 2012). 이에 다문화 가족 자녀 대상 교육지원은 주로 학습, 이중 언어, 한글 교육을 중심으로 지원되고 있다. 다문화 가족 자녀의 기초 학습 부진을 예방하기 위하여 방문학습지, 학습지원비 지원 등의 사업이 추진되고 있으며, 교육부와 전국 대다수의 교육청에서는 다문화 가족 자녀의 이중 언어 발달을 위해 이중 언어 강사 양성 사업, 이중 언어 교육 사업을 하고 있으며, 이중 언어 교육과 더불어 다문화 가족 자녀들의 한글 교육을 위해 한글 교재 개발, 한글 교육 프로그램 지원 등의 사업이 실시되고 있다. 일부 지자체에서는 다문화 가족 자녀 대상으로 언어 발달 진단을 통해 언어 치료 서비스를 제공하고 있다.

(3) 다문화 한부모 가족의 어려움

국제결혼의 역사가 길어지면서 사별이나 이혼을 경험하는 다문화 가족이 증가하고 있다. 일반적으로 혼자서 가족의 생계도 책임지고 자녀 양육도 전담해야 하는 한부모 가족의 성격과 함께 다문화 가족에 대한 차별적 시선까지 받는 다문화 한부모 가족의 부모와 자녀는 모두 심리적으로 위축될 수 있다. 한국어 및 한국 문화에 익숙하지 않은 상태에서 가족의 생계에 필요한 적절한 일자리를 찾기도 어렵고, 자녀 양육에 필요한 기본적인 사항을 챙기는 것도 큰 부담이 될 수 있다. 또한 이혼, 사별로 인해 사회적 관계망이 축소되는 경향이 있다(김이선, 김영란 외, 2016).

2021년 전국다문화실태조사에 의하면 결혼이민자, 귀화자의 5세 이하 자녀 양육의 어려움을 조사한 결과, 유배우 응답자들은 어려움이 없다는 응답이 26.6%이지만, 이혼, 별거 상태인 응답자는 7.3%에 불과하여 대다수의 한부모 결혼이민자, 귀화자들이 영유아 자녀를 키우면서 어려움을 느끼고 있다. 특히 이혼, 사별 상태인 응답자들 중 절반(50.7%)이 자녀를 대신 돌봐줄 사람을 찾는 데 어려움을 느끼고 있다. 한부모이기 때문에, 생계부양자로서 경제활동을 하는 경우가 많기 때문에 영유아 자녀 돌봄의 어려움이 더욱 가중되는 것으로 보인다.

6~24세 자녀를 키우면서 가장 어려운 점으로 유배우 응답자들은 자녀의 학습과 관련된 어려움(51.2%)을 가장 많이 지목한 반면, 사별이나 이혼, 별거 상태의 한부모들은 교육비 등 비용 부담(사별: 63.9%, 이혼, 별거: 56.8%)을 유배우자(29.6%)보다 더 무겁게 느끼고 있다(최윤정, 전기택 외, 2022).

이와 같이 경제적 빈곤 문제, 자녀 양육 문제 등을 복합적으로 가지고 있는 다문화 한부모 가족에 대한 지원이 필요하다.

(4) 사회적 편견

순혈주의를 중시하는 사회적 풍토로 인하여, 여성 결혼 이민자에 대한 편견 및 차별은 정착 과정에 큰 어려움을 주고 있다. 2021년 전국 다문화가족실태조사에 의하면 결혼 이민자·귀화자 가운데 지난 1년간 외국 출신이라는 이유로 차별받은 적이 있는 이들은 16.3%로 2018년 조사와 비교하면 차별경험이 14.6%p 감소한 수준이다. 그러나 이 조사 결과만으로 우리 사회에 이민자에 대한 차별이 줄었다고 보기에는 무리가 있다. 2021년, 2021년에는 팬데믹의 영향으로 사회적 관계 자체가 크게 위축된 상황이 조사 결과에 상당한 영향을 미쳤을 가능성이 크다(최윤정, 전기택 외, 2022: 239). 특히 직장에서의 차별 경험이 가장 심각한 수준으로 나타나 직장에서의 이민자 차별 방지를 위한 조치가 필요하다. 또한 동사무소, 경찰서, 학교, 보육 시설 등 공식제도 영역에 속하는 기관 역시 차별 문제로부터 자유롭지 않은 것으로 나타났다. 이밖에 집에서 가족이나 친척으로부터 차별 받은 비율도 높은 것으로 나타나 가족 간 차별 문제도 상당히 심각한 수준이었다.

3 다문화 가족의 부모역할을 위한 지원 방안

영유아 자녀를 둔 다문화 가족이 이용하게 될 영유아교육기관은 다문화 가족 지원에 있어 효율적인 전달 통로로 활용될 수 있다.

영유아기 자녀를 양육하는 다문화 가족과 관련된 법은 「영유아보육법」과 「다문화가족지원법」이 있다. 「영유아보육법」은 영유아의 심신을 보호하고 건전하게 교육하여 건강한 사회구성원으로 육성함과 아울러 보호자의 경제적·사회적 활동이 원활하게 이루어지게 함으로써 가정 복지 증진에 이바지함을 목적으로 한다. 「영유아보육법」 제3조(보육이념) 제3항은 영유아가 '자신이나 보호자의 성, 연령, 종교, 사회적 신분, 재산, 장애, 인종 및 출생지역 등에 따른 어떠한 종류의 차별도 받지 아니하고 보육되어야 한다.'라고 규정하고 있다. 차별 없는 최선의 보육을 실현하기 위해서는 제도나 정책 면에서 차별이 없도록 해야 할 뿐 아니라, 교사가 유아와 그 부모나 보호자의 배경에 따른 편견 없이 영유아의 특별한 요구를 반영한 보육과정을 운영해야 할 것이다.

또한 「다문화가족지원법」은 다문화에 대한 이해 증진을 위해 국민교육, 국어교육 및 기본소양교육, 생활정보 제공, 평등한 가족관계 유지를 위한 상담, 가족생활교육, 부모교육 추진, 아동의 보육 및 교육, 생활 및 법률 상담의 제공, 다문화가족지원센터의 지정 등을 폭넓게 규정하고 있다. 이 중 아동과 직접 관련된 조항은 제10조로 아동들이 평등하게 보육과 교육을 받을 수 있는 권리와 학교생활에 신속하게 적응할 수 있도록 하기 위한 교육 지원과 언어 발달을 위한 한국어 교육 지원에 대해 명시하고 있다.

다문화가족지원법 제10조(아동·청소년 보육·교육)

① 국가와 지방자치단체는 아동·청소년 보육·교육을 실시함에 있어서 다문화 가족 구성원인 아동·청소년을 차별하여서는 아니한다.

② 국가와 지방자치단체는 다문화 가족 구성원인 아동·청소년이 학교 생활에 신속히 대응할 수 있도록 교육지원대책을 마련하여야 하고, 특별시·광역시·도·특별자치도의 교육감은 다문화 가족 구성원인 아동·청소년에 대하여 학과 외 또는 방과후교육프로그램 등을 지원할 수 있다.

③ 국가와 지방자치단체는 다문화 가족 구성원인 18세 미만의 사람의 초등학교 취학 전 보육 및 교육 지원을 위하여 노력하고, 그 구성원의 언어발달을 위하여 한국어 및 결혼이민자 등인 부 또는 모의 모국어 교육을 위한 교재지원 및 학습지원 등 언어능력 제고를 위하여 필요한 지원을 할 수 있다.

④ 「영유아보육법」 제10조에 따른 어린이집의 원장, 「유아교육법」 제7조에 따른 유치원의 장, 「초·중등교육법」 제2조에 따른 각급 학교의 장, 그 밖에 대통령령으로 정하는 기관의 장은 아동·청소년보육·교육을 실시함에 있어 다문화 가족 구성원인 아동·청소년이 차별을 받지 아니하도록 필요한 조치를 하여야 한다.

1) 영유아교육기관에서의 부모역할 지원

영유아의 성장발달에 상대적으로 취약할 가능성이 있는 다문화 가족 영유아의 증가에 따라 영유아와 가족의 특성을 이해하고 그 요구에 맞는 보육을 제공하는 보육 프로그램이 필요하다. 최근 다문화 가족 영유아의 보육 기회가 점차 확대되고 있고, 다문화 가족 영유아와 일반 가족 영유아가 함께 하는 통합 보육의 요구가 꾸준히 증가하면서, 어린이집이나 유치원에서 효과적으로 다문화 보육 및 교육을 할 수 있는지에 대한 관심이 증가하고 있다. 다문화 가족 내에서 자녀에게 충분히 제공하지 못하는 양질의 교육경험을 보완해 줄 수 있는 영유아교육기관에의 접근성이 확보되어야 한다.

영유아가 오랜 시간을 보내는 어린이집, 유치원과 가정이 연계될 때 일관성 있는 양육 지원이 가능하므로 영유아교육기관에서 다양한 문화를 편견 없이 수용할 수 있는 분위기 조성 및 적극적인 다문화 보육 프로그램 운영이 요구된다. 영유아들은 발달 특성상 다양성에 대한 보육 및 교육이 효과적으로 이루어지면, 다른 사람에 대한 이해와 수용을 익힐 수 있는 시기이다. 발달성의 가소성이 큰 영유아기에 다문화적 경험을 갖게 하는 것은 문화적 편견을 줄이고 자신과 타인을 존중하는 태도를 가지게 하여 자신과 다른 외모, 문화, 생활 방식을 가진 사람들을 이해하고 수용하며 더불어 살 수 있는 교육의 기반을 만드는 것이다.

그러므로 영유아교육기관의 역할은 서로 다른 문화를 가진 영유아들이 서로의 특성이나 가치를 인정하고 존중하며, 다양성을 인정하는 민주적인 시민으로 성장하도록 교육하는 것이다. 교사는 서로 다른 문화를 가진 영유아를 문화적 가치를 지닌 존재로 인식하고, 영유아가 이를 학습할 수 있도록 교육 내용을 구성하며, 서로 다른 문화적 가치를 존중하고 수용할 수 있는 분위기를 조성하여야 한다.

또한 영유아교육기관의 교사 및 원장은 자신들이 갖고 있는 문화적 편견을 버리고, 다양한 문화에 대한 긍정적인 태도와 수용적 자세 등 다문화 가족에 대한 인식 제고가 필요하다. 그리고 다문화 보육 프로그램 운영을 위한 교사 연수가 필요하며, 교사가 쉽게 사용할 수 있는 다문화 가족 지원 매뉴얼, 유아와 부모를 위한 프로그램 및 자료가 지원되어야 한다.

영유아교육기관에서 다문화 보육 프로그램을 운영하며, 다문화 가족 부모 상담 시 해당 국가의 자녀 양육 문화에 대한 기초적인 지식을 가지고 부모에게 구체적이고 실제적인 자료를 제공하여야 한다. 다양한 부모교육 및 부모참여 프로그램을 통해 다문화 가족 부모의 참여를 도모하며, 다문화 가족과 다문화 가족이 아닌 가족이 자녀 양육에 대한 정보와 양육 기술을 상호교류 할 수 있는 기회를 제공하는 것도 다문화 가족 지원에 도움이 될 것이다.

정부는 가구 평균 소득 이하이면서 3개월~12세 이하의 아동이 있는 가정을 위해서 아이 돌봄 지원 서비스를 제공하고 있다. 아이 돌봄 지원 서비스는 가구 소득 수준에 따라서 정부 지원금 비율과 본인 부담 비율에 차이가 있는데, 시간제 돌봄제에서 다문화 가족에게 서비스 이용 우선권을 제공하며 부모역할 지원을 하고 있다.

2) 다문화가족지원센터를 포함한 지역 네트워크의 협력과 지원

다문화 가족을 위한 부모교육은 다문화가족지원센터를 중심으로 실시되고 있으며 다문화 가족을 위한 가족교육, 상담, 문화 프로그램 등 서비스 제공을 통해 결혼이민자의 한국 사회 조기 적응 및 다문화 가족의 안정적인 가족생활 지원을 목적으로 한다. 교육 방법은 집합교육과 방문교육으로 나뉘어져 있으며, 생애주기별 각 1회 지원하며, 최대 18개월로 총 3회 지원을 한다. 집합교육은 가족, 배우자, 부부, 자녀 등을 대상으로 세분화하여 적합한 가족관계 증진을 위한 교육을 제공하고 다문화 가족구성원 간 가족 내 역할 및 가족문화에 대한 이해를 증진시키고자 하는 데 목적을 두고 있다. 또한 방문으로 이루어지고 있는 부모교육 서비스는 집합교육 참여가 어려운 지역 등 12세 이하의 자녀가 있는 결혼이민자를 대상으로 생애주기별(임신·출산·영아기, 유아기, 아동기) 자녀의 양육 관련 교육 및 정보(부모 성장, 부모-자녀 관계 형성, 영양 및 건강 관리, 학교 및 가정 생활지도)를 제공하고 가족상담 및 정서지원 서비스, 기타 한국 생활에 필요한 정보 제공 등을 실시하고 있다.

즉 다문화 가족을 위한 부모교육은 다문화 가족의 부모가 대한민국에서 생활하는 데 필요한 기본적 정보를 제공하고, 사회적응교육과 직업교육, 훈련 및 언어소통 능력 향상을 위한 한국어 교육 등을 받을 수 있도록 필요한 지원을 하여야 한다. 또한 교육 및 지원을 할 때 거주지 및 가정환경 등으로 인하여 서비스에서 소외되는 결혼이민자 등이 없도록 방문교육이나 원격교육 등 다양한 방법으로 교육을 지원하고 교재와 강사 등의 전문성을 강화하기 위한 시책을 수립·시행하여야 한다.

다문화 가족이 사회에 잘 적응하여 적절한 기능을 할 수 있도록 상호 문화에 대한 이해 교육과 동시에 자국의 문화에 대한 정체성 확립 교육을 하여야 하며, 다문화 가족의 이중 언어와 부모의 양육관 차이로 발생되는 갈등과 혼란을 극복할 수 있는 가족 성원 전체에 대한 효과적인 교육이 제공되어야 한다.

또한 가정에서의 부모역할에 대한 바람직한 모델과 이미지를 정립할 수 있는 교육이 필요하다. 다문화 가족을 지원하기 위해서는 다문화 가족의 특성, 문화적 배경 등을 고려하여 부모의 양육역량강화 교육을 할 필요가 있다. 즉 다문화가족지원센터의 다양한 프로그램으로 자녀 양육을 위한 부모 역량을 강화하며, 다문화 가족 배경 국가나 부모 개인의 특성에 따라 양육 지원의 내용과 방법에서 차별화를 할 필요가 있다. 특히 다문화 가족 어머니의 한국어 수준이 한국에서의 적응 및 자녀 양육행동에 가장 큰 영향을 미치므로 어머니의 한국어 능력에 따른 보다 구체적인 양육특성 분석과 지원이 필요하다. 또한 다문화 가족 어머니의 개인 내적 변인 외에 부부 관계, 고부 관계 등 가족 관계 및 사회적 지지 등이 부모역할에 영향을 미치므로, 다문화 가족 아버지의 양육 지원 및 역량강화를 위한 방안과 더불어 자녀 양육에 많은 관여를 하는 조부모도 부모교육 대상에 포함하는 것도 바람직하다.

3) 국가와 지방자치단체 차원의 부모역할 지원

정부는 다문화 가족 관련 정책의 체계적인 실행을 위하여 2009년 다문화가족정책위원회를 구성하고, 제1차 다문화가족정책기본계획(2010~2012)을 수립·시행하였다. 정부는 다문화 가족의 변화에 대응하기 위해 제1차 기본계획의 한계점을 보완한 제2차 다문화가족정책기본계획(2013~2017)을 재구성하였으며, 제3차 다문화가족정책기본계획(2018~2022)에 이어 현재는 제4차 다문화가족정책기본계획(2023~2027)에 따라 정책이 실현되고 있다. 제4차 다문화정책기본계획의 비전은 '다문화 가족과 함께 성장하는 조화로운 사회'이며, 목표는 '다문화 아동·청소년의 동등한 출발선 보장', '다문화 가족의 안정적 생활환경 조성'이다. 정부는 이와 같은 비전과 목표를 달성하기 위하여 '다문화 아동·청소년 성장단계별 맞춤형 지원', '결혼이민자 정착주기별 지원', '상호 존중에 기반한 다문화 수용성 제고', '다문화가족정책 추진기반 강화'의 4개 대과제를 진행하고 있다(여성가족부, 2023b). 정부가 실시하고 있는 4개 대과제를 중심으로 살펴보면 다음과 같다.

(1) 다문화 아동 · 청소년 성장단계별 맞춤형 지원

다문화 아동·청소년이 우리 사회의 미래인재로 성장할 수 있도록 영·유아기부터 후기 청소년기까지 성장단계별 맞춤형 지원 체계를 구축·운영한다.

① 영유아 자녀양육 지원

- 결혼이민자가 자녀 양육에 어려움을 겪지 않도록 단계별 부모교육을 제공하고 지역사회 내 돌봄품앗이 활동 지원 및 공동육아나눔터 확대 등 자녀돌봄 지원

- 가족센터에서 자녀 생활지도 서비스 및 언어발달 상태에 맞춘 언어교육 제공

② 학령기 다문화 아동 학습역량 제고

- 초등학교 입학 전·후 기초학습 지원 확대 및 서비스 접근성 제고
- 학교 내 한국어학급과 가족센터 간 한국어교육 연계·협력 강화
- 학제·학교생활 정보 안내 및 교육정보 나눔을 위한 품앗이 자조모임 운영, 학교 공지·가정통신문에 대한 통·번역 서비스 제공

③ 다문화 청소년 진로개발 지원

- 가족센터 내 청소년 상담사를 통한 진로컨설팅 확대 및 대학생 멘토링 연계 등 다문화 청소년 진로프로그램 다양화
- 다문화 청소년 강점 개발을 위해 가족센터에서 이중언어 교실을 운영하고 우수학습자를 인재DB에 등재하여 적재적소에 활용
- 다문화 후기 청소년 실태 파악 및 직업훈련 등 맞춤형 서비스 연계

④ 다문화 아동 · 청소년 정서안정 기반 조성

- 다문화 또래상담 프로그램 보급 및 학교 안팎 심리상담 지원 강화
- 교원의 다문화교육 역량을 강화하고 학교폭력 대응 시 통역사·상담사 참여 및 다문화 감수성 제고 등 차별 없는 학교환경 조성

(2) 결혼이민자 정착주기별 지원

결혼이민자의 정착주기와 가구구성에 따라 다양해진 지원수요에 대응하여 전 생애를 포괄하는 사각지대 없는 지원서비스를 구축 추진한다.

① 건전한 국제결혼 환경 조성

- 국제결혼중개업체의 온라인상 인권침해성 표시·광고를 점검하는 법적 근거를 마련하고 상시 점검체계 강화
- 국제결혼중개업체 종사자에 대한 다문화 이해 증진·인권교육 확대

② 다문화 가족 가구상황별 맞춤형 지원

- 결혼이민자 초기 적응부터 장기정착까지 정착주기별 맞춤형 지원 강화
- 다문화 한부모의 자녀 양육 및 본국 귀환 가족의 현지 생활 지원 등 취약가족 지원

③ 결혼이민자 경제활동 참여 확대

- 새일센터·평생교육지원체계 등을 통한 직업훈련 및 직업역량 강화
- 통번역·이중언어 등 결혼이민자맞춤형 일자리 발굴·연계 및 창업 지원

④ 가정폭력 예방 및 피해자 보호

- 다문화 가족 내 가정폭력 실태 파악을 위한 연구 조사 추진
- 다기관(다누리콜센터-경찰-상담소-보호시설) 협업을 통한 긴급지원 및 폭력피해 이주여성 보호시설(쉼터, 그룹홈, 자활지원센터)을 통한 보호·법률·의료·자립 지원 강화

(3) 상호존중에 기반한 다문화 수용성 제고

다문화 가족이 우리 사회의 구성원으로 자리매김하여 조화롭게 살아갈 수 있도록 우리 사회의 다문화 이해 증진 및 다양성 존중 인식을 확산한다.

① 다문화 이해교육 확대

- 온라인 다문화 이해교육을 운영하는 다누리배움터의 접근성을 제고하고, 기업·학교 등으로 찾아가는 교육을 통한 일반 국민 대상 다문화 이해교육 확대
- 고령층·학부모·보육교직원 등 연령별·대상별 맞춤형 교육과정 개발 운영
- 유관부처, 교육·연수기관 간 전문강사, 콘텐츠 연계를 통한 교육 저변 확산

② 다양성 존중 인식 확산

- 정부 주요 정책, 간행물 등에 대한 다문화가족 차별 요소 점검·컨설팅을 실시하고 점검의 제도화를 위한 정책추진 기반 마련
- 가족다양성 모니터링단을 운영하여 간행물·대중매체 등에 대한 모니터링과 인식 개선 활동 실시

- 방송심의규정에 의거, 인종·문화 차별적 방송내용에 대한 심의 강화

③ 다문화 가족 사회참여 활성화

- 가족센터 내 다문화가족과 지역주민 간 교류·소통공간 확대 및 상호교류 프로그램 운영
- 다문화 가족이 직접 정책을 제안하는 참여회의 운영 및 유관기관 협의체에 결혼이민자 참여 확대 추진
- 결혼이민자가 직접 다문화 이해교육 강사로 활동하며, 지역기관 등으로 찾아가는 다문화친화활동 활성진로준비 및 사회진출 지원

(4) 다문화가족정책 추진기반 강화

다문화가족정책 환경에 대한 분석과 환류를 통해 다문화 가족 지원체계를 내실화하고, 효율적 정책 추진을 위한 다양한 정책 추진체계 간 연계·협력을 강화한다.

① 다문화가족정책 환류 시스템 구축 · 운영

- 3년 주기 다문화 가족 실태조사를 통해 다문화가족의 현황, 어려움, 지원수요 등을 파악하여 기본계획 및 각종 대책 수립 시 활용
- 국민 다문화 수용성 조사를 통해 다문화 수용성 변화 추이 분석
- 가족센터 등 다문화 가족 지원 현장간담회 등을 통한 의견수렴 강화

② 다문화 가족 지원 서비스 접근성 제고

- 서비스 대상자 발굴과 안내를 위한 기관 간 입국자 정보 연계 강화
- 행정복지센터 찾동이(찾아가는 동주민센터)와 연계하여 지역주민에게 '찾아가는 가족센터' 운영
- 정부24, 복지로 등 플랫폼을 통해 온라인으로 편리하게 다문화 가족 지원 서비스를 신청할 수 있도록 시스템 연계 추진

③ 다문화가족정책 협력체계 강화

- 다문화가족정책위원회 등 정부위원회를 통한 정책조정·협력 강화
- 시·도 과장 회의 및 지자체 간담회 등을 통한 중앙–지방 간 소통 강화, 지역자원을 활용한 지역 특화서비스 등 우수사례 발굴·공유
- 베트남 국제결혼이민관을 지속 파견하여 결혼이민자 인권침해 예방을 위한 국제협력 강화 및 결혼이민자 다수 국가 대상 파견 확대 추진

4) 다문화 가족의 이혼에 따른 자녀 보호와 부모역할 지원

다문화 가족 이혼이 증가하면서, 자녀들의 건강한 성장을 위하여 이혼 위기 시 다문화 가족에 대한 상담과 부모교육의 필요성이 증가하고 있다. 이혼 후 문화적·언어적 어려움과 자녀 양육 및 교육의 어려움으로 부모역할에 대해 곤란을 겪는 부모가 많으며, 면접 교섭권에 대한 이해가 떨어져 결혼이민자가 면접 교섭권을 행사하려고 하지 않는 경우도 발생하고 있다. 따라서 여성가족부가 이혼 과정에 있는 가족에게 심리·법률상담 및 부모교육 등을 지원하는 '법원 연계 이혼 위기 가족 지원 사업'을 전국으로 확대하여야 하며, 다문화가족지원센터를 통한 연계 방안이 추진되어야 한다(송효진 외, 2015).

5) 사회적 차원의 부모역할 지원

다문화 가족이 행복한 부모역할을 하고 건강한 가족생활을 하기 위해서는 함께 더불어 사는 우리나라 국민들의 다문화 사회에 대한 이해와 다문화에 대한 수용이 절실하다. 다양한 매체를 통해 연령별, 세대별로 세분화된 홍보를 하여, 사회구성원이 문화적 다양성을 인정하고 존중할 수 있도록 다문화 가족에 대한 이해 교육을 강화하여, 사회적 편견 및 차별을 예방하여야 한다.

생각해 볼 문제

01 자신이 다른 나라에서 생활하게 된다면 가장 힘들 것이라고 여겨지는 것을 생각해 보자.

02 다문화 가족 자녀의 발달 증진을 위해 교사로서 할 수 있는 방안을 생각해 보자.

Chapter

7 조손 가족

1. 조손 가족의 개념
2. 조손 가족의 현황과 어려움
3. 조손 가족의 부모역할을 위한 지원 방안

최근 부모를 대신하여 조부모가 손자녀를 돌보는 가족이 늘어나고 있다. 양육을 담당하는 조부모 역할에 대한 초기 연구들은 이를 '책임감 없는 즐거움'의 근원으로 간주하였으며, 대개 조부모 양육은 조모 양육과 동의어로 통용되었다(Kivett, 1985). 그러나 조부모 양육의 일부로서 조손 가족은 형성 배경이 다소 특수한 상황인 경우가 많아 이들의 경험이 마냥 즐거운 것만은 아닐 수 있다. 심지어 하나의 사회 문제로 대두될 만큼 그 심각성이 지적되기도 한다. 이에 본 장에서는 조손 가족의 개념, 조손 가족의 현황과 어려움 그리고 조손 가족 부모역할을 위한 지원방안을 살펴보고자 한다.

학습 목표

1. 조손 가족의 개념을 알아본다.
2. 조손 가족의 현황과 어려움을 살펴본다.
3. 조손 가족의 부모역할 지원을 위한 방안을 알아본다.

1 조손 가족의 개념

조손 가족이란 조부모와 그의 손자녀로 이루어진 가족을 통칭하는 개념이다. 법·제도상 조손 가족에 대한 합의된 정의는 없으며, 조손 가족지원과 관련된 법률로는 「한부모가족지원법」과 「아동복지법」이 있다. 「한부모가족지원법」에서 조손 가족은 부모의 사망이나 장애로 인한 장기간의 노동능력 상실, 이혼이나 유기 등으로 실질적으로 부모가 아동을 양육할 수 없어 조부 또는 조모가 아동과 함께 생활하는 가족을 의미한다. 「아동복지법」에서는 보호대상 아동에 대한 보호 조치를 친족에 의한 보호·양육, 가정위탁 등으로 규정하고 있다. 이를 근거로 조손 가족의 일부는 친족(조부모)의 보호를 받는 아동을 둔 경우나 가정위탁제도의 일반가정위탁을 받는 경우로 볼 수 있다. 조손 가족의 실태를 조사한 여성가족부 2023년 실태조사에서 조손 가족은 부모로부터 부양받지 않은 18세 미만 손자녀와 함께 사는 조부모로 규정하고 있다.

조손 가족이 형성되는 이유는 자녀의 사망, 이혼, 가출, 질병, 경제적 파탄 등을 들 수 있는데, 우리나라 조손 가족 형성의 가장 큰 원인은 이혼, 가출, 별거와 같은 가족 해체이며 이러한 가족 해체는 경제적 파탄이 원인인 경우가 많다(김혜선, 2004).

우리나라의 조손 가족에 관한 연구는 주로 1980년대 후반에 시작되었으나, 이 연구들은 조손 가족에 대한 연구라기보다는 조부모의 손자녀 양육이라는 역할을 살펴보는 것에 가까웠다. 조손 가족이라는 용어 사용과 함께 조손 가족에 대한 연구가 본격화된 것은 1990년대 후반, IMF로 인한 사회경제적 변화가 시작되면서부터이다. IMF로 인한 가족 해체과정에서 새롭게 등장한 가족 유형의 하나로 조손 가족에 대한 관심이 부각되었다. 사회적·학문적 관심에 힘입어 1995년도부터 인구주택 총조사에서 2세대 가구 가운데 조손 가구를 분리하여 조사함으로써 조손 가족에 대한 실태와 그 변화추이를 확인할 수 있게 되었다(변화순, 배경희 외, 2000).

저출산으로 인해 인구증가율이 둔화됨에도 불구하고, 소득증대와 의료기술 등의 발달로 인해 평균수명이 늘어나 노인 인구는 유례 없는 증가세를 보이고 있다. 또한 이혼율의 증가는 이혼 가족의 자녀 양육 문제로 이어지며, 특히 경제적 빈곤층의 경우 이혼 후 생계로 인하여 자녀 양육을 할 수 없는 경우가 많다. 이렇게 유보된 자녀 양육을 대행할 마땅한 시설이 부족한 실정에서 결국 노년의 부모에게 자녀를 위탁하는 사례가 증가하고 있고 이는 곧 조손 가족의 증가라는 결과를 낳고 있다. 조손 가족은 가계 담당자인 노령의 조부모와 미성년 손자녀만으로 이루어진 가족 구조이므로 상대적으로 생계담당 능력이 약할 수밖에 없어 외부의 지원이 절실한 실정이다.

2 조손 가족의 현황과 어려움

1) 조손 가족의 현황

통계청 자료를 바탕으로 현황을 살펴보면 조손 가족은 점차 증가하는 추세를 보이고 있다. 세대 구성별로 살펴보면 조부 또는 조모와 미혼 손자녀로 구성된 가구가 조부모와 미혼 손자녀로 이루어진 가구보다 더욱 많은 것으로 나타났다. 2015년 조부모와 미혼 손자녀 가구는 43,314가구였으나 점차 증가하여 2023년에는 45,324가구로 집계되었으며, 조부 또는 조모와 미혼 손자녀 가구는 2015년 69,797가구에서 2023년 69,567가구로 집계되었다(통계청, 2023d).

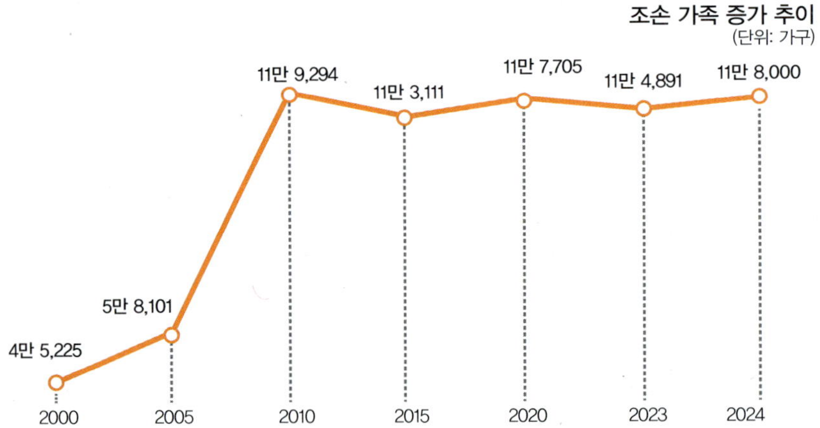

〈그림 7-1〉 조손 가족 현황

출처: 통계청(각년도) 가구주의 성, 연령 및 세대구성별 가구

여성가족부에서 실시한 2023년 조손가족실태조사와 김소영, 송효진 외(2024)의 조손 가족 통합적 지원 방안 연구 자료[1]를 참고하여 조손 가족의 구체적인 현황을 살펴보고자 한다. 조사대상은 18세 미만 손자녀와 함께 사는 조부모 1,783명과 해당 가구에 속해 있는 10~17세 손자녀 1,330명이다. 손자녀를 양육하고 있는 조부모의 연령은 평균 68.9세로 60대 49.8%, 70대 34.3%, 80대 이상 9.0%였다. 이러한 조손 가족의 경우 중고령 조부모가 일하면서 손자녀를 돌보거나 고령임에도 직접 손자녀를 돌봐야 하는 상황에 직면한다. 또한 손자녀가 성장하고 조부모가 나이 들어감에 따라 미성년 손자녀가 조부모를 대신해 가사일이나 형제자매를 돌보고, 고령의 조부모의 병간호나 병원 동행 등을 해야 하는 상황을 경험하기도 한다.

미취학 손자녀의 5.7%(하루 평균 5.7시간), 초등학생 손자녀의 16.9%(하루 평균 3.5시간)가 혼자 있는 시간을 경험한 것으로 나타났다. 조손 가족 손자녀의 경우 고령 조부모의 건강상태가 안 좋아지면서 조부모를 돌봐야 한다는 부담감, 불안감이 존재하며, 실제 돌봐야 하는 상황에 직면해 자신의 진로를 변경하기도 한다(정순둘, 박화옥 외, 2021). 미성년 손자녀와 본인의 배우자와 함께 생활하는 조부모의 경우 손자녀 돌봄뿐만 아니라 아픈 배우자를 돌보는 일을 하거나 가사일을 전담해 이중, 삼중의 돌봄 부담을 겪기도 한다.

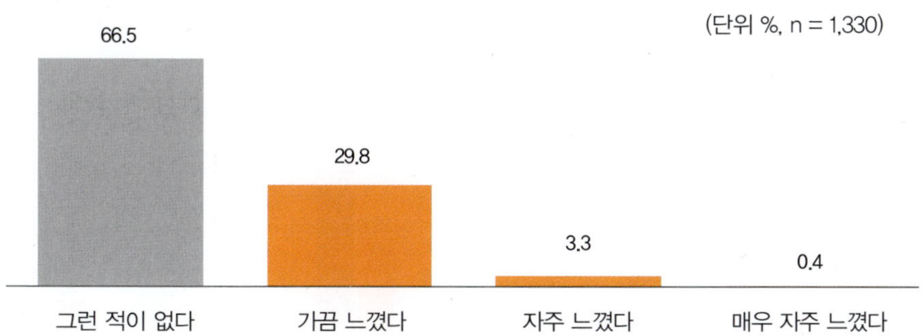

〈그림 7-2〉 손자녀 우울감 경험

출처: 배호중, 최인희 외(2023). p.387.

1) 이 연구는 2023년 조손가족실태조사의 관련 통계 분석과 추가로 조모 6명과 조부모와 미성년 시기를 보낸 20대 손자녀 1명 대상으로 1:1 면접을 진행하였다.

조손 가족 손자녀는 관계의 불안정성을 경험하면서 성장하는데, 실태조사에서 손자녀를 대상으로 최근 1년 동안, 지속적으로 2주 이상 일상생활이 어려울 정도로 슬프거나 절망감을 느낀 적이 있는지 물어본 결과, 응답자의 33.5%가 일상생활이 어려울 정도로 슬프거나 절망감을 느낀 적이 있다고 응답하였다.

실태조사 및 면접조사를 통해 조손 가족 조부모들이 고립된 관계에서 생활하는 경향을 확인할 수 있었다. 조부모의 경우 손자녀를 맡게 된 후 혼자서 돌봐야 해서 외출이 자유롭지 않거나 사람들과의 교류가 줄어들기도 하고, 하던 일을 그만두게 되면서 사회적 관계가 좁아지기도 하였다. 특히 가족의 상황이 주변에 알려지는 것을 꺼려해 지인들과의 만남을 줄이거나 새로운 관계를 맺는 데 소극적인 경향을 보이기도 하였다.

조손 가족 실태조사에서 조부모를 대상으로 부당한 일이나 차별을 당한 경험이 있는지를 살펴보았는데, '학교/어린이집/유치원'(8.6%), '동네/이웃주민'(7.2%)으로부터의 차별 경험이 '가족 및 친척'(6.7%), '공공기관'(2.6%)에 비해 높았다. 한편 도움을 구할 사람/기관으로는 본인의 자녀와 공공기관이 대부분을 차지하였다. 구체적으로 1순위로 '해당 손자녀의 부모를 제외한 나의 자녀'(27.0%)가 가장 많았고, 다음으로 '해당 손자녀의 부모'(26.5%), '공공기관'(23.8%) 순으로 나타났으며, '도움을 받을 사람이 없음'도 9.1%였다.

이러한 결과로 볼 때 조손 가족, 조부모들이 주변에 도움을 청할 수 있는 관계가 대

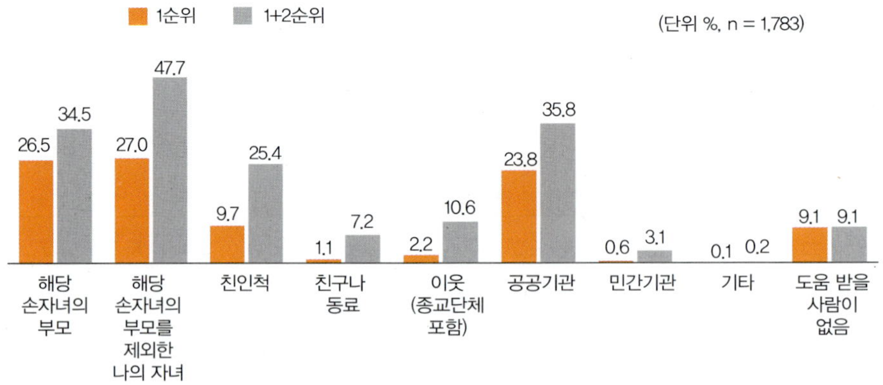

〈그림 7-3〉 조손 가족들이 일상생활에서 도움을 구할 사람

출처: 배호중, 최인희(2023). p.146.

체로 본인의 자녀와 공공기관 정도로 한정적인 상황에서 근거리에 자녀가 살지 않거나, 본인 자녀들과의 관계가 단절되거나 갈등적일 경우 사실상 고립된 관계에서 손자녀를 돌보며 생활할 것으로 보인다. 선행연구에서도 이러한 좁은 관계망으로 인해 조부모들은 손자녀의 발달이나 정서적 문제를 위한 정보를 주변에서 얻기 어려운 상황을 경험하게 되며(정순둘, 박화옥 외, 2021), '흉이 잡힐까 봐' 주변 사람들에게 손자녀와의 갈등 상황을 이야기하지 못하는 경우가 나타났다(박화옥, 김민정 외 2021). 이러한 고립은 우울감으로 이어질 수 있어 적절한 개입과 지원이 요구된다.

한편 현재의 조손 가족은 손자녀의 양육권 일체를 조부모가 행사하는 구조화된 가족이지만, 이와 더불어 맞벌이 부부의 증가나 잦은 근무지 이동 등으로 인해 안정적인 자녀 양육환경을 마련할 수 없는 가족이 증가한다면, 이들 가족의 자녀들이 조부모에 의해 양육될 개연성이 높다. 비록 구조화된 조손 가족은 아니라도, 장기간 부모가 양육하지 못하고 조부모에게 위탁되는 아동이 증가할 수 있으며, 이들 역시 현실적인 조손 가족을 형성하게 될 것이란 점에서 조손 가족의 증가는 앞으로도 더욱 가속화될 수 있다고 예상할 수 있다.

2) 조손 가족의 어려움

(1) 경제적 빈곤

조손 가족의 조부모들은 장년에 비해 신체적으로 약하고, 정서적인 관계가 제한적이고 고립되어 있으며, 경제적으로 취약한 특성이 있다. 여성가족부의 2023년 조손 가족 실태조사에서 조부모의 경제활동 참여 여부를 살펴본 결과, 조부모 응답자의 27.7%만이 경제활동에 참여하는 것으로 나타났다. 경제활동에 참여 중인 조부모의 종사상 지위는 임시근로자(41.1%)가 가장 많았고, 일용직근로자(21.4%), 고용원이 없는 자영업자(16.8%) 순으로 나타났으며, 임시근로자나 일용근로자 비중은 연령이 높아질수록 늘어나는 양상을 보였다.

일하는 조부모의 월평균 근로소득은 100만 원 미만(38.2%), 100~200만 원 미만(35.4%)의 저소득인 경우가 다수를 차지하였다. 또한 가구원 중 생활비를 책임지는 사람이 없이 정부지원금/기타 소득에 의존하는 비율이 응답자의 절반 가까이(48.5%)를 차지하였으며, 조손 가족이 된 이후 기초생활보장제도의 도움을 받고 있다는 응답도 53.4%로 나타났다(배호중, 최인희 외, 2023). 정부가 저소득층의 생활안정을 위해 다양한 지원을 하고 있으나, 가구주인 조부모들이 고령으로 근로 능력이 없고 손자녀들이 미성년으로 자립을 위해서는 아직도 많은 시간이 필요하다는 조손 가족이라는 특수성을 고려할 때, 조손 가족에 대한 적극적인 경제적 지원 조치가 요구되는 이유가 여기에 있다고 하겠다.

(2) 건강상 어려움

조손 가족 조부모들은 이미 노년기에 들어선 연령층이며, 건강이 나날이 쇠약해지고 있다. 이런 현실에서 생애주기와 맞지 않는 손자녀 양육을 맡게 되어 육체적·정신적 어려움을 겪을 수 있으며, 이들에게 양육되는 손자녀 역시 갑자기 부모를 떠나 낯선 환경에서 생활하게 된다는 점에서 건강상의 문제를 겪을 수 있다.

실태조사 결과 조부모 본인이 지각하는 평소 건강상태의 경우 '나쁜 편이다'(56.9%)가 가장 많았으며, '매우 나쁘다'라는 응답도 10.0%로 나타났다. 조부모의 만성질환 유무를 살펴본 결과 응답자의 62.3%가 만성질환이 있다고 응답했으며, 70세 이상, 소득수준이 200만 원 이하인 집단에서 전체 응답 비율보다 더 높게 나타났다(배호중, 최인희 외, 2023). 질병으로 인해 건강하지 못한 경우가 과반이 넘는 상황은 조손 가족의 조부모들이 자신의 건강이 허락되지 않음에도 불구하고 손자녀 양육의 책임을 떠맡고 있는 현실을 보여준다. 노년의 가장 힘든 문제가 자신의 건강이라는 점을 고려할 때, 조손 가족 손자녀 양육의 안정적인 수행을 위해 조손 가족 조부모에 대한 의료서비스 지원이 필요하다고 하겠다.

(3) 심리적 어려움

조손 가족의 조부모들은 신체적으로 노화의 시기이므로 많은 질환을 갖고 있는 경우가 많다. 신체적인 문제는 심리적으로 영향을 주게 되는데 누구나 몸이 아프거나 각종 질병을 겪게 되면 신체적 고통과 함께 심리적인 위축을 경험하게 된다. 또한 경제적 어려움, 자신을 위한 여가시간의 감소, 친구나 친척관계와 같은 사교적 활동 시간의 감소 역시 조부모들의 심리적 어려움에 영향을 주는 요인들이다.

손자녀를 전담해서 양육하는 조부모들은 손자녀를 양육해야 한다는 새로운 과업으로 인해 일반 노인들과는 다른 심리적 어려움을 경험한다. 대체로 손자녀를 양육하는 과정에서 부과되는 책임감과 불확실성 때문에 외로움, 소진 등을 느끼며 정서적으로 갈등 상태에 놓여 있다. 조부에 비해 조모가 더 부정적인 정서 상태를 경험하고 우울이나 소진 등의 정서적 갈등을 경험한다(Minkler & Roe et al., 1992). 즉 가족해체의 결과로 손자녀를 양육하는 조부모들은 나이가 들면서 겪는 상실감을 보충해 주고 의미 있는 삶을 열어주는 원천으로 손자녀를 양육하기도 하지만, 손자녀 양육의 책임이 가중될수록 분노, 죄책감, 좌절감, 피로감, 외로움, 덫에 걸린 느낌 등의 다양한 부정적 정서를 경험하기도 한다(Jendrek, 1993).

우리나라의 경우 경북 여성정책개발원에서 실시한 농촌 여성노인가구의 손자녀 양육실태와 정책과제의 연구결과 조부모들은 손자녀 양육에 가장 어려운 점을 경제적으로 어려운 것, 돌보는 데 힘이 부치는 것, 학습지도가 어려운 것 순으로 응답하여 경제문제와 부모역할의 어려움을 호소하였다(박충선, 이영석 외, 2003). 또한 권인수(1999)는 손자녀를 돌보는 조부모의 부담감과 사회적 지지에 관한 연구에서 자신의 개인 시간 부족과 충분한 휴식을 취하지 못하고 친구나 이웃과 접촉할 기회가 적다는 연구결과를 보고하였다.

외국의 선행연구들은 손자녀를 양육하는 조부모의 과도한 심리적 스트레스 혹은 고통이 조부모 자신뿐 아니라 손자녀에게 부정적 영향을 미치며, 특히 학대와 방임의 위험을 불러일으킬 수 있다고 경고하고 있다(Dowdell, 1995; Jendrek, 1994; Kelley & Yorker et al., 1997). 사회적 지원이 적을수록 조부모의 심리적 고통이 심하며, 가족유대가 약한 경우 조부모의 심리적 스트레스가 큰 것으로 나타났다. 부모의 이혼, 가출, 사망으로 조부모와 함께 살게 된 조손 가족 손자녀들 역시 심리·정서적 어려움에 노출되어 있다. 특히 저소득층 조손 가족 손자녀들은 일반 가족의 또래들에 비해 교육적 지원 및 문화 생활이 부족하고 조손 가족 조부모들은 손자녀의 성장 및 발달에 대한 욕구를 잘 파악하지 못하는 경우가 많다. 이에 조손 가족의 손자녀들은 부모의 보호와 양육을 받아야 하는 시기임에도 불구하고 부모의 이혼, 가출, 사망 혹은 재혼으로 인한 심리·정서적인 문제, 그리고 학교 생활 부적응 등 다양한 문제를 경험하고 있다. 따라서 조손 가족에 대한 경제적 지원과 함께 이들의 심리적 욕구 및 어려움을 고려한 지원 정책이 필요하다.

(4) 세대 간 소통의 어려움

가족해체로 인하여 어쩔 수 없이 조손 가족이 된 청소년 손자녀들과 조부모 간의 단절은 상당히 심각하게 나타나고 있다. 이러한 조부모와 손자녀 사이의 단절은 부모와 자녀 간의 세대 차이보다 더 클 수밖에 없고, 도시와 농촌 간의 문화적 차이, 경제적 빈곤 등과 같은 복합적인 요인에 의해 심화되고 있다. 특히 발달단계상 사춘기를 겪고 있는 청소년 손자녀의 경우 세대 간 소통의 어려움으로 인한 의사소통의 단절을 경험하기도 한다.

조부모들이 과거 자신의 자녀를 키울 때와 달라진 사회적 분위기나 환경을 고려하지 못하는 경우가 많다. 권위주의적인 양육방식을 고집하거나 적절한 개입을 하지 않은 채 손자녀를 방치하는 허용적 양육방식을 취할 경우 손자녀의 나이가 들수록 점점 감당하기 어려운 행동상의 문제를 야기할 수도 있다. 이에 손자녀 연령에 따른 양육 지원 및 상담 서비스 등의 지원 정책이 필요하다.

3 조손 가족의 부모역할을 위한 지원 방안

1) 조손 가족의 생활지원

조손가족실태조사(배호중, 최인희 외, 2023)에 따르면 조손 가족의 경우 경제, 주거, 조부모의 건강 등 생활의 기반이 되는 가족자원이 취약한 경향을 보여 생활의 안정성을 위한 공적 자원 연계와 지원의 필요성을 확인할 수 있었다. 조손 가족에 필요한 지원으로는 생계비 지원(67.2%), 손자녀 교육비·보육료 지원(34.2%) 등 경제적 지원의 수요가 가장 높았고 그다음으로 정보제공 및 서비스 연계(18.3%)였다.

조손 가족에 대한 생활지원 체계는 여성가족부의 「한부모가족지원법」에 근거하고 있으나, 지원 대상은 일부 저소득층 조손 가족에 한정되며, 그마저도 자녀 또는 손자녀의 양육을 위한 최소한의 지원에 그쳐 정책적 한계가 있다(김혜영, 김은지 외, 2011). 「국민기초생활보장수급법」상의 지원 대상이 되는 저소득 조손 가족은 의료보호나 주거급여 등을 지원받을 수 있으며, 조부모 중 일부는 65세 이상 노인을 대상으로 현금 지원하는 기초노령연금을, 아동 중 일부는 가정위탁 대리양육의 혜택을 받을 수 있다.

정부에서 실시하고 있는 조손 가족 지원정책을 보다 구체적으로 살펴보면 크게 생계 및 경제적 지원, 노인·아동 복지서비스 지원 및 조손 가족 등 취약위기가족 지원이 있다. 생계 및 경제적 지원의 경우 기초생활보장제도를 통해 지원하고 있는데 특례를 통해 기준을 완화하거나 생계급여 부양의무자제도 폐지를 통해 지원받는 대상자를 확대해 나가고 있다. 2023년 12월 전체 수급자 178만 8,309가구 중 조손 가구가 6,892가구이다. 또한 아동·노인 복지서비스 지원에서 65세 미만 기초생활수급자와 차상위계 층 중 장애인, 소년소녀가족, 조손 가족 등 가사, 간병 서비스가 필요한 자를 대상으로 노인돌봄종합서비스 및 가사·간병 방문 지원을 실시하고 있다. 여성가족부에서는 조손 가족을 포함한 취약위기가족을 지원하는 다양한 정책을 실시하고 있으며 매년 한부모가족을 대상으로 한 종합안내서를 발간하여 정부지원 복지서비스를 적극적으로 안내하고 있다(〈그림 7-4〉 참조). 그렇지만 한부모가족과 조손 가족은 이질적 특성이 존재한다는 면에서 조손 가족 맞춤형정보로 보기 어렵다. 구체적으로 해당 안내서에는 노년기 조부모의 돌봄과 건강 등을 지원하는 노인 관련 정책 등 조손 가족의 특성을 반영한 정보는 포함되어 있지 않으며, 임신·출산이나 부모에 한정해 지원하는 제도 등 조손 가족이 이용할 수 없는 내용도 소개되어 있다.

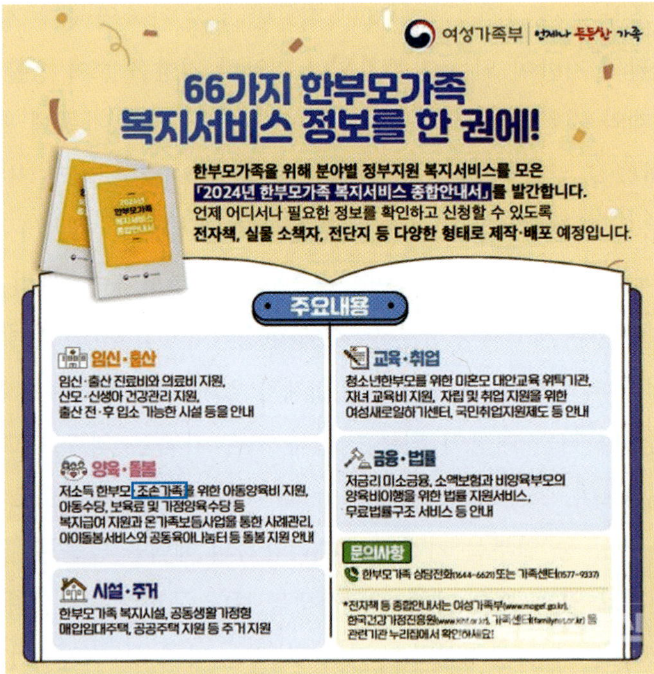

〈그림 7-4〉 한부모가족 복지서비스 안내

출처: 여성가족부(2024).

2) 손자녀 연령에 따른 양육지원

조손가족실태조사(배호중, 최인희 외, 2023)에 따르면, 미취학 손자녀의 5.7%, 초등학생 손자녀의 16.9%가 보호자 없이 혼자 있는 시간을 경험하였으며, 대체로 조부모의 연령이 70세 미만 집단에서 손자녀가 혼자 있다는 응답 비율이 높게 나타나 조부모의 근로 활동 참여로 인한 돌봄 공백의 가능성을 엿볼 수 있었다. 또한 김소영, 송효진 외(2024)의 조손 가족 통합적 지원 방안 연구의 면접조사 결과 조손 가족 손자녀가 중학생 때 거동이 불편한 할아버지를 침대 위로 들어올리는 등 할머니를 도와 병간호를 하며 지낸 경험을 언급하였으며, 고령 조부모의 건강상태가 안 좋아지면서 실제 돌봐야 하는 상황에 직면해 자신의 진로를 변경하기도 하고, 미성년 손자녀들은 '조부모의 건강 때문에 집안 일을 도와야 하는 것에 대한 부담감'을 느끼는 경우도 있었다(박화옥, 김민정 외, 2021).

일반적으로 중고등학령기인 10대는 자아정체성의 확립과 자신들만의 세대 문화 형성 및 향후 자신의 삶에 대한 목표 등을 형성하는 시기다. 따라서 이 시기에는 기성세대와의 세대 차이가 가장 클 뿐만 아니라, 또래 문화에 대한 강한 응집력을 보이는 시기다. 아울러 초등학교 시기와 달리 자신이 처한 환경에 대해 자기 나름의 해석을 바탕으로 행위의 준거를 마련하기 때문에, 조손 가족하에서 생활하는 중고등학령기 손자녀들은 남다른 자신들의 환경을 받아들이는 데에 있어서도 많은 어려움에 직면하게 된다. 특히 조부모와 함께 생활하는 이들은 가족해체로 인한 자신의 환경으로 인해 부모 및 기성세대에 대한 불만과 원망을 가질 수도 있고, 그와 같은 환경으로 인해 향후 자신들의 삶을 설계하는 데에 있어서도 어려움을 겪을 수 있다. 따라서 손자녀 연령 및 상황에 따른 조손 가족에 대한 양육지원이 필요한데, 예를 들어 조부모의 눈높이에 맞춘 손자녀의 양육 상담 및 조언 서비스 또는 아동·청소년 상담서비스 등의 방안도 고려해 볼 수 있다. 또한 조부모를 돌봐야 하는 13~39세 가족돌봄 청(소)년 등을 지원하는 일상 돌봄 서비스 사업을 확대할 필요도 있다.

3) 정부 차원의 지원

현재 조손 가족을 위한 정책은 「한부모가족지원법」과 여성가족부의 「한부모지원사업」에 근거하고 있다. 2011년 2월 대표적인 사회취약계층 조손 가족의 실질적인 복지증진을 위해 「조손 가족지원법 제정안」이 한 국회의원에 의해 발의된 바 있다. 이 제정안은 조손 가족의 최저생활과 복지증진이 국가 및 지방자치단체의 책임임을 명시, 정부의 자발적인 조사·선정을 통해 조손 가족에 대한 적극적인 보호가 이루어질 수 있도록 지원하는 내용을 담았었다. 그러나 법안 발의는 제정으로 이어지지 못하였다. 김혜영, 김은지 외(2011)의 연구에서는 조손 가족 지원확대를 골자로 한 「한부모 가족지원법」 개정을 제안하였다. 「한부모 가족지원법」은 한부모 및 조손 가족 지원을 위한 기본적인 법·

체계를 구비하고 있으나 한부모 유형별 특성에 대한 고려가 미흡하다. 조손 가족의 노인 및 손자녀들의 어려움을 적극적으로 충족시킬 수 있도록 지원규모의 확대 및 다양한 지원서비스 확충을 골자로 한 법 개정이 필요함을 지적하고 있다. 이러한 요구들을 반영하여 「한부모 가족지원법」의 내용이 개정되었으며 2020년 개정으로 생계급여를 받는 한부모(조손 가족 포함)도 아동양육비를 추가적으로 받을 수 있게 되었다.

그러나 근본적으로 생각해야 할 것은 조손 가족은 한부모 가족이 아니라는 점이다. 한부모 가족은 부모 중 한쪽의 사망, 이혼, 유기, 별거 등으로 인하여 한쪽 부모가 없거나 법적으로 또는 현실적으로 한쪽 부모 역할을 할 수 없는 편부 혹은 편모로 구성된 가족을 의미한다. 부모 중의 한 사람과 살 수 있는 아동과 부모 중의 한 사람과도 살 수 없는 아동은 그 환경이 엄연히 다르다. 또한 한부모는 취업역량 강화를 통해 자신의 생계를 책임질 수 있는 실질적인 가장으로서의 임무가 가능하다. 그러나 조손 가족의 실질적인 가장은 조부모이기도 하고 때로는 손자녀이기도 한 상황에서, 생계를 이끌어갈 수 있는 실질적인 가장의 역량강화는 사실상 불가능하다. 조손 가족의 경제적 어려움은 수급가족은 물론 수급대상이 아닌 가족에게서도 크게 나타나고 있다. 이들이 조손 가족 수급대상으로 지정되지 못하는 이유는 대부분의 차상위계층과 마찬가지로 소득은 최저생계비 이하지만 고정재산(주택 소유)이 있거나, 자식들이 있어서 기초생활보장 대상자에서 제외된 비수급 빈곤층이다.

부양의무자 기준은 여러 차례 사회적 쟁점이 되어왔고, 국가의 도움이 필요한 빈곤층이 「기초생활보장법」에 따라 지원을 받아야 하지만 부양의무자 기준 때문에 법적 요건을 갖추기 못해 지원에서 배제되는 사각지대가 있었다. 이에 정부는 부양의무자 기준을 단계적 폐지 이행계획을 마련해 추진했다. 2021년 10월부터 근로능력이 없는 등 생계활동이 어려운 노인, 장애인, 한부모가구 등 저소득 취약계층에 대한 생계급여의 부양의무자 기준이 60년 만에 폐지되었다(단, 부모 또는 자녀 가구가 연 기준 1.3억 원을 초과하는 고소득이거나, 12억 원을 초과하는 일반재산을 소유하는 경우 제외). 이로 인해 기초생활보장제도의 혜택을 받는 조손 가족이 늘어났으며 정부는 복지 사각지대를 없애고자 다양한 노력을 하고 있다. 위기가구가 누락되지 않도록 건강보험료 체납 정보, 수도·가스요금 체납정보, 의료비 과다지출자 정보 등 위기 정보를 입수하여 사각지대 복지 대상자를 먼저 발굴하고자 하는 노력을 하고 있다. 또한 관계기관 합동으로 가족센터–유관기관 협업을 통한 조손 가족 맞춤형 서비스 연계·지원을 강화하고 있다.

또한 정부는 조손 가족 현황 파악을 위한 정기적 실태조사를 실시하여 조손 가족에 대한 사회적 수요, 변동요인을 정책에 반영하고 있다. 현재 한부모가족실태조사의 부가조사에 조손가족실태조사를 추가하여 3년마다 실시할 예정에 있으며, 인구주택총조사와 연계하여 가족돌봄 청년 현황을 파악하고 있다. 이를 통해 9세 이상 청(소)년 중에서, 질병 노령 장애 등의 이유로 대가 없이 장기간 돌보는 가족(친인척) 유무 및 돌봄시간을 파악하고 있다.

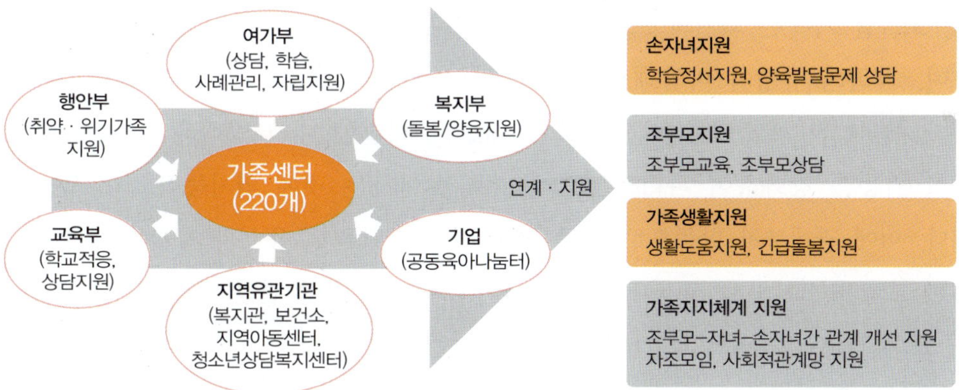

〈그림 7–5〉 가족센터–유관기관 협업을 통한 조손 가족 대상 맞춤형 서비스 연계 · 지원
출처: 관계기관합동(2024). 조손 가족 아동의 안정적 양육 · 성장 지원방안

4) 사회적 인식의 전환

조손 가족을 지원하기 위한 법·체계를 만드는 것과 함께 정부 차원의 정책적인 지원의 기저에 있는 조손 가족에 대한 기본적인 인식의 전환이 필요하다. 지금까지 조손 가족은 경제적 취약성, 조부모의 신체적 문제, 교육의 열악함 등의 이유로 부정적인 측면과 그에 수반되는 문제만이 부각되어 왔다. 이것은 실제로 조손 가족이 갖고 있는 특성이기도 하다. 그러나 이러한 부정적인 문제점은 우리가 조

손 가족에 대한 지원의 필요성에서 부각되는 특성이어야 하며, 그것이 통상적으로 조손 가족에 대해 갖고 있는 사회적 통념에서 비롯되거나 영향을 받아서는 안 되는 것이다. 우리나라의 조손 가족은 비록 경제적 자활 능력을 갖추지 못해 외부의 지원에 전적으로 의지해야 하지만, 향후 손자녀가 그들의 부모와 재결합 가능성이 많지 않은 상황에서 조부모들이 손자녀가 성년이 될 때까지 자신이 양육하겠다는 양육의지가 강할 뿐만 아니라, 중고등학생 손자녀의 절반 이상이 조부모가 돌아가실 때까지 함께 살겠다는 의사를 밝히고 있어, 가족유대는 강하다고 볼 수 있다. 따라서 이러한 유대를 바탕으로 가족으로서의 생활공동체를 유지시키는 것을 전제로 한 지원이어야만 조손 가족에 대한 지원이 소기의 성과를 거둘 수 있을 것이다. 오늘날 가족은 과거의 모습에서 벗어날 수밖에 없는 사회적 환경에 살아가고 있으며, 가족의 유형이 다양해짐은 그로 인한 자연스러운 결과이다. 그러나 아직 다수가 아님에서 비롯되는 편견과 그에 대한 부적절한 대처 방식은 소수의 가족 유형이 기능을 강화하여 사회에서 가족으로 살아가는 것에 역기능적으로 작용할 뿐이다. 이에 관계부처 합동으로 가족 형태 변화에 따른 수용성과 차별 감수성 제고를 위한 교육을 실시하며, 교육내용에 조손 가족·한부모가족 편견 해소 내용을 포함하였다. 또한, 한부모가족의 날(5.10) 등에 민관 협업을 통한 조손 가족·한부모 가족 인식개선 활동을 지속적으로 추진하고 있다.

조손 가족은 꾸준히 증가하여 온 가족의 유형이며, 앞으로도 증가하게 될 다양한 가족의 한 유형이다. 조손 가족은 이제 단순히 정상 가족의 범위에서 벗어나는 결손 가족 내지 취약 가족의 유형으로만 인지되어서는 안 되며, 가족의 한 유형으로서 그들만의 강점을 지니고 있는 가족임을 인지해야 할 것이다. 즉 단순히 개입의 대상으로 규정하는 접근에서 벗어나 이들의 강점을 강화시킬 수 있는 접근방법이 필요함을 의미한다. 조손 가족에 대한 지원은 예산이 허락될 때 발생하는 일시적이고 현물적인 지원에 그치는 것이 아니라, 가족으로서의 기능을 강화해주어 사회 안에서 가족의 역할을 다할 수 있게 하는 지속적인 지원이어야만 한다.

생각해 볼 문제

01 손자녀 연령에 따른 조손 가족의 양육지원 방법을 생각해 보자.

02 가족센터에서 실시하고 있는 조손 가족 대상 프로그램을 조사해 보자.

Chapter

8 부모교육 이론

1. 민주적 부모교육 이론
2. 인본주의 부모교육 이론
3. 부모 효율성 훈련
4. 상호교류 분석 이론
5. 행동수정 이론

부모역할에 대한 정의와 관점은 시대에 따라 조금씩 변화해 왔으며 유능한 부모역할 수행을 돕기 위한 다양한 부모교육 이론이 개발되어 왔다. 이론들의 배경에는 다소 차이가 있지만 많은 부모교육 이론들이 부모의 역량 강화와 부모-자녀 관계 형성, 자녀의 성장 지원에 기여하였다. 본 장에서는 다양한 부모교육 프로그램들의 이론적 근거가 된 민주적 부모교육 이론, 인본주의 부모교육 이론, 부모 효율성 훈련, 상호교류 분석 이론, 행동수정 이론에 대해서 살펴보고자 한다. 본 장에는 민주적 부모교육 이론의 주요 개념인 잘못된 행동목표, 격려, 자연적 · 논리적 결과, 인본주의 부모교육 이론의 주요 개념인 의사소통의 기본 원칙, 칭찬과 평가의 방법, 책임감과 독립심 고양 방법, 행동의 한계 설정, 부모 효율성 훈련의 주요 개념인 수용성 수준, 문제의 소유자 등이 소개되어 있다. 또한 본 장에는 상호교류 분석 이론의 주요 개념으로서 자아 상태, 교류 유형과 행동수정 이론의 주요 개념인 문제행동 감소 방법, 바람직한 행동 형성 방법 등에 대해 설명하였다. 이러한 주요 개념들과 원리, 자녀 양육 지침에 대해 알아봄으로써 각 이론의 특성과 지향점을 이해할 수 있을 것으로 기대한다.

학습목표

1. 민주적 부모교육 이론, 인본주의 부모교육 이론, 부모 효율성 훈련, 상호교류 분석 이론, 행동수정 이론의 주요 개념과 원리를 이해한다.
2. 민주적 부모교육 이론, 인본주의 부모교육 이론, 부모 효율성 훈련, 상호교류 분석 이론, 행동수정 이론의 원리를 실천할 수 있다.

1 민주적 부모교육 이론

아들러(Adler)의 제자인 드레이커스(Dreikurs)는 아들러의 개인심리학을 부모교육에 적용·발전시켰다. 드레이커스는 평등한 인간관계에 가치를 두었고 민주적인 방식으로 대인관계 갈등을 해결할 것을 강조하였다. 권위주의적이고 독재적인 자녀 양육 방식에서 벗어나 평등하고 상호 존중하는 부모-자녀 관계를 형성해야 한다고 주장하였다.

드레이커스는 구성원들이 평등한 관계를 정립함으로써 가족관계가 더 좋아질 수 있다고 보았다. 또한 아동은 가정에서의 사회화를 통해 행동양식과 생활양식을 형성하고 이를 바탕으로 성장한다고 하였다. 드레이커스는 아동이 건강한 인간으로 성장하기 위해서는 부모의 역할수행과 가정의 분위기가 중요하며 부모교육을 통해 이를 도울 수 있다고 보았다.

1) 부모교육의 원리

민주적 부모교육 이론은 아동의 행동에는 목적이 있고 부모-자녀 간에 평등한 관계가 수립되어야 한다는 점을 전제로 하고 있다. 이러한 전제하에 드레이커스는 다음과 같은 개념과 지침을 제시하였다.

(1) 잘못된 행동목표

인간은 사회적 동물로, 집단에 소속되길 원하고 목적을 달성하기 위해 행동한다. 드레이커스는 아동이 가족 내에서 소속감을 얻으려는 목표 달성에 실패할 경우, 다음과 같은 **잘못된 행동목표**(mistaken goals)를 세울 수 있다고 하였다.

① 관심 끌기

아동은 가족 내에서 자신의 존재와 가치를 확인받기 위해 애쓰며 자신의 존재를 가족들이 인정하고 수용할 때 비로소 **소속감**을 느낀다. 존재를 인정받기 위해 아동은 긍정적인 행동을 한다. 하지만 이 행동이 부모의 주목을 받지 못하면 대부분의 아동은 문제가 되는 방법을 사용해서라도 부모의 관심을 끌어 존재를 인정받고자 한다.

아동이 바람직하지 못한 방법, 문제가 되는 방식으로 부모의 관심을 받기 위해 애쓸 때, 많은 부모들이 문제행동을 진정시키기 위해 관심을 보이게 된다. 이런 상황이 반복되면 아동은 바람직하지 못한 행동, 문제가 되는 행동양식으로 부모의 주목을 얻을 수 있다고 믿게 되며 이런 행동을 지속하게 된다. 따라서 부모는 부적절한 관심 끌기 행동에는 반응을 보이지 말아야 한다. 대신 자녀가 긍정적인 행동, 올바른 행동을 할 때 충분한 관심을 표현해야 한다.

② 힘 행사하기

부모가 자신의 행동을 통제한다고 생각하는 아동은 부모와의 관계에서 힘을 행사하려고 한다. 아동은 힘 행사를 통해 부모보다 우위에 서고자 한다. 힘을 통해 부모를 꺾게 되면 만족감을 느끼고 매사에 부모와 겨루려는 태도를 나타내기도 한다. 이런 아동은 부모보다 높은 입지를 차지하기 위해 부모의 제안과 지시, 요청을 의도적으로 거절하고 무시한다.

힘을 행사하려는 자녀와의 관계에서 부모는 화내고 분노하며 좌절하기 쉽다. 그러나 이런 부모의 반응은 자녀에게 힘을 넘겨준다는 사인으로 받아들여질 수 있다. 반대로 자녀에게 힘을 빼앗기지 않기 위해 자녀를 누르고 이기려 한다면 자녀는 힘의 중요성과 필요성을 과대해석하게 되고 힘을 쟁취하는 데 더 집착하게 된다. 또는 반항의 의미로 복종적 태도를 보이거나 침묵하며 부모에 대해 적대감을 나타낸다. 따라서 부모는 자녀가 힘을 행사하려 할 때 화를 내거나 힘 겨루기 게임에 말려들지 말아야 한다.

③ 앙갚음(보복)

앙갚음(보복)을 하려는 아동은 자신이 상처를 받은 만큼 다른 사람에게 상처를 주고 싶어 한다. 이런 아동은 부모에게 상처를 주는 방식으로 행동하고 부모가 상처받고 속상해하는 것을 보며 자신의 위치, 존재를 확인한다. 그 결과 부모는 화내고 상처받으며 자녀를 더 강하게 억압하게 되는데, 이런 부모의 태도를 경험한 자녀는 같은 방식으로 부모를 힘들게 하려 한다. 결과적으로 부모-자녀 간 앙갚음은 서로에게 점점 더 큰 상처와 분노를 야기한다. 이 과정에서 아동은 가족에 대한 소속감을 상실하고 올바른 방식으로 부모의 관심을 얻겠다는 의지를 포기하기도 한다. 부모는 자녀가 앙갚음을 하겠다는 의지를 표현하거나 보복 행동을 할 때 자녀를 권위와 힘으로 누르지 말아야 한다. 부모는 자녀의 앙갚음이 관심과 애정, 소속감에 대한 욕구가 좌절된 데에 따른 것임을 인식하고 자녀의 감정을 읽어주고 자녀의 이야기를 들어주어야 한다. 부모에게 앙갚음 하는 자녀에게 벌을 주는 것은 더 큰 보복심을 야기함으로써 부모-자녀 관계를 심각하게 훼손한다는 점을 기억해야 한다.

④ 무능함 보이기

관심 끌기, 힘 행사하기, 앙갚음(보복)을 사용해도 소속 욕구를 달성하지 못한 자녀는 자신이 가치 없는 사람이라 인식하고 소속감 추구를 멈추고 만다. 즉, 무능감에 빠지게 되어 아무것도 하지 않는 것은 물론, 부모도 자신에게 기대하지 못하게 하는 방식으로 행동하게 된다. 무능함을 보이는 아동은 극도로 좌절한 상태이며 자신은 가치 없는 사람이라고 생각한다. 이런 아동에게는 격려와 관심이 필요하다. 또한 실수나 무력한 행동을 나타낼지라도 비난하거나 재촉하지 말아야 하며 작은 시도에도 관심을 보여주고 강점을 발견해 언급해 주어야 한다.

아동에게 가장 의미 있는 집단인 가정에서 소속감을 느끼고 인정받는 아동은 잘못된 행동목표를 나타내지 않는다. 즉, 잘못된 행동목표는 아동이 자신의 존재와 입지에 불안감을 느낀다는 표시이다. 따라서 아동이 잘못된 행동목표 중 한 가지 방식을 보인다면 아동의 좌절감과 소속 욕구, 인정에 대한 바람을 읽어주고 충족시켜 주는 것이 필요하다.

(2) 격려의 사용

격려는 상호 존중과 평등을 추구하는 민주적인 부모-자녀 관계에 기여하는 핵심 기술 중 하나이다. 부모는 자녀를 위해 항상 노력하고 최선을 다하지만 이것이 항상 자녀에게 도움이 되는 것은 아니다. 자녀에 대한 큰 기대나 욕심, 일관적이지 못한 태도,

이중적 기준, 다른 아동과의 비교 등은 자녀에게 좌절과 무력감을 야기하는 대표적인 행동이다. 반면 장점과 성취, 결과를 얻기 위해 기울인 노력과 그 과정을 언급하는 격려는 자신감과 자아존중감을 촉진하는 대표적인 기술이다. 어떤 일에 대한 결과(예: 시험 성적)를 언급하는 칭찬보다는 결과를 얻기 위해 기울인 노력에 주목하는 격려를 통해 아동의 동기와 열정을 더욱 자극할 수 있다.

(3) 자연적 · 논리적 결과

상, 벌은 부모가 흔히 사용하는 양육기술이다. 어떤 일을 잘 해냈을 때 느껴지는 만족감, 성취감 같은 내적 보상이나 수치심 같은 내적 처벌과 달리 상과 벌은 외부(타인)에서 주어지는 것이다. 때문에 아동은 상을 받고 벌을 피하기 위해 상, 벌을 주는 성인에게 의존하는 경향이 있다. 또 자신의 결정이나 행동에 대해 스스로 책임을 지기보다는 상, 벌을 제공하는 대상이 아동의 결정과 행동에 대신 책임지는 결과를 낳는다. 그리고 상, 벌이 주어지지 않을 때에는 최선을 다하지 않거나 올바른 길 대신 편안한 길을 선택하기도 한다.

이에 드레이커스는 상, 벌 대신 자연적·논리적 결과(natural and logical consequences)를 사용할 것을 제안하였다. **자연적 결과**는 성인의 개입 없이 발생한 자연스런 결과, 행동의 결과를 말한다. 피아제(Piaget)는 자신의 침실 창문을 깨뜨린 결과, 추운 방에 있게 된 아동을 자연적 결과의 예로 소개한 바 있다. 또 다른 예로 겨울에 코트 입기를 거부하고 밖에 나가려는 아동에게 개입하지 않음으로써 옷을 입지 않으면 춥다는 자연적 결과를 경험하는 것을 들 수 있다. 자연적 결과가 성과를 내기 위해서는 자녀를 과잉보호하지 말아야 한다. 자연적 결과의 핵심은 자녀 스스로 결정하고 이에 책임을 지게 하는 것이다. 부모는 자녀가 자연적 결과를 경험하고 이후 유사한 건에 대해 어떻게 할지를 생각해보게 함으로써 자녀의 자율성과 문제 해결 능력을 높일 수 있다.

논리적 결과는 성인이 제공하는 결과에 기초해서 바람직한 행동을 가르치는 것으로, 자연적 결과를 적용할 수 없는 경우에 사용된다. 아동의 행동과 논리적으로 관련이 있는 결과를 부모가 결정하거나 부모–아동이 합의하여 결정하는 것이다. 장난감을 오용한 자녀에게 조심스럽게 가지고 놀 준비가 되었을 때 다시 장난감을 주겠다고 약속하는 것이나, 늘 늦게 기상하는 자녀와 상의해 늦잠의 대가로 할 일을 정하는 것을 예로 들 수 있다. 자녀는 잘못된 행동에 대한 대가(논리적 결과)를 체험하고 그릇된 행동을 바꿀 기회를 갖게 된다. 관련된 결과는 자칫 벌로 인식될 수 있으므로 자녀의 행동과 분명한 관련이 있는 것을 결과로 선택해야 하며, 관련된 결과를 적용하면서 비난이나 잔소리를 하지 않도록 주의해야 한다.

Box 8-1

자연적 · 논리적 결과

다음 상황에 자연적 결과가 적절한지, 논리적 결과가 적절한지 생각해보고 결과를 경험시켜 봅시다. 정답은 〈부록〉에 제시되어 있다.

상황	결과 경험의 종류	결과 경험시키기
밤 10시가 되었으나 학교 숙제를 하지 않고 컴퓨터 게임만 하고 있다.	자연적 결과 / 논리적 결과	
부주의하게 행동하다가 친구가 쌓아놓은 블록을 무너뜨렸다.	자연적 결과 / 논리적 결과	
새 크레파스를 사고 싶다며 크레파스를 모두 부러뜨렸다.	자연적 결과 / 논리적 결과	

2 인본주의 부모교육 이론

기노트(Ginott)의 인본주의 부모교육 이론은 매슬로우(Maslow), 로저스(Rogers), 엑슬린(Axline)으로 이어지는 인본주의 심리학에 기초한다. 인본주의 심리학에서는 아동이 성장할 수 있는 힘과 역량을 가지고 태어났다고 전제한다. 거짓 없이 진실한 태도로 아동을 대하고 아동의 감정과 생각을 그대로 수용할 때 아동이 건강하게 성장한다고 간주한다. 기노트는 이러한 전제에 기초하여 부모의 자녀양육에 관한 지식 부족, 자녀에 대한 신뢰 부족, 자녀에 대한 진실하지 못한 태도, 자녀를 수용하지 않는 태도로 인해 부모-자녀 간에 문제가 생긴다고 보았다. 따라서 부모교육을 통해 부모가 자녀의 성장 가능성과 역량을 신뢰하도록 돕고 자녀가 원하는 것을 할 수 있는 환경을 조성하게 해야 한다고 보았다.

1) 부모교육의 원리

기노트의 인본주의 부모교육에서는 부모-자녀 간 대화, 칭찬과 비판 사용, 책임감과 독립심, 한계 설정을 강조한다. 구체적인 지침과 교육내용을 살펴보면 다음과 같다.

(1) 자녀와의 대화

기노트는 부모-자녀 간의 대화에는 상호 존중이 필요하다고 하였다. 부모-자녀 간 상호 존중을 실현하기 위해서는 다음의 요소들을 이해하고 실천해야 한다.

① 진실성(진솔성)

진실성은 자녀와의 관계에 임하는 솔직한 자세, '~인 척' 가장하지 않는 솔직성을 뜻하는 개념으로 인본주의적인 부모가 갖춰야 할 중요한 태도이다. 진실한 부모는 내면의 느낌과 겉으로 드러나는 표현을 일치시킨다. 화나 슬픔 같은 부정적 정서를 부정하지 않으며 기쁨과 즐거움도 숨기지 않는다. 진실한 부모는 이 순간의 감정을 상처를 주지 않는 방식으로 솔직하게 표현한다.

내면의 감정은 숨길 수 없으며 표정, 태도, 말투를 통해 드러나게 마련이다. 부모가 감정을 숨긴 채 대화한다면 말과 표정에 괴리가 생길 것이고 자녀는 이로 인해 혼란을 느낄 것이다. 즉, 진실성은 생각이나 느낌을 인정하고 표현하며 부모 자신을 있는 그대로 드러내는 것으로써 자녀와 더 깊은 관계를 맺게 만든다. 부모는 진실성을 실천하기 위해 자신의 감정을 알아차릴 수 있어야 하며 그것이 긍정적이든 부정적이든 개방적인 자세로 인정, 수용할 수 있어야 한다.

② 무조건적 긍정적 존중

무조건적 긍정적 존중은 절대적인 수용을 뜻한다. 자녀의 언어, 행동을 판단하거나 평가하지 않고 조건 없이 받아들이고 긍정적인 태도로 수용하는 것이다. 자녀의 긍정적인 생각이나 느낌만을 수용하는 것이 아니라 부정적 느낌, 생각도 비판하거나 통제하지 않고 그대로 받아주는 것을 말한다. 하지만 현실에서 자녀의 부정적 느낌이나 생각을 조건 없이 받아들이는 것은 쉽지 않다. 예를 들어, '나는 엄마가 참 좋아요'라는 긍정적인 감정 표현을 그대로 인정하는 것이 어렵지 않은 것과는 달리, '엄마 미워!', '아빠는 나만 미워해' 같은 부정적인 감정과 생각에 대해 '그렇구나. 그렇게 느끼는구나'라며 받아주기란 쉬운 일이 아니다. 하지만 이런 부정적인 감정과 생각도 인정되고 수용되어야 한다. '아빠는 나만 미워해'라는 자녀의 생각은 틀린 것일 가능성이 높다. 그러나 자녀가 일단 생각을 밝힌 이상, 그 생각은 받아들여져야 한다. 무조건적 긍정적 존중을 실천하고자 한다면 '그렇구나. 그렇게 생각했구나. 속상했겠다'라는 반응으로 자녀를 받아준 후, '하지만 그렇지 않아. 왜냐하면…'이란 말로 설명을 이어갈 수 있다. 무조건적 긍정적 존중을 실천하는 데 있어 기억해야 할 사실은 행동 특히, 문제행동은 조건 없는 수용의 대상이 아니라는 점이다. 화가 난 아동이 형제를 때리거나 물건을 던질 때 무조건적 긍정적 존중의 대상은 아동의 화난 감정이지 폭력적인 행동이 아니다. 즉, 화난 감정은 수용하되 폭력적인 행동은 통제해야 한다.

③ 경청

경청은 자녀의 이야기를 집중해서 듣는 기술로 소극적 경청(수동적 경청)과 적극적 경청(반영적 경청)으로 구분된다. 소극적 경청은 최소한의 반응을 보이며 자녀의 이야기를 듣는 것을 말한다. 자녀가 이야기를 할 때 고개를 끄덕이며 듣는 것, '응, 그래서?'처럼 짧은 언어적 반응을 하며 듣는 기술이다. 적극적 경청은 자녀에게 반영해 주면서 듣는 것이다. 자녀가 화가 난 이유를 설명할 때 '친구가 그렇게 행동했으니 정말 화가 났겠네'라고 말하며 듣는 것, 자녀의 표정이 좋지 않을 때(표정으로 의사소통을 할 때) '기분이 좋지 않구나'라고 피드백을 해주는 것이 적극적 경청의 예다.

(2) 칭찬과 평가의 방법

인본주의에서 **칭찬**은 판단, **평가**의 일종으로 간주된다. 인본주의 부모교육의 토대인 로저스의 인간중심상담에서는 칭찬이 자율성을 저해하고 원하는 것을 포기하게 만들 수 있으며 가치를 주입한다고 보기 때문에 내담자를 칭찬하지 않는다.

아동이 자신이 그린 그림을 부모에게 보여주는 상황을 가정해 보자. 많은 부모들은 자녀의 그림에 대해 '잘했다, 100점이다'라는 형식으로 칭찬을 한다. 그러나 아동은 사실 자기 그림에 만족하지 않을 수 있다. 어제보다 못 그렸다고 생각할 수도 있으며 친구만큼 잘 그리지 못해 속상해 하고 있을 수도 있다. 이런 상황에서 칭찬은 아동의 감정을 부정하는 수단, 아동의 자기비하를 멈추려는 도구가 되고 만다. 또 어쩌면 이 아동은 부모의 칭찬 때문에 억지로 다시 그림을 그리기 시작할 수 있다. 자녀가 그림을 보여주는 상황에서 부모들은 종종 아동의 그림을 자세히 보기도 전에 먼저 칭찬을 하기도 한다. 이런 부적절한 칭찬이 반복되면 아동은 냉정하고 정확한 평가를 원하는 상황에서 부모에게 평가를 구하지 않는다. 이처럼 진실하지 않은 칭찬, 잘못된 칭찬과 평가는 자녀에게 상처를 주고 부모에 대한 신뢰를 저해할 수 있다. 칭찬은 구체적이어야 하며 사실에 기초한 것이라야 한다. 결과보다는 과정과 노력에 대한 언급이 부모–자녀 관계 향상과 자녀의 성장에 도움이 된다. '잘했다, 최고다'라는 막연한 칭찬이나 평가 대신 '이렇게 표현했구나, 지난번보다 더 많은 색깔을 사용했구나, 이걸 그리기 위해 노력했구나' 같이 구체적이고 과정 중심적이며 사실에 근거한 피드백을 제공해야 한다.

(3) 책임감과 독립심

기노트는 아동을 스스로 책임질 수 있는 자율적인 존재, 가능성과 능력이 있는 존재로 보았다. 따라서 자녀에게 선택의 기회를 주고 스스로 결정하게 하며 그에 대해 책임질 기회를 주어야 한다. 결정에 대해 책임지는 기회를 가짐으로써 자녀는 경험을 통해 **책임감과 독립심**을 키울 수 있게 된다. 일상에서 자녀가 선택과 결정, 책임지는 경험을 해보게 할 수 있는 많은 순간들이 있다. 자녀의 선택이 다소 비합리적이고 후회

할 것이 예상된다 할지라도 자녀의 안전에 해가 되지 않는다면 원하는 것을 선택하게 둠으로써 책임감과 독립심을 향상시킬 수 있다.

(4) 행동의 한계 설정

부모는 자녀를 수용해야 한다. 그러나 수용의 대상은 자녀의 감정, 생각에 한정된다. 즉, 비윤리적인 행동이나 규범에 어긋나는 행동은 수용의 대상이 아니며 **한계 설정**을 통해 제한되어야 한다. 자녀가 느끼는 감정이나 생각을 제한해서는 안 되지만 감정을 드러내는 방식인 행동에 대해서는 명확한 규범이 제시되어야 한다. 아동은 행동이 허용되는 범위, 한계를 알고 있을 때 안정감을 느낀다. 한계가 설정되지 않으면 아동은 불안해하고 부모의 눈치를 보게 된다. 따라서 부모는 자녀의 행동에 한계를 설정해 주어야 하며 절차는 다음과 같다.

첫째, 부모는 자녀가 원하는 것, 느끼는 것을 반대하거나 비판하지 말고 인정해 준다.

둘째, 제한할 행동에 대해서는 분명하게 제지를 가하는 말을 한다.

셋째, 부모는 자녀가 원하는 바를 최소한 일부라도 성취할 수 있도록 다른 방법을 제시해야 한다.

넷째, 자녀가 제지를 당했을 때 느끼는 분노를 표현하도록 도와준다.

부모들은 제한할 행동과 허용할 행동에 대해 분명한 기준이 있어야 한다. 대부분의 부모들이 사회규범에 어긋나는 행동, 비윤리적인 행동에 대해서는 단호하고 적절하게 통제한다. 그러나 몇몇 행동에 대해서는 통제를 해야 할지 말지를 두고 고민한다. 자녀가 식사 중 말을 많이 하는 것, 아파트 단지 내 인도를 뛰어다니는 것이 예가 될 수 있을 것이다. 이런 행동을 통제할지 말지 결정할 때, 종종 부모들은 자신의 욕구나 감정을 근거로 삼는다. 빨리 식사를 끝내고 정리하고 싶은 욕구, 자녀가 넘어질까 걱정되는 마음이 든다면 '하지 마라'라고 이야기하곤 한다. 하지만 부모가 자신의 감정이나 욕구를 근거로 통제를 결정하는 것은 적절치 않다. 통제할 행동을 결정할 때에는 자녀가 '왜

하면 안 되나요?'라고 묻는다고 가정하고 이 질문에 스스로 답해 봐야 한다. 만약 적절한 이유를 댈 수 없거나 합리적인 답을 할 수 없다면 통제하지 않는 것이 바람직하다.

Box 8-2

한계 설정 연습

다음에 제시된 아동의 행동에 대해 한계를 설정해 봅시다. 정답은 <부록>에 실려 있다.

상황	절차(단계)		
	1	2	3, 4
자녀가 화나서 장난감을 던진다.			
동생을 때린다.			

3 부모 효율성 훈련

부모 효율성 훈련(Parent Effectiveness Training: PET)은 아동 발달에 대한 여러 이론을 종합하여 고든(Gordon, 1975)이 개발한 부모교육 이론 및 프로그램이다. 고든은 상담자로 활동하며 많은 아동을 상담하였다. 그는 이 과정에서 부모와 자녀 간 문제는 문제 해결 기술 부족, 의사소통 기술 부족에 따른 것이라고 결론 내리고 부모를 돕기 위한 이론을 제안하였다.

1) 부모교육의 원리

(1) 수용성 수준 파악하기

부모마다 자녀를 수용하고 이해하는 정도에는 차이가 있다. 어떤 부모는 아동의 특정 행동을 편안하게 수용할 수 있으나 다른 부모는 이 행동이 큰 문제라고 인식하며,

부모 중 한 명은 자녀의 행동을 용납할 수 있지만 다른 한 명은 수용하지 못하는 경우도 있다.

이러한 차이는 자녀의 특성(예: 연령, 장애유무), 상황적 요인(예: 행동 발생 장소가 공공장소인가 가정인가) 그리고 부모의 개인적 특성(예: 불안, 예민성)에 기인한다. 부모의 **수용성 수준**은 자녀의 행동에 대한 반응에 중요한 역할을 한다. 부모의 수용성은 자녀의 행동을 받아들일 수 있는 정도를 말하는 것으로 부모는 자신의 수용성 수준을 평가해 볼 필요가 있다. 자신의 수용성 수준이 특별히 낮다고 판단된다면 이유를 찾아보고 수용성을 다소 높이기 위해 노력하는 것이 좋다. 다른 성인들은 수용해 주는 행동이 부모에게는 수용되지 않는다면 자녀는 혼란을 느낄 것이고 부모와의 관계에 불만족할 수 있다. 따라서 부모는 자신의 상태를 평가해 보고 솔직하게 인정하며 자녀와 이에 대해 대화하는 시간을 가질 필요가 있다.

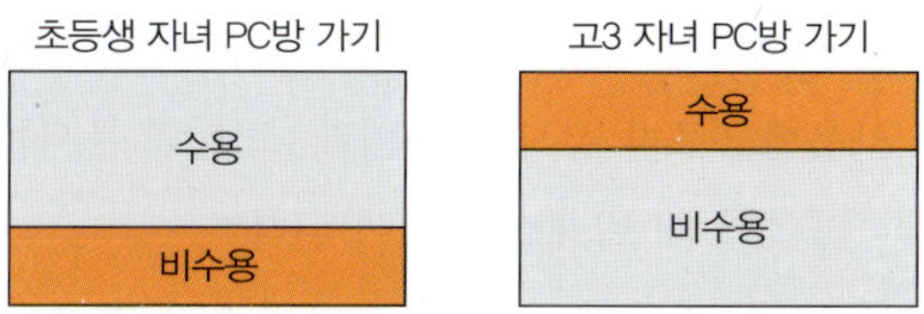

〈그림 8-1〉 자녀의 특성별 수용 능력의 차이

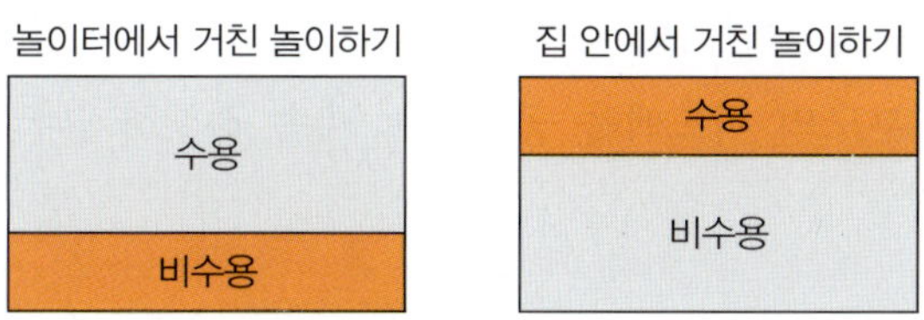

〈그림 8-2〉 상황별 수용 능력의 차이

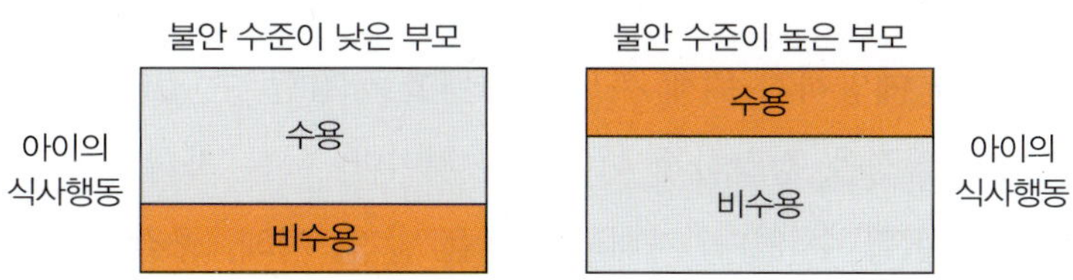

〈그림 8-3〉 부모 간의 수용 능력의 차이

(2) 문제의 소유자 가려내기

문제의 소유자란 불편감을 느끼는 사람, 관계에 문제가 있다고 인식하는 사람을 의미한다. 부모–자녀 관계에서는 부모, 자녀 또는 부모와 자녀 모두가 문제를 소유할 수 있다. 문제를 가진 사람은 불편함을 느끼지만 문제를 소유하지 않은 사람은 평온한 상태에 있다. 부모 효율성 훈련에서는 문제를 소유한 사람이 누구인지에 따라 반영적 경청, 나–전달법, 무승패법을 해결책으로 제시하고 있다.

① 반영적 경청

반영적 경청(reflective listening)은 자녀가 문제를 가지고 있을 때 사용하는 방법이다. 반영적 경청은 자녀에게 들은 것을 되돌려 반영해 주며 듣는 방법이다. 자녀가 학교에서 있었던 일을 이야기할 때 자녀의 감정을 파악해 언급하며 듣는 것은 반영적 경청의 좋은 예이다. 반영적 경청을 실천하기 위해서는 자녀의 이야기에 집중해야 한다. 그리고 자녀의 표정과 태도, 이야기에 담긴 자녀의 감정을 정확히 이해하고 표현해 주어야 한다. 반영적 경청을 사용함으로써 부모는 자녀가 스스로 문제를 해결하도록 지원할 수 있다. 반영적 경청은 다음의 세 단계로 구성이 된다.

- 1단계 : 자녀가 말이나 얼굴 표정, 신체적 표현을 통해 문제를 가지고 있다는 단서를 전달한다.
- 2단계 : 부모는 관찰한 단서를 해독하여 자녀의 느낌이나 생각을 피드백한다.
- 3단계 : 자녀는 부모의 피드백을 긍정하여 계속 진행하거나 좀 더 확실한 암호를 보내고자 한다.

반영적 경청은 문제의 소유자인 자녀를 돕는 효과적인 방법이지만 잘못 사용될 경우 부모–자녀 관계를 어렵게 만들거나 자녀의 문제를 경감시키는 데 도움이 되지 않을 수 있다. 이런 문제를 예방하기 위해 부모는 자녀를 공감할 수 있어야 한다. 반영적 경청의 핵심은 자녀의 감정을 정확하게 이해하는 것이다. 이는 자녀의 입장에 서서 이야기를 들을 때에만 성취될 수 있다. 자녀의 감정을 발견, 이해, 공감했다면 이를 수용해야 한다. 이야기를 들으며 자녀의 감정을 알아차렸다 할지라도 감정을 수용하지 못하고

'그렇게 느낄 필요 없어'라는 식으로 반응한다면 반영적 경청은 효과를 내지 못한다. 마지막으로, 부모는 자녀의 감정을 되돌려 줄 때 가설의 형태로 표현해야 한다. 아무리 대화에 집중하고 충실하게 공감한다 할지라도 누군가의 마음을 정확하게 이해한다는 건 쉬운 일이 아니다. 또한 자녀의 감정을 정확하게 이해했다 할지라도 단정적이고 확정적인 어투로 표현한다면 자녀의 반감을 야기할 수 있다. 따라서 반영적 경청을 실천할 때에는 자녀의 감정을 가설의 형태로 표현하는 것이 효과적이다.

② 나-전달법

나-전달법(I-message)은 부모가 문제를 가지고 있을 때 효과적인 방법으로, 부모가 자신의 생각이나 감정을 자녀에게 표현하는 기술이다. 자녀의 말, 행동으로 부정적 감정이 발생할 때 나-전달법을 사용함으로써 부모는 솔직하게 감정을 표현할 수 있다. 또한 자녀의 행동이 부모에게 미치는 영향을 비난 없이 표현할 수 있기 때문에 자녀에게 상처를 주지 않을 수 있다.

자녀의 잘못된 행동으로 문제를 갖게 된 많은 부모들이 '너는 도대체 왜 이러니?' 같은 너-전달법(You-message)을 사용하는 실수를 범한다. 너-전달법은 자녀의 자존감을 무너뜨리고 적개심을 갖게 한다. 너-전달법과 달리, 나-전달법은 부모가 자신의 감정을 솔직하게 표현함으로써 자녀가 저항감을 느끼지 않고 부모를 이해하고 도울 수 있게 만든다. 나-전달법은 다음의 세 단계로 이루어진다.

- 행동 : 부모에게 방해가 되는 행동을 말한다. "네가 ~ 하면"
- 느낌 : 자녀의 행동에 대한 부모의 느낌을 말한다. "나는 ~ 라고 느낀다."
- 결과 : 결과를 말한다. "왜냐하면 ~"

예 네가 집에 돌아올 시간이 되었는데 연락 없이 돌아오지 않으면 (행동)
나는 무척 걱정이 된단다. (느낌)
왜냐하면 네가 어디에 있는지, 네게 무슨 일이 생겼는지 모르기 때문이야. (결과)

나-전달법은 보통 위의 세 단계로 실시되지만 반드시 그런 것은 아니다. "너무 시끄러워서 나는 책을 읽을 수가 없구나." 같이 느낌을 넣지 않을 수도 있으며 순서를 바꾸어 느낌→행동→결과 순으로 이야기할 수도 있다. 나-전달법의 핵심은 자녀를 비난하지 않으면서 자녀의 행동이 미치는 영향을 객관적으로 서술하는 데 있기 때문이다. 그리고 나-전달법을 사용할 때에는 행동, 느낌, 결과 외에 다른 말은 하지 말아야 한다. 특히 '~을 해라' 혹은 '하지 마라'는 해결 메시지(해결책)를 덧붙이면 나-전달법은 잔소리로 변질되고 만다. 부모의 나-전달법에 어떻게 반응할 것인지는 자녀의 몫으로 남겨두어야 한다. 나-전달법을 사용할 때에는 부모를 불쾌하게 만들고 부모가 문제를 갖게 만드는 것은 자녀가 아니라 자녀의 행동이란 사실을 주지해야 한다.

Box 8-3

나-전달법 연습

다음의 상황에서 나-전달법을 적용해 봅시다. 부모를 불편하게 하는 자녀의 행동이 무엇이고 이에 대한 부모의 감정은 어떠한지, 자녀의 행동으로 인해 어떤 결과가 나타나는지를 적어봅시다. 그리고 나-전달법을 사용해 자녀와 의사소통해 봅시다. 정답은 〈부록〉에 실려 있다.

상황	부모를 불편하게 하는 자녀의 행동	자녀의 행동에 대한 부모의 느낌	자녀 행동의 결과	나-전달법(부모의 바람직한 반응)
자녀가 일찍 들어와 집안일을 돕기로 약속했지만 늦게 귀가했다.				
집안 청소를 끝내자마자 자녀가 다시 어지르고 있다.				

③ 제3의 방법 : 무승패법

반영적 경청과 나-전달법을 사용해 부모-자녀 간의 갈등을 해결하지 못했다면 무승패법(no-lose method)을 적용할 수 있다. 부모는 자녀보다 우월하고 힘이 있다는 생각에 기초해 자녀에게 순종을 요구하는 '제1의 방법', 자녀가 원하는 것을 허용하고 자녀를 통제하길 포기하는 '제2의 방법'과 달리, '제3의 방법'인 **무승패법**은 아동에게도 자신의 행동에 책임질 능력이 있다는 신뢰를 바탕으로 한다.

'제1의 방법'으로 문제를 해결할 때 승자는 부모가 되며 '제2의 방법'에서 승자는 자녀가 된다. 그러나 '제3의 방법'에는 승자와 패자가 존재하지 않는다. 이에 무승패법이라 불리며, 이 방법을 사용하는 부모는 해결책을 찾는 데 자녀를 적극적으로 개입시키고 자녀와 협력하여 문제 해결 방법을 결정한다. 무승패법을 통해 결정된 문제 해결책은 자녀와 부모가 합의한 결정이므로 부모와 자녀 모두 해결책 실천에 불만을 갖지 않을 수 있다. 무승패법을 통해 해결 방안을 모색하는 과정은 자녀의 인지 발달을 촉진하며 문제 해결 능력 향상에 기여한다. 또한 자녀에게도 문제 해결에 책임이 있음을 알려주기 때문에 자녀의 자율성과 책임감이 촉진된다는 장점이 있다. 무승패법은 다음의 여섯 단계로 이루어진다.

- 1단계(문제 정의하기): 부모는 자녀에게 우리 둘 모두의 바람을 충족시키는 문제 해결 방안을 찾을 것이라고 말하며 지금의 문제를 정의한다.
- 2단계(해결책 모색): 다양한 문제 해결책들을 찾아 기록한다.
- 3단계(해결책 평가): 앞서 제안된 해결책들이 실행 가능한지, 부모와 자녀의 욕구를 모두 만족시키는지 평가한다.
- 4단계(해결책 선택): 해결책들 중 부모와 자녀가 모두 동의하는 해결책을 선정한다.
- 5단계(해결책 실천하기): 누가, 무엇을, 언제, 얼마나 자주, 어떻게 할 것인지 결정하고 해결책을 실천에 옮긴다.
- 6단계(해결책 평가하기): 실천한 해결책의 성과를 평가한다. 해결책이 만족스럽지 않았다면 다시 해결책을 모색하고 실천하는 과정을 반복한다.

무승패법이 반드시 위의 여섯 단계를 거쳐 실시되어야만 하는 것은 아니다. 해결책 선택 단계에서 부모와 자녀 모두 만족할 만한 해결책을 찾지 못했다면 해결책 모색 단계로 되돌아가 다시 해결책을 찾아볼 수도 있다. 고든은 무승패법을 사용하는 데 있어 다음과 같은 점을 고려해야 한다고 하였다.

- 반영적 경청이나 나-전달법의 기술을 먼저 사용한 후에 무승패법을 실시한다. 반영적 경청, 나-전달법에 대한 경험이 없는 자녀는 무승패법 과정에 참여하길 꺼

리기 때문이다.

- 무승패법은 문제를 해결하는 데 있어 상처받는 사람, 승자와 패자가 있어서는 안 된다는 것을 전제로 한다. 따라서 자신의 뜻대로 상대를 이끌어 가려는 의도로 무승패법을 사용해서는 안 된다.
- 여러 가지 해결책이 제시되어야 하며 결정된 해결책을 자녀가 이행하지 않더라도 벌을 주거나 비난하지 말아야 한다. 대신 나-전달법을 사용해 자녀 행동에 대한 감정을 표현하거나 자녀와 상의하여 앞으로 어떻게 할지를 결정해야 한다.

4 상호교류 분석 이론

정신과 의사인 번(Berne)은 프로이드(Freud)의 정신분석 이론에 관심을 가지고 있었다. 그는 환자에 대한 치료 경험을 토대로 인간의 성격은 사회적 상호작용과 관련이 있음을 깨달았다. 그리고 인간관계에서의 의사소통 및 상호교류 양식에 초점을 둔 이론을 창시하였다. 상호교류는 의사소통 과정에서 한 사람이 보내는 자극에 대해 다른 사람이 반응하는 것을 말한다. 즉, 상호교류 분석(transactional analysis: TA)은 다른 사람과의 상호작용을 분석하는 방법이다. 번은 상호교류에 아동자아, 부모자아, 성인자아라는 자아 상태가 관여한다고 보고 자아 상태 간의 교류패턴을 분석함으로써 개인을 변화시키고 대인 갈등을 감소시킬 수 있다고 하였다.

1) 기본 원리

상호교류 분석은 개인의 인성에서 자아 상태 간의 교류적 측면을 강조한다. 인간은 다른 사람과의 상호교류를 통해 자신의 욕구를 충족시키는 방식으로 행동하는데 이 과정에서 개인의 자아 상태는 중요한 의미를 갖는다.

(1) 자아 상태의 이해

사람은 상대방이 보내는 언어적 자극에 반응한다. 외적으로 표현되는 언어적 자극과 반응 이외에, 마음속에서 일어나는 내적 언어의 형태를 가진 자극과 반응도 있다. 이러한 내적 언어를 자아라고 한다. 자아 상태는 세상에 대한 느낌, 행동과 반응, 정보처리의 총체를 뜻하는 용어로 부모자아(parent ego: P), 아동자아(child ego: C), 성인자아(adult ego: A)로 구분된다.

① 자아 상태의 구조

모든 사람은 세 가지 자아 상태를 가지고 있는데 상황에 따라 각각 다른 자아 상태가 개인의 행동을 지배하게 된다. 이는 우리 안에 어린 아이와 이 아이를 양육하고 통제하는 부모가 함께 있는 것으로 비유할 수 있다.

가. 부모자아

부모자아는 부모나 형제, 권위 있는 사람들, 기타 자신의 행동에 영향을 미친 사람들을 통해 학습된 태도나 지각이 내면화된 것이다. 즉, 부모자아에는 사회적 규칙, 규범, 예절, 윤리, 태도, 전통 등이 포함되어 있다. 이러한 정보는 비판이나 평가 과정 없이 기록된 것으로, 행동을 명령, 금지하는 기능을 한다. 어려서부터 보아 온 부모의 의사결정 방식이나 양육태도, '이런 일은 절대 해서는 안 된다', '이런 일은 반드시 해야만 한다'와 같은 언어적 통제나 지시를 포함한다. 이는 우리 내부에서 진리로 인식되며, 우리가 사회구성원으로 적응할 수 있게 돕는 역할을 한다.

부모자아는 비판적 부모자아(critical parent ego: CP)와 양육적 부모자아(nurturing parent ego: NP)로 구분된다. 비판적 부모자아는 우리에게 해야 할 것과 하지 말아야 할 것, 명령과 간섭을 제공한다. 비판적 부모자아가 지나치게 기능하는 사람은 타인을 통제하고 지배하려는 태도를 나타낸다. 양육적 부모자아는 타인에 대한 돌봄, 관심과 관련된 것으로 다른 사람과 온정적인 관계를 맺는 데 기여한다. 그러나 지나치면 상대를 과잉보호하고 의존적으로 만들 수 있다.

나. 아동자아

아동자아에는 영아기, 유아기, 아동기 때 보고 들은 것, 직접 느끼고 행동했던 것이 기록되어 있다. 부모자아가 생활에 대해 학습된 개념이라면, 아동자아는 생활에 대한 느낌과 기본적 욕구, 어린 시절의 창의성과 유쾌함에 관한 감정적 개념이다. 우리가 지금도 어렸을 때의 감정이나 행동을 느낄 수 있는 이유는 우리 안에 아동자아가 존재하기 때문이다.

아동자아는 자유로운 아동자아(free child ego: FC)와 순응적 아동자아(adapted child ego: AC)로 구분된다. 자유로운 아동자아는 구속받지 않고 자유롭게 행동하는 경향, 호기심과 창의성의 토대가 된다. 하지만 지나칠 경우에는 자신을 통제하지 못하고 즉흥적·충동적·이기적으로 행동하게 되는 경향이 있다. 순응적 아동자아는 규범을 따르고 타인에게 순종하는 반응과 관련이 있다. 순응적 아동자아는 사회 적응에 도움이 되지만 타인을 즐겁게 하고 타인에게 자신을 맞추는 기능을 하기 때문에 지나치면 정서적 문제를 야기할 수 있다.

다. 성인자아

생후 약 10개월 이전의 아동에게는 부모자아와 아동자아만 존재한다. 이후 신체 발달을 이루면서 아동은 자신이 원하는 것을 해낼 수 있음을 알게 되고 초기 형태의 **성인자아**를 확립한다. 성인자아는 정보와 자료를 획득하고 처리, 판단, 결정하는 일에 관여한다. 부모자아와 아동자아를 중재하며 부모자아와 아동자아로부터 수집한 자료들을 처리하고 결정하는 역할을 한다. 즉, 성인자아는 다양한 정보를 획득하고 평가하여 어떤 일을 합리적으로 처리하는 기능을 한다. 그러나 성인자아가 지나치게 작동할 때에는 냉정하고 무감각하며 감정이 없는 상태가 될 수 있다.

Box 8-4

자아 상태의 구조

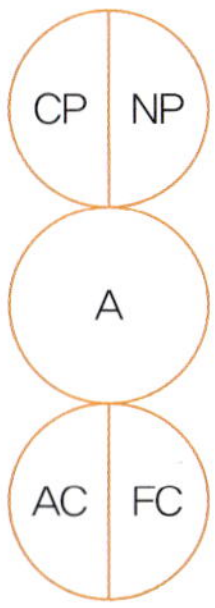

CP: 비판적 부모자아(critical parent ego)
NP: 양육적 부모자아(nurturing parent ego)
A: 성인자아(adult ego)
AC: 순응적 아동자아(adapted child ego)
FC: 자유로운 아동자아(free child ego)

② 자아 상태의 교류

부모-자녀 간의 상호교류 과정에서 일어나는 의사소통은 상보적 교류, 교차적 교류, 암시적 교류로 구분할 수 있다. 교류 형태는 의사소통 과정에 자아 상태가 어떤 방식으로 관여하는지에 따라 결정된다.

가. 상보적 교류

상호 간의 교류에 두 가지 자아 상태만이 포함되어, 자극과 반응이 평행적으로 오가거나 상호보완적인 형태로 오가는 것을 **상보적 교류**라고 한다. 부모와 자녀가 대화하는 상황을 가정해 보자. 부모가 성인자아 수준에서 언어적 자극을 보낼 때 자녀도 성인자아 수준에서 반응하거나 자녀가 아동자아 상태에서 자극을 보낼 때 부모도 아동자아 상태에서 반응한다면 이는 상보적 교류로 간주된다. 그리고 부모가 부모자아 수준에서 언어적 자극을 보냈고 이에 자녀가 아동자아 상태에서 반응한 것도 상보적 교류로 분류된다. 이처럼 부모-자녀 간의 대화가 부모자아 대 부모자아, 성인자아 대 성인자아, 부모자아 대 부모자아, 아동자아 대 아동자아, 부모자아 대 아동자아 상태로 평행하게 오간다면 의사소통은 원활하게 이뤄진다. 상보적 교류 시에는 갈등과 충돌이 나타나지 않기 때문에 원만한 관계를 유지할 수 있다.

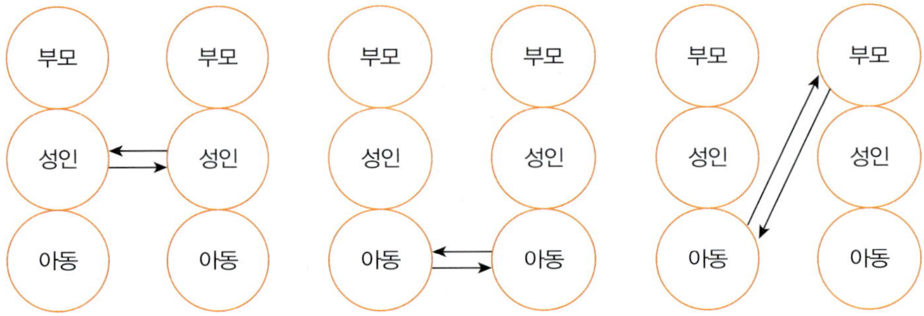

〈그림 8-4〉 상보적 교류의 예

상보적 교류의 예 1) 어머니 : 너희 학교는 몇 시에 시작하니? (성인자아)
자　녀 : 8시 30분에요. (성인자아)

상보적 교류의 예 2) 아버지: 이 닦고 잠자리에 들 시간이야. (부모자아)
자　녀: 네, 지금 닦을게요. (아동자아)

나. 교차적 교류

의사소통에서 주고받는 자극과 반응이 평행한 상보적 교류와 달리, **교차적 교류**는 자극과 반응에 관여하는 자아 상태가 서로 교차하는 형태이다. 예를 들어, 어머니는 자녀에게 성인자아 상태로 자극을 보냈지만 이에 대해 자녀가 아동자아 상태로 반응한다면 교차적 교류가 일어난 것이다. 교차적 교류가 일어나면 의사소통이 중단되거나 논쟁, 갈등이 발생한다.

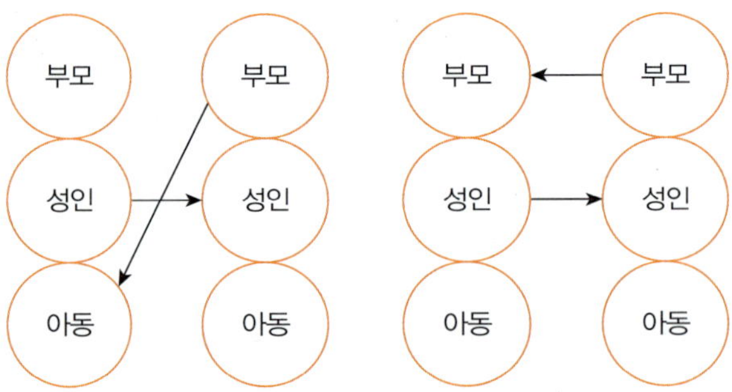

〈그림 8-5〉 교차적 교류의 예

교차적 교류의 예 1) 어머니 : 오늘 숙제는 많지 않니? (성인자아)

자　녀 : 몰라요. 숙제는 생각하기도 싫어요. (아동자아)

교차적 교류의 예 2) 남　편: 내 서류 봉투 못 봤어요? (성인자아)

아　내: 왜 자기 물건을 못 챙겨요? 물건 좀 잘 챙기세요.(부모자아)

다. 암시적 교류

상보적 교류와 교차적 교류는 겉으로 드러나는 자아 상태의 교류이다. 반면 **암시적 교류**는 겉으로 보이는 것과 다른 자아 상태의 교류가 내부에서 일어나는 것을 말한다. 즉, 표면상으로는 상보적 교류나 교차적 교류인 것처럼 보이지만 이면에서는 다른 심리적 메시지를 보내는 것으로 이면 교류라고도 한다. 암시적 교류에서 겉으로 표현되는 자극과 반응을 묶어 사회적 메시지라고 하며 이면에서 오가는 자극과 반응을 심리적 메시지라고 한다.

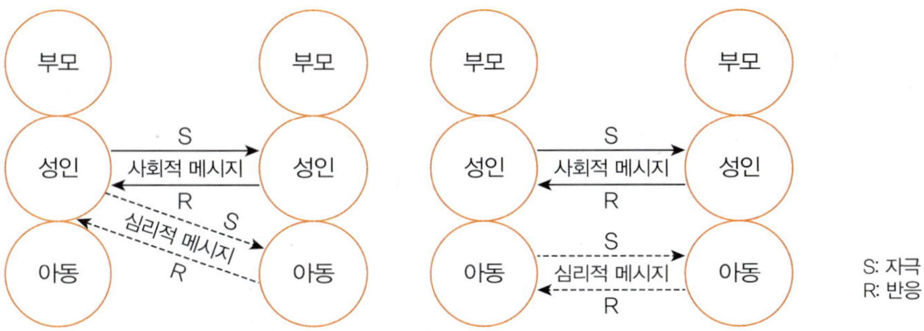

〈그림 8-6〉 암시적 교류의 예

암시적 교류의 예)

	사회적 메시지	심리적 메시지
어머니 :	학교 갈 시간이다. (성인자아)	지각할지 모르는데 왜 서두르지 않니! (부모자아)
자　녀 :	예, 알았어요. (성인자아)	알았다니까요! (아동자아)

Box 8-5

상보적 의사소통 연습

아래 제시된 자녀의 자아 상태를 파악해 본 후, 자녀의 자아 상태에 맞는 상보적 의사소통을 연습해 봅시다. 정답은 <부록>에 수록되어 있다.

자녀가 보내는 자극	자녀의 자아 상태	상보적 소통을 위한 부모의 자아 상태	부모로서 바람직한 반응
엄마, 오늘 저녁식사는 몇 시에 하나요?	성인자아	성인자아	
오늘은 아빠와 신나게 놀고 싶어요.	아동자아	부모자아	
		아동자아	

5 행동수정 이론

행동수정은 인간의 행동이 학습된다고 보는 행동주의 이론에 근거한다. 행동수정에서는 인간의 성장이 외부 환경을 통한 학습으로 달성된다고 보기 때문에 생득적 역량이나 유전 소인보다는 환경적 요인을 중요하게 생각한다. 이런 행동주의의 기본 이념에는 로크(Locke)의 '백지(tabula rasa) 상태' 개념이 잘 반영되어 있다. 출생 시 무기력하고 무능력한 상태인 신생아는 무한한 가능성을 가진 백지와 같으며 이는 인간 발달이 유전 소인에 의해 통제되지 않는다고 보는 관점으로 성숙론에 비해 개방적인 시각이라 할 수 있다.

행동주의에 기초한 행동수정 이론은 프로이드의 정신분석 이론에 대해 비판적이다. 행동주의자들은 정신분석이 인간 발달을 설명한 첫 시도라는 점에서 가치가 있지만 무의식, 꿈 해석, 자유연상과 같은 관찰 불가능한 개념에 치중했다는 점을 비판한다. 미국의 행동주의 창시자인 왓슨(Watson)은 과학적 연구의 대상은 우리가 직접 관찰할 수 있는 행동으로 제한되어야 한다고 주장하였다.

1) 행동수정의 기법

초기에 행동수정 기법은 장애아동의 자기관리 행동이나 생활운영 능력 향상을 위해 사용되었다. 이후 일반아동에게 바람직한 행동을 학습시키기 위한 수단으로 활용되기 시작하여 최근에는 부모교육, 교육현장 및 아동상담현장에서 폭넓게 사용되고 있다. 행동수정 기법은 바람직하지 못한 행동을 감소 내지는 소거하기 위한 것과 바람직한 행동을 더 자주 할 수 있게 촉진하는 것으로 구분해 볼 수 있다.

(1) 바람직하지 못한 행동을 감소시키는 방법

① 벌

벌은 아동의 행동 이후에 제시되어 그 행동이 일어날 확률을 감소시킨다. 즉, 아동의 행동 뒤에 혐오 자극을 제시하여 바람직하지 않은 행동을 감소시키거나 소거시키는 방법을 의미한다. 벌은 부모들이 자녀 양육에서 전통적으로 사용해 온 방법 중 하나이다. 그러나 아동 권익에 대한 인식이 발전하면서 벌의 사용에 대해 여러 가지 논란이 있어 왔다. 그간 벌은 아동의 공격성을 증가시킬 수 있다는 것이 확인되었고 벌을 자주 받는 아동은 벌을 피하기 위해 거짓말, 고자질 등 바람직하지 못한 행동을 할 수 있다는 사실이 알려졌다. 또한 벌은 받는 아동만 반복해서 받게 된다는 사실을 통해 벌의 효과가 일시적·제한적임을 알 수 있다.

② 소거

소거는 어떤 행동에 강화가 주어지지 않으면 그 행동은 사라진다는 원리에 근거한다. 즉, 아동이 부적절한 행동을 할 때 관심을 보이지 않으면 아동은 부적절한 행동을 반복하지 않게 된다는 원리이다. 부모는 소거를 실천함에 있어 자녀의 행동을 강화시키는 요인이 무엇인지를 정확히 파악해야 한다. 아동에게는 어른들이 예상치 못한 것도 보상으로 작용할 수 있기 때문이다. 예를 들어, 부모의 관심을 충분히 받지 못한다고 느끼는 아동은 문제행동에 대해 부모가 제공하는 벌이나 잔소리를 관심, 주목으로 받아들일 수 있다. 이 경우에는 행동에 관심을 보이지 않고 무시함으로써 문제행동을 소거할 수 있다.

③ 포화

좋은 것도 지나치면 싫증이 난다는 원리를 행동수정에 적용한 것이 **포화**이다. 아동이 행하는 문제행동을 실컷 할 수 있는 환경을 조성해 줌으로써 그 행동을 더 이상은 하고 싶지 않게 만들어 주는 방법이다. 포화를 적용할 때에는 아동의 행동이 위험을 초래할 염려는 없는지 먼저 체크해 보아야 한다.

④ 고립

고립은 아동을 문제행동 상황에서 격리, 배제하는 것으로 타임아웃으로 불리기도 한다. 즉, 현재 아동이 처해 있는 상황이 문제행동을 유발시키는 요인으로 작용한다고 판단될 때 아동을 현 상황에서 떨어뜨려 놓는 것이다. 아동이 고립, 격리되는 곳에는 아동이 좋아하는 물건이나 사람, 아동에게 공포감을 주는 것이 없어야 한다.

⑤ 반응대가, 권리박탈

잘못된 행동을 한 아동의 권리를 박탈해 행동을 교정하는 방법이다. 귀가시간을 어겼을 때, 다음 1주간 외출을 금하거나 수업시간에 떠드는 아동의 노는 시간을 2분씩 박탈하는 것을 예로 들 수 있다.

⑥ 대체행동의 강화

문제행동과 공존할 수 없는 다른 행동(대체행동)을 하게 함으로써 문제행동을 하지 못하게 하는 방법이다. 문제행동과 반대되는 행동 또는 문제행동과 동시에 할 수 없는 행동이 대체행동으로 활용된다. 여가 시간이 생기면 동생을 괴롭히는 아동이 있다고 하자. 동생을 잘 돌봐주는 행동을 강화하는 것이나 여가 시간에 동생과 붙어 있게 하는 대신 밖에 나가 놀도록 하는 것이 대체행동 강화의 예이다.

⑦ 체계적 둔감법

불안이나 회피의 대상이 되는 자극에 점진적으로 노출시켜 불안을 줄여가는 것이다. 예를 들어, 사람들 앞에서 말을 하는 것에 불안을 느끼는 증상을 없애고자 한다면 불안을 덜 야기하는 상황부터 시작하여 점점 높은 수준의 불안을 야기하는 상황에 순차적으로 노출시킨다. 처음에는 친구들이 이야기하는 것을 듣기만 하도록 지도하고, 여기에 익숙해지면 친구들 이야기에 공감을 표해보게 한다(예: 맞아, 그래). 불안을 느끼지 않고 이 과업을 수행할 수 있다면 친구들 앞에서 자신에 관한 사소한 것을 이야기해 보게 하고 이후에는 소그룹에서 발표를 해 보게 할 수 있다. 이처럼 약한 강도의 불안으로부터 강한 정도의 불안을 야기하는 상황에 점진적으로 노출시켜 불안이나 공포를 감소시키는 것이 **체계적 둔감법**이다. 만약 아동이 어떤 것에 대해 매우 높은 수준의 불안을 나타낸다면, 실제 상황에 노출시키기에 앞서 사진이나 그림, 상상을 통해 불안에 적응하게 해야 한다. 고소공포가 매우 심한 아동을 높은 곳에 직접 데려 가기에 앞서 높은 곳에 올라간 자신을 상상해 보게 하는 것이 좋다.

(2) 바람직한 행동을 형성하는 방법

① 정적 강화와 부적 강화

강화는 긍정적인 행동을 증가시키기 위해 제공하는 보상으로, **정적 강화**와 **부적 강화**로 구분된다. 정적 강화는 바람직한 행동을 했을 때 제공되며 칭찬, 포옹, 용돈, 사탕, 놀이시간 주기가 그 예이다. 부적 강화는 아동이 바람직한 행동을 했을 때 아동이 싫어하는 것을 제거해 주어 바람직한 행동을 증가시키는 것이다. 방 청소 면제, 공부시간 감면을 예로 들 수 있다. 긍정적인 행동이 나타난 즉시 강화물을 제공하는 것이 좋으며 아동이 좋아하는 것, 원하는 것을 강화물로 선정해야 효과를 거둘 수 있다.

② 행동형성과 행동연쇄

행동형성은 단번에 학습하기 어려운 행동을 가르칠 때 사용된다. 아동의 학습시간을 조금씩 늘리고 잘 해낸 것에 대해 보상을 제공하는 것을 예로 들 수 있다. **행동연쇄**는 목표행동을 몇 개의 단계로 나누어 점차적으로 최종 목표행동에 접근하도록 지도하는 방법이다. 식사 후 자신의 식기를 치우고 자리를 정돈하는 행위는 자리에서 일어나기(1단계), 의자를 식탁 밑으로 넣기(2단계), 식기와 수저를 챙겨 주방으로 가기(3단계), 정해진 장소에 식기와 수저를 넣기(4단계)로 나누어 볼 수 있다. 이런 복합적인 행동을 아동에게 가르칠 때에는 먼저 1단계의 행동을 가르치고 잘 수행한다면 보상을 제공한다. 이어서 2단계 행동을 가르치고 잘 수행하면 역시 보상을 제공한다. 같은 방식으로 이후 단계의 행동을 가르치고 마지막 단계에 도달하면 목표행동 학습을 완료한 것으로 본다. 여러 단계로 구분되는 복잡한 행동의 연쇄는 마지막 단계에서부터 첫 단계로 가르치는 역순행동연쇄가 효과적인 경우도 있다.

③ 용암법

용암법은 자극을 주고 반응을 유도하는 행동수정 방법으로 지적장애나 자폐스펙트럼장애 아동 교육에 특히 유용하다. 반향어를 사용하는 자폐스펙트럼장애 아동에게 과일 이름을 가르치는 상황을 가정해 보자. 아동에게 사과 그림을 제시하고 '이게 뭐니?'라고 물으면 아동은 '사과'라고 답하는 대신 '이게 뭐니?'라는 물음을 그대로 따라 할 것이다. 이럴 때 용암법을 적용해 '이게 뭐니?'라고 묻고 아동이 답하길 기다리지 말고 즉시 '사과'라고 말해 준다. 이렇게 하면 아동은 '이게 뭐니?'라는 질문 대신 '사과'라는 말을 따라 할 수 있다. 이 과정을 반복하면서 처음에는 큰 소리로 '사과'라고 말해 주다가 나중에는 작은 소리로 말해 주고 마지막에는 입 모양만 보여주는 식으로 자극의 강도를 줄여간다.

④ 토큰 강화

다른 강화물과 짝지어졌을 때 강화물로서의 효과를 갖는 자극을 조건 강화자극이라 한다. 용돈, 사탕, 칭찬처럼 그 자체로 가치 있는 강화물은 아니지만, 성인이 정한 양을 다 모으면 원하는 것으로 교환해 가치를 갖게 되는 조건 강화자극을 **토큰**이라고 한다. 정해진 양만큼 토큰을 모으면 아동이 원하는 것이나 원하는 활동을 제공해 준다. 토큰을 모아 얻게 되는 물건이나 활동을 후속 강화자극이라고 한다.

생각해 볼 문제

01 이번 장에서 배운 부모교육 이론의 장점과 한계점을 알아보자.

02 이번 장에서 배운 부모교육 이론 중 한 가지를 선택하여 이론의 주요 원리(예: 반영적 경청, 나-전달법, 토큰 강화)를 아동에게 적용해 보자.

Chapter 9

부모교육 프로그램

1. 체계적 부모 효율성 훈련
2. 적극적 부모훈련
3. 자녀가 경청하는 대화하기
4. 부모 효율성 훈련
5. 주장훈련
6. 자녀의 힘을 북돋우는 부모훈련

자녀 양육에 지침을 주기 위해 세계적으로는 1970년대부터 우리나라에서는 1980년대부터 많은 부모교육 프로그램들이 개발되었다. 서로 다른 이론에 기초하고 있지만 이들 프로그램은 공통적으로 아동의 기본적인 욕구를 충족시키고 체벌, 명령, 비난 대신 격려와 상호존중에 기초한 대화 활용을 강조하고 있다. 또한 부모가 온정적이고 수용적인 양육태도를 갖게 하는 데 중점을 두고 있다. 부모교육 프로그램은 책, 비디오 자료, 워크숍을 통해 부모에게 보급되어 왔으며 최근에는 온라인 워크숍을 통해서도 교육을 제공하고 있다. 본 장에서는 앞서 제시한 부모교육 이론에 근거하여 널리 활용되고 있는 부모교육 프로그램에 대해 살펴볼 것이다. 체계적 부모 효율성 훈련, 적극적 부모훈련, 자녀가 경청하는 대화하기, 부모 효율성 훈련, 주장훈련, 그리고 자녀의 힘을 북돋우는 부모훈련 프로그램의 이론적 토대와 교육내용에 대해 알아볼 것이다.

학습 목표

1. 체계적 부모 효율성 훈련, 적극적 부모훈련, 자녀가 경청하는 대화하기, 부모 효율성 훈련, 주장훈련, 자녀의 힘을 북돋우는 부모훈련 프로그램의 구성과 내용을 이해한다.
2. 체계적 부모 효율성 훈련, 적극적 부모훈련, 자녀가 경청하는 대화하기, 부모 효율성 훈련, 주장훈련, 자녀의 힘을 북돋우는 부모훈련 프로그램의 기본 원리를 실천할 수 있다.

1 체계적 부모 효율성 훈련

체계적 부모 효율성 훈련(Systematic Training for Effective Parenting: STEP)은 아들러(Adler)와 그의 제자인 드레이커스(Dreikurs)의 이론에 기초해 딩크마이어(Dinkmayer)와 맥케이(Mckay)가 개발한 프로그램이다. 딩크마이어와 맥케이에 의해 1973년 『책임 있는 자녀를 키우는 법』이 출간되었고 1976년에는 여러 부모교육의 방법을 통합한 STEP 프로그램이 개발되었으며 1989년 들어서 개정되었다. 우리나라에는 1985년 이경우가 『당신도 유능한 부모가 될 수 있다』라는 제목으로 번역해 소개하였다.

아들러와 드레이커스는 **격려, 상호 존중, 평등한 관계**를 추구하는 민주적인 가정 분위기를 중시했다. 인간은 평등한 관계를 유지해야 하는데 이를 위해서는 가정에서의 민주적 학습이 선행되어야 한다고 보았다. 또한 사회적으로 책임감 있는 아이로 양육할 것을 강조했으며 이를 실현하기 위한 지침으로 다음을 제시하였다.

- 부모 자신의 이해와 자녀의 잘못된 행동의 이해를 돕는다.
- 아동의 노력을 격려하여 자신감을 갖게 한다.
- 자녀를 존중하는 의사소통 방법을 장려한다.
- 보상과 처벌 대신에 자연적·논리적 결과를 사용하여 자녀가 행동에 대한 책임감과 판단력을 갖게 한다.
- 부모–자녀 간 민주적 관계 형성으로 자녀가 문제를 스스로 해결할 수 있는 능력을 갖게 한다.

STEP에는 번(Berne)과 기노트(Ginott)의 이론, 행동수정 이론이 반영되어 있다. 하지만 내용의 상당 부분을 차지하는 잘못된 행동의 네 가지 목표나 자연적·논리적 결과의 사용은 드레이커스의 이론에서, 반영적 경청은 의사소통 방법에서, 대안 찾기나 부모의 생각과 느낌을 표현하는 나–전달법은 고든(Gordon)의 이론에서 가져왔다. STEP에서는 9주 동안 주 1회씩 총 9회, 매회 2시간 동안 부모를 교육하는데 그 구체적인 교육 내용은 〈표 9–1〉과 같다.

〈표 9-1〉 STEP의 내용

주	교육 내용
1	– 자녀 행동의 이해 • 자녀의 잘못된 행동을 변화시키고 긍정적인 관계를 형성하는 방법(상호 존중, 즐거운 시간 갖기, 격려, 애정 표현 등)
2	– 자녀와 부모 자신 이해 • 자녀의 행동은 가족, 부모의 영향을 받으므로 자녀를 이해하기 위해 부모 자신을 이해하기
3	– 격려: 자신감과 자아존중감 길러주기 • 자녀의 강점과 장점에 초점 두기
4	– 의사소통: 반영적 경청 • 자녀의 말에 개방적으로 반영하기
5	– 의사소통: 대안 찾기, 부모의 생각과 느낌 표현(나–전달법) • 부모와 자녀 모두 만족할 만한 대안 모색 방법, 나–전달법을 활용한 생각과 느낌 표현하기
6	– 책임감 훈육 방법 • 상/벌 대신 자연적/논리적 결과로 자녀의 행동 통제하기
7	– 자연적/논리적 결과의 활용 • 자연적/논리적 결과를 일상에서 활용하기
8	– 가족모임 • 가족원 모두가 의사소통 과정에 참여하기
9	– 자신감 개발 및 잠재력 발휘 • 자신감과 잠재력을 북돋는 부모의 행동

딩크마이어와 맥케이는 1983년 중·고등학생 자녀를 둔 부모를 위한 STEP/Teen을 개발하였고 1987년에는 STEP과 STEP/Teen을 통해 교육한 기술을 강화할 목적으로 The Next STEP을 개발하였다. 1980년에는 교사를 위한 STEP(systematic training for effective teaching) 프로그램을 개발하였다(정옥분, 정순화, 2016).

2 적극적 부모훈련

1983년 포프킨(Popkin)이 개발한 **적극적 부모훈련**(Active Parenting: AP) 프로그램은 1995년 우리나라에 처음 소개되었다. AP는 아들러, 드레이커스와 로저스(Rogers)의 사상에 기초하며 목표와 교육내용은 아들러와 드레이커스의 이론에 근거해 개발된 STEP 프로그램과 유사하다. 포프킨은 비디오를 활용하는 훈련법이 가장 효과적이며 경제적이라고 생각했기 때문에 프로그램 운영에 이를 적극 활용하게 하였다.

AP에서는 가족 내에서 지도자 역할을 수행해야 할 사람은 아동이 아니라 부모라고 보며 부모역할을 하는 데에는 엄청난 에너지가 소요된다고 간주한다. AP는 가만히 앉아서는 부모역할을 잘 해낼 수 없으며 능력 있는 부모가 된다는 것은 **적극적인 부모, 권위를 가진 부모**가 된다는 것을 의미한다고 본다.

AP 프로그램의 주요 목표는 부모의 자녀교육에 대한 목표를 명료화시키고 부모에게 효율적인 자녀지도 방법을 가르쳐 주는 것이다. 또한 일관성 있는 부모역할 모형을 제시해 줌으로써 자녀 지도에 확신을 가지고 분명하게 행동할 수 있게 한다(Popkin, 1989).

AP 프로그램은 총 6회, 매회 2시간 동안 실시된다. 비디오 테이프, 프로그램 지도교사를 위한 지침, 안내서와 행동 지도서, 소책자, 공고 포스터 등으로 구성되어 있으며 정기회보도 발간하고 있다. AP 프로그램의 핵심은 다양한 상황을 묘사하고 있는 비디오 테이프이다. 이 비디오에는 다양한 민족과 인종, 다양한 형태의 가족 화목 활동, 생활인의 기술 가르치기, 가족회의 방법이 수록되어 있다. AP 프로그램 지도교사는 교육시간 동안 부모들에게 이 비디오를 시청하게 한 후 토론하게 하는 방식으로 부모들을 교육한다. 프로그램을 구성하는 여섯 가지 주제와 각 주제별 주요 내용은 다음과 같다.

〈표 9-2〉 AP 프로그램의 주제와 내용

주제	내용
적극적인 부모되기	왜 적극적 부모훈련인가?
	평등의 개념
	부모됨의 형태
	우리가 키우고자 하는 아이들은 어떤 아이들인가?
	가족을 강화시키기 위한 활동
자녀 이해하기	자긍심 키우기
	아동 행동의 네 가지 목표
	드레이커스의 잘못된 행동의 네 가지 목표
	부모됨과 화냄
용기 북돋우기	좌절감을 야기하는 행동 피하기
	격려의 방법
책임감 발전시키기	정해진 한계 내에서의 자유
	부모를 위한 문제 해결 방식
	문제를 소유한 사람은 누구인가?
	나-전달법
	자연적 · 논리적 결과
	상호 존중
협력을 구하기	의사소통: 협력으로 가는 길
	의사소통
	적극적인 의사소통
	애정 표현하기
민주사회에서의 적극적인 부모	가족회의
	집단 속에서 문제를 다루는 법
	가족단위 강조하기

출처: Popkin(1989).

3 자녀가 경청하는 대화하기

자녀가 경청하는 대화하기(how to talk so kids will listen)는 기노트(Ginott)의 긴 상담 경험이 녹아 있는 프로그램이다. 1980년 페이버(Faber)와 마즐리시(Mazlish)에 의해 개발되었으며 인본주의적 관점에 기초한다. 부모–자녀 간의 문제는 **의사소통**에서 비롯된다고 전제하기 때문에 부모에게 올바른 대화방법을 교육하여 부모–자녀 관계를 향상시키는 것을 목표로 한다. 프로그램의 내용은 다음과 같다.

① 자녀가 자신의 감정을 해결하도록 도와주기

부모가 자녀의 감정을 부정하면 자녀는 혼란을 느끼고 화를 내게 된다. 부모는 자녀의 감정을 부정하는 데에서 벗어나 자녀의 감정을 있는 그대로 수용함으로써 자녀가 스스로 자신의 감정을 다루게 할 수 있다. 자녀의 이야기 경청하기, 자녀의 감정 표현 수용하기, 기쁨·슬픔 등 자녀가 표현한 감정을 명명하기(이름 붙이기), 자녀가 원하는 것을 상상을 통해 이룰 수 있게 하기로 자녀가 자신의 감정을 해결하게 돕는다.

② 협력하기

– 협력을 방해하는 부적절한 방법
  - 비난과 저주 : 넌 다른 사람은 전혀 배려하지 않는구나. 네가 커서 뭐가 되겠니.
  - 단정해서 말하기 : 너 같은 아이는 세상에 없을 거다.
  - 협박 : 당장 이걸 하지 않으면 오늘 쉬는 시간은 없어.
  - 명령 : 빨리 이걸 해라!
  - 비교 : 언니 좀 봐라. 넌 언니만큼 못하겠니?
  - 야유 : 그렇게 잘 아는 애가 이렇게밖에 못하니?

– 협력을 유도하는 다섯 가지 기술
  - 본 것이나 문제점을 서술하기
  - 정보 제공하기
  - 한 마디로 말하기

- 부모 자신의 감정에 대해 말하기
- 쪽지 쓰기

③ **벌에 대한 대안 제시하기**

자녀에게 벌을 주는 것은 비효과적이므로 대체되어야 한다. 도움이 되는 방법을 제시하거나 자녀의 마음이 상하지 않는 방식으로 거절을 표현하는 것, 부모가 기대하는 바를 정확하게 말해 주는 것, 자녀가 선택하게 하는 것, 자녀가 잘못된 행동의 결과를 경험하게 하는 것 같은 대안을 활용할 수 있다.

④ **자율성 격려하기**

자녀가 결정하게 하고 자녀의 노력을 존중하며, 지나치게 많은 질문을 하지 않고 질문에 즉각 답하는 대신 생각을 되물음으로써 자녀의 자율성을 격려할 수 있다.

⑤ **칭찬을 효율적으로 사용하기**

부모가 느끼거나 본 것에 대해 인정의 의미를 곁들여 그대로 말하거나 자녀에 대해 느낀 것을 구체적으로 묘사하는 것이 효과적이다(Faber & Mazlish, 1980). 자녀는 부모에게 인정을 받을 때 스스로를 칭찬하고 자존감을 높일 수 있다.

⑥ **자녀를 기존의 역할에서 벗어나게 하기**

'넌 이런 아이야'라고 자녀를 규정해서는 안 된다. 부모는 자녀가 기존의 역할에서 벗어나 자유롭게 생활할 수 있게 지원해 주어야 한다. 자녀가 미처 인식하지 못한 장점을 알려주거나 자신에 대해 긍정적인 말을 하는 것을 듣게 함으로써 자녀를 효과적으로 변화시킬 수 있다. 또한 기존의 방식대로 행동했을 때 부모의 느낌이나 기대를 말해 주는 것도 자녀를 변화시키는 유용한 방법이다.

본 프로그램을 제안한 이후 페이버와 마즐리시는 '경쟁심 없는 형제(siblings without rivalry: how to help your children live together so you can live too)'라는 프로그램도 개발했다. 이 프로그램에는 자녀가 다른 형제와의 관계에서 감정을 다룰 수 있게 하는 방법, 자녀역할에 맞게 도움을 주는 방법, 자녀들 간의 다툼을 다루는 방법, 문제 해결 기술 활용 방법 등이 제시되어 있다.

4 부모 효율성 훈련[1)]

고든이 개발한 **부모 효율성 훈련**(Parent Effectiveness Training: PET) 프로그램은 부모-자녀 간의 **의사소통 기술**을 향상시키는 데 초점을 둔 프로그램이다. PET 프로그램은 부모와 자녀가 효과적으로 대화를 나눌 수 있게 하여 갈등을 없애고 자녀의 문제 해결 능력을 향상시키며 부모-자녀 간 상호 존중 관계를 정립하는 것을 목표로 한다. PET에서 교육하는 대화기법은 부모-자녀 간에 문제가 없을 때뿐만 아니라 어느 한쪽이 문제를 가지고 있는 상황에서도 유용하게 활용될 수 있다. PET의 대화기법은 부모-자녀 간 갈등상황에서 문제를 가진 사람이 누구인지를 확인하고 효과적으로 대화할 수 있게 함으로써 갈등과 문제 해결을 촉진한다. PET에서는 나-전달법, 반영적 경청, 제3의 방법(무승패법: no lose method) 등을 교육한다. 부모가 문제를 가진 경우라면 자녀의 행동에 대한 부모 자신의 느낌을 나-전달법으로 표현하게 하며 자녀가 문제를 가진 상황에서는 부모가 자녀의 이야기를 반영적으로 경청하게 지도한다. 그리고 나-전달법과 반영적 경청이 부모-자녀 갈등 해결에 도움이 되지 않을 때에는 제3의 방법인 무승패법을 적용하도록 교육한다. PET 프로그램은 주 1회씩, 총 8회에 걸쳐 실시되며 주차별 교육 내용은 다음과 같다.

1) PET에 관한 보다 자세한 내용은 8장 부모교육 이론을 참고할 것

〈표 9-3〉 PET의 교육 내용

주	내용
1	PET 소개와 정의, 목표 설정하기: 행동의 네모꼴 도식, 문제가 되는 사람 가리기
2	반영적 경청: 의사소통의 걸림돌을 경험하기
3	유아와 의사소통하기, 감정표현 어휘 찾기, 반영적 경청 실습
4	나-전달법: 나-전달법의 3요소 설명, 나-전달법을 체험하고 인식하기
5	나-전달법의 종류, 유아를 위한 나-전달법, 환경을 재구성하기: 가정환경의 재구성
6	제3의 방법: 갈등 해결하기, 과거의 갈등 해결하기
7	문제 해결의 6단계, 욕구를 언어로 표현하기, 제3의 방법으로 계획하기
8	가치관 대립에 대처하는 기술: 가치관 대립을 인식하기, 자녀의 가치관에 영향 주기

출처: 정옥분, 정순화(2016).

5 주장훈련

행동주의에 기초한 **주장훈련**(assertive discipline)은 주로 사회적 상황에서 경험되는 불안을 감소시키는 데 사용되었다. 아동·가족상담가인 리 캔터(Lee Canter)와 교사인 말린 캔터(Marlene Canter)는 1985년에 주장훈련을 부모교육 프로그램으로 발전시켰다.

주장훈련에서는 인간관계에서 나타나는 행동을 주장행동(assertive behavior)과 비주장행동(nonassertive behavior)으로 구분한다. **주장행동**은 타인에게 피해를 주지 않는 방식으로 자신의 의견, 권리, 느낌을 표현하는 학습된 행동이다. **비주장행동**은 타인에게 피해를 미치더라도 자신의 의견, 욕구, 권리 등을 표현하는 공격적인 행동과 자신이 원하는 바를 표현하지 못하는 소극적 행동으로 구분된다. 주장훈련에서는 인지적·정서적·행동적 요인으로 인해 비주장적인 행동을 하게 된다고 본다. 즉, 부모가 어떤 것이 주장적인 행동인지를 모르거나(인지적 요인) 불안이 높고 위축되어 있거나(정서적 요인) 원하는 바를 실천에 옮길 능력이 없기(행동적 요인) 때문에 자녀와 성공적으로 상호작용하지 못한다고 간주한다. 이에 주장훈련 프로그램에서는 부모에게 주장행동과 관련된 인지·

정서·행동적 요인에 대해 설명하고 자녀에 대해 주장적으로 행동할 수 있는 방법을 교육한다. 주장훈련 프로그램의 내용 및 전반적 절차는 다음과 같다.

① 소극적 행동, 주장적 행동, 공격적 행동의 구분

- 소극적 행동: 자신의 권리를 옹호하지 못하는 행동
- 주장적 행동: 상대방의 권리를 침해하지 않는 범위 내에서 자신의 권리를 옹호하는 행동
- 공격적 행동: 상대방의 권리를 침해하면서까지 자신의 권리를 내세우는 행동

② 비주장적 행동(소극적 · 공격적 행동)의 이유 확인

어떤 이유 때문에 주장 행동을 하지 못하는지 알아보는 훈련을 한다.

- 행동적 이유: 어떻게 행동하는 것이 주장적 행동인지 몰라서 주장적 행동을 못한다.
- 정서적 이유: 정서적으로 불안해서 주장적 행동을 못한다.
- 인지적 이유: 어떤 행동이 주장적인 것인지 모르거나, 생각이나 판단이 잘못되어 주장적 행동을 못한다.

③ 주장적으로 행동하기

어떤 행동이 주장적인 행동인지 몰라서 주장적 행동을 하지 못하는 경우 이를 극복하기 위한 훈련을 한다. 주장적인 방식으로 의견과 요구를 단호하게 말로 표현하는 것을 연습하고 말의 내용에 적합한 눈맞춤, 태도를 사용할 수 있게 교육한다.

④ 불안 극복 작전

정서적 이유 때문에 주장 행동을 하지 못하는 경우 이를 극복하기 위한 훈련을 한다. 단호하고 주장적인 의사소통을 방해하는 요인이 불안(정서적 이유) 때문인 경우, 반복적인 훈련을 통해 자녀와의 의사소통 시 발생하는 불안을 다룰 수 있게 돕는다.

⑤ 주장적으로 사고하기

인지적 이유 때문에 주장적 행동을 하지 못하는 경우 이를 극복하기 위한 훈련을 한다. 주장적 행동을 가로막는 대표적인 인지적 이유는 어떤 것이 주장적 행동인지를 모르는 것이다. 이 경우, 주장적 행동의 정의와 특성에 대해 설명해 줌으로써 부모가 주장적 행동을 실천하도록 도울 수 있다. 또한 주장적 사고에 대한 왜곡된 인식으로 인해 실천하지 못하는 경우에는 주장적 행동에 대한 인식을 수정해 주어야 한다.

6 자녀의 힘을 북돋우는 부모훈련

자녀의 힘을 북돋우는 부모훈련(Empowering Parent Training: EPT)은 국가 차원에서 체계적으로 보급한 최초의 부모교육 프로그램이다. 외국의 것을 번안한 것이 아니라 우리나라에서 자체 개발한 프로그램이며, 무상교육을 원칙으로 개발된 프로그램이란 점에서 중요한 의미를 갖는다.

EPT는 문화체육부 산하 청소년상담원[2]에서 개발되었다. 1993년 '자녀의 힘을 북돋우는 부모'라는 프로그램 총론이 개발되었고 이후 '자녀의 힘을 북돋우는 대화(1994)', '바른 행동의 길 다지기(1994)', '생활의 기틀 세우기(1995)', '어울려 사는 지혜 기르기(1995)'가 개발되었다. 2004년 '자녀와 함께 성장하는 부모'가 추가로 개발되어 총 6종의 프로그램으로 EPT가 완성되었다. EPT는 현재 한국청소년상담복지개발원 학교폭력예방지원사업의 일환인 이음부모교육을 구성하는 한 축으로 자리매김했다. 다음의 표에 EPT의 특징, 구성, 내용 및 핵심 요인을 정리하였다.

2) 조손 가족 실태조사는 2010년 이후 실시되지 않고 있다.

〈표 9-4〉 EPT의 특징과 내용

특징 및 구성	내용	핵심요인
• 6종의 프로그램으로 구성되며 현재는 '자녀와 함께 성장하는 부모' 프로그램이 주로 사용됨 • 부모 자신 이해, 자녀 이해, 소신 있는 부모 등을 토대로 바람직한 부모의 모습을 정립하도록 구성	• 자녀의 힘을 북돋우는 부모, 자녀의 힘을 북돋우는 대화, 바른 행동의 길 다지기, 생활의 기틀 세우기, 어울려 사는 지혜 기르기, 자녀와 함께 성장하는 부모	• 부모의 자기성장 및 자질 향상을 통해 부모-자녀 관계 발전 도모 • 청소년 자녀 이해하기, 의사소통 기술 익히기, 문제 해결력 키우기

출처: 소수연, 김경민 외(2013)에서 발췌, 수정.

EPT는 부모 자신과 자녀를 이해하고 자녀의 힘을 북돋움으로써 **부모-자녀 관계 개선** 및 **부모 자신의 성장**을 도모하는 프로그램으로 2004년 추가된 '자녀와 함께 성장하는 부모' 프로그램이 현재 현장에서 주로 사용되고 있다. '자녀와 함께 성장하는 부모' 프로그램은 일반 청소년의 부모를 대상으로 실시되며 자녀 이해 및 자녀의 자율성 향상에 초점을 두고 있다. 자녀와 함께 성장하는 부모 프로그램은 인간중심상담 이론에 기초하며 부모가 상담자 역할을 해야 한다고 본다. 부모 자신 알기, 청소년 자녀 이해하기, 신뢰로운 관계 형성하기, 갈등상황 해결하기, 자녀의 힘을 북돋우기, 장점을 보는 새로운 시각을 경험하기 등으로 구성되며 12시간에 걸쳐 교육이 실시된다.

Box 9-1

이음부모교육

- 이음부모교육이란?: 한국청소년상담복지개발원의 학교폭력예방지원사업(솔리언또래상담, 올틴품성계발, 이음부모교육, 이러닝부모교육)의 하나로, 부모 자신과 자녀를 이해하고 자녀에게 힘을 북돋아줌으로써 자녀와의 관계 개선뿐 아니라 부모 자신의 성장을 지원하는 교육 프로그램이다. '이음'이란 마주 이어서 합함을 뜻하는 용어이다.
- 이음부모교육의 목적: 부모 자신의 성장을 통해 자녀에 대한 이해를 증진함으로써 가족관계를 개선하는 것이다.
- 이음부모교육프로그램 안내

구분	대상	교육시간	주요내용
자녀와 함께 성장하는 부모	부모	12시간	– 자녀 이해하기 – 자율성 기워주기 – 자녀와의 갈등 해결하기 – 힘을 북돋우기
예비부모를 위한 부모교육	예비부모	10시간	– 결혼 준비단계 – 아이의 영아~청소년기 이해하기 – 미래 가족 준비하기
따로 그리고 함께하는 부모	이혼부모	8시간	– 이혼에 따른 자녀의 반응 및 영향 – 양육기술 – 공동 양육관계 확립
다문화 가정부모교육	다문화 부모	7시간	– 나와 자녀의 관계 이해하기 – 증진하기 – 자신의 모습 찾기 – 부모로서의 출발
학교폭력 가·피해 부모교육(심화)	학교폭력 가·피해 청소년 부모	14시간	– 자녀 이해하기 – 학교폭력 가·피해 이해하기 – 자녀의 성장 및 치유 돕기
자녀와 동행하는 부모(심화)	초기 청소년 자녀를 둔 부모	12시간	– 초기 청소년기 자녀 이해하기 – 부모의 생각과 감정 탐색하기 – 초기 청소년기 자녀와 소통하기

출처: 한국청소년상담복지개발원 홈페이지.
https://www.kyci.or.kr/userSite/sub02_4_cont.asp에서 2017년 11월 30일 인출.

생각해 볼 문제

01 본 장에 제시된 부모교육 프로그램들 간의 유사점과 차이점을 비교해 보자.

02 앞으로의 부모교육 프로그램이 나아가야 할 방향에 대해서 생각해 보자.

03 자녀가 경청하는 대화하기 프로그램에서 제안한 '협력을 유도하는 다섯 가지 기술'을 사용해 주변 사람들과 상호작용해 보자.

Chapter

10 생애주기별 부모교육 프로그램

1. 예비부모
2. 영유아기 부모
3. 아동기 부모
4. 청소년기 부모

자녀의 연령이 증가하면 부모의 양육태도도 변해야 한다. 그러나 핵가족, 소자녀 현상이 보편화된 우리 사회에서 부모가 자녀의 발달단계에 적합한 양육태도를 습득하기란 쉬운 일이 아니다. 우리 정부부처에서도 이러한 부모들의 어려움을 인식하고, 자녀의 생애주기를 기준으로 한 다양한 부모교육 프로그램들을 개발하였다. 프로그램들은 우리나라 부모교육 관련 분야의 전문가들에 의해 개발되었으며 정부 산하 기관에서 실시하는 온·오프라인 교육을 통해 제공되고 있다. 본 장에서는 우리 정부부처에서 개발한 예비부모교육, 영유아기 부모교육, 아동기 부모교육, 청소년기 부모교육 프로그램에 대해 알아보고자 한다. 프로그램의 목표, 구성, 자녀 생애주기별 주요 이슈들을 교육하는 방법을 중심으로 살펴볼 것이다.

학습 목표

1. 예비부모교육, 영유아기 부모교육, 아동기 부모교육, 청소년기 부모교육 프로그램의 목표, 구성 및 내용을 이해한다.
2. 자녀 생애주기별 주요 이슈 및 부모교육 방법을 이해한다.

1 예비부모

1) 예비부모교육 프로그램

예비부모교육 프로그램은 육아정책연구소와 한국보육진흥원이 부모교육 제도화 방안을 모색하기 위해 기존의 부모교육 프로그램들을 참고하여 개발한 것이다. 2015년에 소개되었고 예비부모를 대상으로 하며 건강한 부부 이해하기, 건강한 부부 함께하기, 건강한 부모 준비하기를 주제로 총 3회에 걸쳐 워크숍 형태로 진행할 수 있게 구성되어 있다(김길숙, 김지현 외, 2016). 각 회기별 목표와 활동 내용은 다음과 같다.

① 1회기: 이해하기

- 목표: 나와 상대방(배우자)의 성장과정을 바탕으로 현재 모습을 탐색하고 나와 상대방의 행동, 태도가 다를 수 있음을 인식한다.
- 활동
  - 도입: 명절, 생일 등 원가족에서의 경험을 비교해 보고 최근 부부 간 갈등 상황에서 부부가 각자 어떻게 대처했는지를 점검해 보는 것으로 회기를 시작한다.
  - 전개: 원가족에서의 경험을 돌아보면서 나의 장점과 단점을 발견한다. 최근 겪은 부부갈등 상황과 갈등 해결방법에 대해 살펴본다. MBTI 검사를 실시하고 검사결과를 살펴보며 부부 간 심리적 선호의 차이를 확인한다. 상대방의 특성을 고려해 갈등 해결방법을 찾아본다.
  - 정리: '나와 너' 퍼즐 만들기 활동을 실시하고 변화를 요청하는 메시지를 전달한다.

② 2회기: 함께하기

- 목표: 부부 관계를 점검한다. 부부 간 좋은 관계를 유지하기 위해 가져야 할 기술과 태도가 있음을 이해하고 기술과 태도를 익힌다.
- 활동
  - 도입: 부부의 날을 소개한다. 행복한 부부 관계를 위해 서로 노력하고 있는 부분에 대해 생각해 본다.

- 전개: 행복한 부부의 비밀(우정)에 대해 소개한다. 부부가 함께 할 수 있는 즐거운 활동들을 찾아보고 부부 간 좋은 관계를 유지하기 위한 방법들을 찾아본다. 좋은 부부 관계를 유지하기 위해 하고 있는 노력을 탐색해 본다.
- 정리: 부부만의 약속을 만들고 상대방에게 감사를 표현한다.

③ 3회기: 부모 준비하기

– 목표: 건강한 부부가 행복한 부모가 될 수 있음을 인식한다. 임신기 스트레스와 해소방법, 태아를 위한 태교방법을 알아보고 실천한다.

– 활동

- 도입: 나–부모 간 경험을 바탕으로 부부 관계가 부모–자녀 관계에 미치는 영향력에 대해 생각해 본다. 임신에 대한 나와 상대방의 생각을 살펴본다.
- 전개: 부부 관계가 자녀에게 미치는 영향을 살펴본다. 아기가 태내에서 건강하게 10개월을 보낼 수 있도록 태내환경, 임신기 스트레스 및 해소방법, 다양한 태교방법을 알아본다.
- 정리: 태명을 정하고 태명으로 삼행시를 지어본다. 다리 마사지를 하며 서로에게 수고의 인사를 전한다.

2) 임신 · 출산기 부모교육 프로그램

임신·출산기 부모교육 프로그램(여성가족부, 대한산부인과의사회, 2017)은 생애주기별 맞춤형 부모교육 강화를 위해 개발된 프로그램으로 여성가족부와 대한산부인과의사회가 협력·개발한 것이다. 예비부모를 대상으로 임신·출산기에 필요한 준비와 출산 전·후 나타나는 심리적 문제 극복방법, 정부 지원정책 등에 관한 정보를 제공한다. 프로그램 내용은 좋은 부모되기 준비, 함께하는 건강한 임신과 출산, 출산 전후 나타나는 심리적 문제 함께 해결하기, 임신·출산기에 도움이 되는 정보들로 구성되어 있으며 특히 임신·출산기에 겪을 수 있는 어려움을 부부가 함께 해결해 가도록 유도한 것이 특징이다(여성가족부 보도자료, 2017. 3. 17). 프로그램의 각 장별 내용을 다음에 제시하였다.

〈표 10-1〉 임신 · 출산기 부모교육 프로그램(임신 · 출산 좋은 부모되기 프로그램)의 내용

장	주제	세부내용
1	좋은 부모되기 준비	– 부모됨의 의미 – 좋은 부모가 되기 위한 준비 – 좋은 엄마 아빠되기 – 부모로서 자신에 대한 이해
2	함께하는 건강한 임신과 출산	– 자녀 출산 계획 – 함께하는 임신과 출산 – 임신의 징후 및 건강관리 – 임신 시기별 산전 진찰 – 출산 이후 아기의 건강관리 및 친밀감 형성
3	출산 전후 나타나는 심리적 문제 함께 해결하기	– 출산 전후 부모의 심리적 건강이 중요한 이유 – 심리적 건강을 스스로 관리하는 방법 – 출산 전후 흔히 나타나는 심리적 문제 – 출산 전후 심리적 문제가 발생하는 이유 및 해소방법 – 배우자와 가족구성원의 역할
4	임신 · 출산기 도움이 되는 정보	– 임신 · 출산 진료비 지원 대상, 내용, 신청방법 – 산모 · 신생아 건강관리 지원 대상, 내용, 신청방법 등

출처: 여성가족부, 대한산부인과의사회(2017).

3) 청소년 예비부모교육 프로그램

청소년 예비부모교육 프로그램은 2017년 여성가족부가 제안한 것으로 학교 현장 등에서 청소년들을 교육할 수 있게 제작된 것이다. 청소년 예비부모 I과 청소년 예비부모 II 두 개의 프로그램으로 구분되는데 프로그램 I에서는 4개의 주제를, 프로그램 II에서는 6개의 주제를 다루고 있다. 프로그램 I과 II에서 다루는 주제는 각각 다음과 같다(전미경, 왕석순 외, 2017a; 전미경, 왕석순 외, 2017b).

〈표 10-2〉 청소년 예비부모교육 프로그램의 주제와 내용

		주제	세부 내용
프로그램 I	1	행복한 가족, 행복한 아이: 가족 안에서 함께 성장하는 부모와 아이	• 행복한 가족은 행복한 아이의 성장을 위한 바탕 • 가족의 위기관리 능력인 회복탄력성과 가족문제의 해결
	2	미리 미리 Check 첵! Check 첵!: 부모됨의 준비와 책임	• 성숙한 부모의 모습과 책임지는 부모됨의 중요성 • 부모로서 수행해야 하는 신체적, 정서적 돌봄의 역할
	3	함께 키우는 부모: 부부 공동양육	• 부부가 함께하는 공동양육 • 부부 공동양육의 실천 방안
	4	지역사회와 함께 키우는 아이: 사회적 부모됨	• 사회적 부모됨의 의미 • 지역사회의 공동체적 아동 돌봄
프로그램 II	1	예비부모 愛(애) 로그인: 부모됨의 의미	• 부모됨의 의미에 대한 이해 • 예비부모로서 부모됨의 역량 강화
	2	엄마, 아빠가 말하는 사랑의 방정식: 성숙한 사랑	• 성숙한 사랑을 이루기 위한 실천 요소 • 성숙한 사랑과 부모됨과의 관계 • 성숙한 사랑과 성숙한 사회적 관계 맺기
	3	조부자(조부모-부모-자녀)네 집으로 놀러 가자!: 세대 간 소통	• 세대과정으로 나타나는 다양한 가족의 현상 • 청소년 예비부모와 가족문화
	4	쑥쑥 자라는 우리 아이! '부모' 옷을 바꿔입어요: 자녀발달과 부모역할	• 자녀의 성장과 부모의 역할 • 부모 역할의 변화에 따른 부모관
	5	놀이로 부모-자녀 행복 시간 쌓기: 놀이를 통한 부모-자녀 관계 증진	• 아동발달과 놀이 • 놀이의 효과와 기능 • 부모-자녀 상호 놀이
	6	아이의 마음을 읽는 부모 되기: 정서적 지원과 공감	• 자녀의 발달과 정서적 환경 • 자녀의 감정에 대한 바람직한 부모의 반응

청소년 예비부모교육 프로그램에서는 청소년들이 부모역할에 대해 더 잘 이해할 수 있도록 다양한 교육용 자료를 활용하는데, 그중 일부를 소개하면 다음과 같다.

① 프로그램 I: 주제 3(함께 키우는 부모: 부부 공동양육)

2-3-10 **아버지의 자녀 양육**

아버지의 가사 및 양육 참여 현황

01 여러분은 공공화장실을 이용하면서 기저귀 교환대를 본 적이 있나요? 대부분의 여성 화장실에는 비치가 되어 있으나, 남성 화장실에 설치된 곳은 매우 드뭅니다. 이러한 현상은 남성의 양육 참여율이 저조한 데서 비롯되었다고 할 수 있지만, 아빠들이 자녀와 함께 나가고 싶어도 남성 화장실에 설치된 기저귀 교환대 시설이 부족하다면 자녀와의 외출을 꺼릴 것입니다.

02 여성가족부는 '2016년 특정성별영향분석평가' 결과를 중심으로 이러한 내용을 보건복지부, 행정자치부, 외교부 등에 관련 제도의 개선을 권고했다고 합니다. 세부적으로 문화시설, 종합병원, 공공업무시설 등에 있는 남녀 화장실에 영유아용 기저귀 교환대를 설치하도록 행정자치부에 개선 권고하였습니다.

출처 및 참고자료
- 무등일보(2017.06.28.). 아이 기저귀 갈 곳이 없어요
  http://www.honam.co.kr/read.php3?aid=1498575600528273011
- 경인일보(2013.05.06.). 양평관공서 남자화장실 기저귀 교환대 설치

〈그림 10-1〉 청소년 예비부모교육 프로그램 I 활동자료

출처: 전미경, 왕석순 외(2017a).

② 프로그램 II: 주제 1(예비부모 愛(애) 로그인: 부모됨의 의미)

3-1-10 부모역할의 특성

부모됨의 신화

01 선생님이 질문을 하나 할게요. 부모역할의 끝은 언제일까요? 자녀가 태어나면 갑자기 부모역할을 훌륭히 수행하게 될까요? 자녀가 잘못된 행동을 하면 그것은 모두 부모의 잘못일까요?

02 앞서 부모역할의 특성에서도 설명했지만 자녀가 성인이 된다고 해서 부모역할이 끝나는 것이 아니고, 자녀가 태어난다고 해서 본능적으로 자녀를 돌볼 수 있는 지식이 생겨나는 것도 아니며, 자녀가 올바르게 성장하지 못한다고 해서 전적으로 부모의 잘못만 있는 것도 아닙니다.
이처럼 부모됨의 잘못된 신념을 부모됨의 신화라고 합니다. 일반적으로 신화란 '신비스러운 이야기' 혹은 '절대적이고 신성한 이야기'라고 합니다. 즉, 부모됨의 신화란 부모됨에 대한 현실적이지 못한 잘못된 신념과 통념을 의미합니다.

〈그림 10-2〉 청소년 예비부모교육 프로그램 II 활동자료

출처: 전미경, 왕석순 외(2017b).

2 영유아기 부모

1) 경기도 영유아기 부모교육 프로그램

경기도 영유아기 부모교육 프로그램은 2015년 경기도 가족여성연구원에서 제안한 프로그램이다. 어린이집을 이용하는 부모나 자녀를 가정에서 양육하는 부모에게 부모로서 알아야 할 기본 지식을 알리고 부모가 자녀를 양육하면서 스스로 개별 가정에서

할 수 있는 여러 가지 활동을 소개하여 부모 역량을 강화하려는 목적으로 개발되었다. 경기도 육아종합지원센터, 어린이집, 부모교육 캠페인 등을 통해 본 프로그램을 보급·활용함으로써 부모의 영유아기 자녀에 대한 이해 증진 및 영유아의 발달을 지원하고 있다. 이 프로그램은 부모다움, 튼튼한 아이로 키우기, 따뜻한 아이로 키우기, 지혜로운 아이로 키우기의 총 4가지 영역으로 구성되어 있으며 각 영역별 세부 내용은 다음과 같다(김미정, 노성향 외, 2015).

〈표 10-3〉 경기도 영유아기 부모교육 프로그램의 영역 및 내용

구분	영역	내용
1	부모다움	• 부모역할: 부모역할의 특성, 부모교육의 목표, 부모교육의 효과 • 양육태도: 쉐퍼(Schaefer)의 양육태도, 양육태도에 따른 자녀의 성격 등 • 부모의 양육효능감: 개념, 양육효능감 증진방법 등
2	튼튼한 아이로 키우기	• 튼튼한 영아: 영아 신체 발달의 특징, 영아의 신체 발달을 위한 부모의 역할 • 튼튼한 유아: 유아 신체 발달의 특징, 유아의 신체 발달을 위한 부모의 역할 • 튼튼한 영유아의 발달과 관련된 상담: 상담사례 1, 2 • 튼튼한 아이를 위해 가정에서 할 수 있는 놀이
3	따뜻한 아이로 키우기	• 따뜻한 영아: 영아의 사회정서 발달, 영아의 사회정서 발달을 지원하기 위한 부모의 역할, 애착, 기질 • 따뜻한 유아: 유아의 사회정서 발달, 유아의 사회정서 발달을 지원하기 위한 부모의 역할 • 따뜻한 영유아의 발달과 관련된 상담: 상담사례 1, 2 • 따뜻한 아이를 위해 가정에서 할 수 있는 놀이
4	지혜로운 아이로 키우기	• 지혜로운 영아: 영아 인지언어 발달 특징, 영아 인지언어 발달을 위한 부모의 역할 • 지혜로운 유아: 유아 인지언어 발달 특징, 유아 인지언어 발달을 위한 부모의 역할 • 지혜로운 영유아의 발달과 관련된 상담: 상담사례 1, 2 • 지혜로운 아이를 위해 가정에서 할 수 있는 놀이

출처: 김미정 외(2015).

부모다움 영역에서는 부모역할, 양육태도, 부모의 양육효능감 등에 대해 부모에게 교육한다. 이 중 부모역할의 특성에 대한 교육에서는 다음과 같은 내용을 부모들에게 이해시킨다.

- 대부분의 부모들은 부모됨에 대한 준비나 훈련 없이 부모가 되고, 부모의 역할은 명확하게 정의되어 있지 않다: 따라서 부모들은 혼동되고 좌절하는 경우가 많다.
- 부모역할은 연습을 할 수 없고 실수를 하면 돌이키기가 어렵다: 자녀양육에는 실수의 여지가 없기 때문에 자녀양육은 언제나 부모에게 걱정거리이다.
- 부모는 도중에 그만둘 수 없다: 부모역할 수행은 부모의 희생을 요하며 부모는 자녀에 대해 모든 책임을 진다.
- 부모역할을 배울 수 있는 전통적인 자녀양육 모델이 없다: 핵가족화가 급격하게 진행되면서 본보기를 찾을 수 없게 되었다.
- 자녀양육에 있어서 부모 두 사람은 한 팀이 되어야 한다: 부부 사이가 원만하지 못하면 협동에 문제가 생긴다.
- 부모역할은 자녀의 발달단계에 따라 달라져야 하고 자녀들은 모두 다 개별적인 특성을 가지고 있다: 자녀마다 양육방법을 달리해야 하고 자녀의 연령에 따라서도 양육방법이 달라야 한다.

튼튼한 아이로 키우기 영역에서는 영유아의 신체적 특성과 신체 발달을 위한 부모의 역할, 가정에서 할 수 있는 놀이 등에 대해 교육한다. 이 중 본 프로그램에서 교육하는 놀이의 일부를 소개하면 다음과 같다.

- 딸랑이 놀이: 딸랑이를 흔들며 노래를 불러주고 딸랑이를 따라갈 수 있게 좌, 우로 천천히 움직여 준다.
- 살포시 안아주세요: 영아를 부드럽게 안아주면 영아는 누군가 자기를 사랑함을 느낀다. 옆으로 안았다, 세워 안았다 하는 방법으로 아이의 위치에 변화를 주어 시야를 바꾸어 준다.
- 흔들흔들 이불그네: 작은 담요나 이불을 펼치고 위에 아이를 눕힌다. 엄마, 아빠가 담요의 양끝을 잡고 살짝 위로 올려 부드럽게 흔들어준다.

따뜻한 아이로 키우기 영역에서는 영유아의 사회정서 발달, 사회정서 발달을 지원하는 부모의 역할, 따뜻한 아이로 키우기 위한 놀이방법 등을 교육한다. 따뜻한 아이로 키우기 위한 놀이로 다음과 같은 내용을 교육한다.

- 가족사진을 보아요: 아이와 함께 가족이 찍은 사진을 보며 이야기를 나눈다. 사진 속 인물들의 표정, 감정, 행동에 대해 대화하며 사진을 살펴본 후 아이를 꼭 껴안아 준다.
- 애착을 키워요: 부부 사이에 아이를 있게 한 후 꼭 안아준다. 등을 살며시 만져준다. 아이의 욕구표현에 즉각적으로 반응한다.
- 인형을 통한 역할놀이: 인형으로 싸우는 듯한 행동이나 말을 하고 화해하는 장면을 보여준다.

지혜로운 아이로 키우기 영역에서는 영유아의 인지언어 발달, 인지언어 발달을 촉진하기 위한 부모의 역할, 지혜로운 아이로 키우는 데 도움이 되는 놀이 등에 대해 교육한다. 프로그램에서 부모에게 교육하는 창의성 관련 지침 일부를 소개하면 다음과 같다.

- 창의성을 제대로 이해하자: 지능이 높다고 창의성이 높지 않으며 창의성이 높다고 지능이 높은 것도 아니다.
- 인내심을 갖자: 창의적인 아이들은 호기심이 많고 탐구 활동을 많이 하기 때문에 엉뚱한 행동, 물건을 망가뜨리는 행동을 하기도 한다. 부모로서 인내심을 가져야 한다.
- 혼자서 생각할 수 있는 분위기를 만들어 주자: 아이에게 너무 많은 과제를 주고 활동을 자주 바꾸면 산만해지고 집중력이 떨어진다.

2) 유아 인성교육을 위한 부모훈련 프로그램

유아 인성교육을 위한 부모훈련 프로그램은 2012년 교육과학기술부와 육아정책연구소가 제작한 부모교육 프로그램이다. 본 프로그램의 목적은 부모들에게 인성에 대한 기본적 사실을 이해시키고 부모 자신의 인성과 가치관을 돌아보며 재정립할 기회를 제공하는 것이다. 또한 인성 발달과 교육에 있어 유아기 및 부모역할의 중요성을 부모들에게 이해시키는 것이다(김희진, 이경미 외, 2012). 프로그램에서는 유아기 자녀의 인성 함양에 관한 인성 관련 정보, 부모의 바람직한 양육태도와 방식, 양육전략에 관한 구체적인 정보를 제공한다. 소집단 대상 훈련 프로그램과 대집단 대상 부모 연수 프로그램으로 구분되어 있는데 이 중 소집단 대상 프로그램의 상세 내용을 다음 표에 소개하였다.

〈표 10-4〉 소집단 대상 유아 인성교육을 위한 부모훈련 프로그램의 내용

<table>
<tr><th>주/
차시</th><th colspan="4">상세 내용</th></tr>
<tr><td rowspan="2">1</td><td rowspan="2">프로그램 소개</td><td colspan="2">프로그램 소개</td><td>• 프로그램의 목표 소개
• 10주별 내용, 일정 및 진행 방법 소개
• 참여자 소개</td></tr>
<tr><td colspan="2">인성교육 프로그램의 중요성 소개</td><td>• 인성의 중요성
• 유아기 인성교육의 중요성</td></tr>
<tr><td>2</td><td rowspan="2">기본 내용</td><td colspan="2">우리 아이의 인성 토대 다지기</td><td>• 인성의 바탕이 되는 유아기 발달</td></tr>
<tr><td>3</td><td colspan="2">우리 아이의 인성 토대 다지기</td><td>• 부모-자녀 관계</td></tr>
<tr><td>4</td><td rowspan="6">자녀와 함께하는 인성교육</td><td>함께하는 세상을 위한 인성</td><td>나눔, 배려, 협동, 다름에 대한 이해</td><td rowspan="2">• 각 인성의 개념 및 의미 이해하기
• 각 인성에 관해 나의 인성 돌아보기
• 각 인성에 관해 나의 가치관 돌아보기
• 각 인성에 관해 부모로서의 가치관 점검하기
• 각 인성에 관해 자녀 인성 점검하기
• 각 인성이 자녀의 현재와 미래에 미치는 영향</td></tr>
<tr><td>5</td><td>정의로운 세상을 위한 인성</td><td>양심, 질서, 정직, 도덕, 공정성, 정의</td></tr>
<tr><td>6</td><td>존중하는 세상을 위한 인성</td><td>예절, 존중, 효, 겸손</td><td rowspan="4">• 부모-자녀 간 활동을 통한 각 인성의 지원 방법 및 전략(가정 내/외)
• 일상생활을 통한 각 인성의 지원 방법 및 전략(가정 내/외)
• 각 인성에 관련된 다양한 정보제공(도서, 기사, 영상물, 기관 등)
• 유아교육기관과의 연계</td></tr>
<tr><td>7</td><td>책임지는 세상을 위한 인성</td><td>책임, 절제, 인내, 자기조절</td></tr>
<tr><td>8</td><td>소통하는 세상을 위한 인성</td><td>공감, 의사소통, 정서 이해 및 표현, 조절, 협상, 감정이입</td></tr>
<tr><td>9</td><td>자아가 건전한 세상을 위한 인성</td><td>자존감, 긍정적 사고, 자아개념</td></tr>
</table>

10	프로그램 평가	프로그램 평가하기	• 프로그램 내용, 방법, 진행에 대한 평가
		효과 평가하기	• 인간으로서 나의 변화 • 부모로서 나의 변화 • 자녀의 변화 • 우리 가정의 변화

출처: 김희진, 이경미 외(2012).

소집단 대상 유아 인성교육을 위한 부모 훈련 프로그램은 매 차시 90분 내외 분량으로 구성되어 있으며 지난 시간에 배운 내용을 요약하는 것으로 매 차시를 시작하도록 되어 있다. 4차시부터 9차시는 부모의 요구에 따라 순서를 바꿔 진행할 수 있으며 프로그램 실시 기관의 사정에 따라 10차시 분량을 확장 또는 축소하여 진행할 수 있다. 본 프로그램에서는 소책자를 활용하여 부모교육을 실시하는데 부모에게 제공되는 소책자의 4차시 활동 자료 중 일부를 소개하면 다음과 같다.

그림책으로 나눔 가르치기

- 마음 나누기

터널
(앤서니 브라운/논장)

내게는 소리를 듣지 못하는 여동생이 있습니다
(피터슨/중앙)

순이와 어린 동생
(쓰쓰이 요리코/한림출판사)

오른발 왼발
(파올라/비룡소)

그림책으로 나눔 가르치기

- 다른 나라에 병에 걸리거나 굶주린 친구들을 생각해 보고 공감해 보게 하는 것은 나눔 감수성을 길러주는 방법입니다.
- 사진을 보고 생각나는 점, 하고 싶은 이야기를 편지로 써보게 하세요.

우리 아이 나눔 잠재력 미리보기

- 아직은 어리지만 우리아이에게도 나눔 잠재력이 있습니다.
  우리 아이의 나눔 행동을 찾아 ✓해 보세요

마음	'고마워', '미안해', '사랑해'와 같은 표현을 잘한다. 다른 사람이나 동물이 아픈 것을 보면 슬퍼한다.	□ □
시간	다른 사람을 위해 기다려 줄 수 있다. 빨리 먹고 싶거나 하고 싶은 일을 참고 기다릴 수 있다.	□ □
재능	자기보다 어린 동생에게 무언가를 해주고 싶어 한다. 노래부르기, 춤추기 등으로 남을 즐겁게 해준다.	□ □
힘	수저 놓기와 같은 집안일 돕기를 잘 한다. '내가 도와줄게요.'라며 짐을 나누어 들어 줄 수 있다.	□ □
물건	장남감을 나누어 주며 놀이한다. 맛있는 음식을 다른 사람과 나누어 먹을 수 있다.	□ □

〈그림 10-3〉 유아 인성교육을 위한 부모훈련 프로그램 4차시 활동자료

출처: 김희진, 이경미 외(2012).

3) 여성가족부 부모교육 프로그램

여성가족부에서는 청소년 및 성인용 예비부모교육 프로그램과 영아, 유아, 초등학생, 중학생 및 고등학생 부모를 위한 교육 프로그램 등을 제안하였다. 이 중 유아기 자녀를 둔 부모를 위한 교육 프로그램은 2017년에 제작되었으며 자녀의 발달 특성 이해, 자녀의 놀이 지원, 자녀와의 관계 맺기, 학습의 기초 다지기, 유아기 양육 정보에 대해 다루고 있다. 각 영역별 교육목표 및 내용은 다음과 같다.

① 자녀의 발달 특성 이해

– 교육목표: 유아기 주요 발달 특성 이해, 발달 특성에 따른 부모의 역할 이해, 자녀의 바람직한 성장과 발달을 위해 노력하는 태도 습득

– 교육내용

- 유아기 전인발달의 중요성
- 유아기 발달의 특성: 자율성과 주도성, 또래관계, 정서지능, 자아존중감
- 양육자 역할 수행 수준 확인하기
- 긍정적 모델링의 중요성

② 자녀의 놀이 지원

– 교육목표: 유아기 놀이의 중요성 이해, 놀이유형 및 방법 학습, 일상생활에서 활용 가능한 놀이 지원 방법 이해

– 교육내용

- 유아에게 놀이가 중요한 이유
- 놀잇감의 종류
- 놀잇감 선택방법
- 자녀와 함께 놀이하는 방법

③ 자녀와 관계 맺기

– 교육목표: 자녀와 바람직한 관계 맺기의 중요성 인식, 효과적인 대화법 및 문제행동 해결 방법 학습, 자녀와의 관계 증진

– 교육내용

- 자녀와 관계 맺기의 중요성
- 효과적인 관계 맺기 전략: 아이의 마음 알아주기, 문제행동 무엇이 문제인가, 아이의 눈높이에 맞춘 대화
- 바로 실천하기: 함께 놀아주기

④ 학습의 기초 다지기

– 교육목표: 유아기 자녀의 학습의 의미와 방법 이해, 유아기 자녀의 학습 시기 이해, 유아기 자녀의 학습 유형에 따른 지원 방법 이해

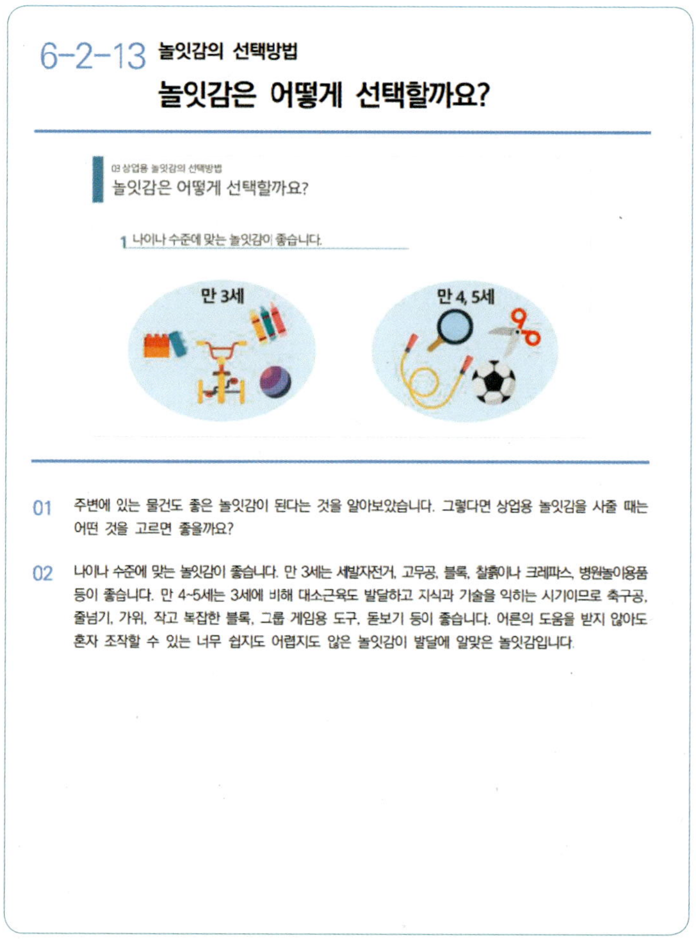

6-2-13 놀잇감의 선택방법

놀잇감은 어떻게 선택할까요?

03 상업용 놀잇감의 선택방법

놀잇감은 어떻게 선택할까요?

1 나이나 수준에 맞는 놀잇감이 좋습니다.

만 3세

만 4, 5세

01 주변에 있는 물건도 좋은 놀잇감이 된다는 것을 알아보았습니다. 그렇다면 상업용 놀잇감을 사줄 때는 어떤 것을 고르면 좋을까요?

02 나이나 수준에 맞는 놀잇감이 좋습니다. 만 3세는 세발자전거, 고무공, 블록, 찰흙이나 크레파스, 병원놀이용품 등이 좋습니다. 만 4~5세는 3세에 비해 대소근육도 발달하고 지식과 기술을 익히는 시기이므로 축구공, 줄넘기, 가위, 작고 복잡한 블록, 그룹 게임용 도구, 돋보기 등이 좋습니다. 어른의 도움을 받지 않아도 혼자 조작할 수 있는 너무 쉽지도 어렵지도 않은 놀잇감이 발달에 알맞은 놀잇감입니다.

〈그림 10-4〉 여성가족부 부모교육 매뉴얼 제6권의 활동자료

출처: 이규림, 김희진 외(2017).

– 교육내용
- 학습의 의미
- 학습은 일찍 시작해야 할까?
- 유아기 학습의 적절한 시기
- 유아기에 적합한 학습 방법

⑤ 유아기 양육 정보

– 교육목표: 유아교육기관의 특성과 선택기준 이해, 유아교육기관에서의 긍정적 적응을 위한 부모 역할 인식, 정부의 육아지원 서비스에 대한 정보 습득

– 교육내용
- 유아교육기관 특성과 선택기준
- 유아교육기관 적응을 위한 양육자의 역할
- 육아지원 서비스에 대한 정보

본 프로그램의 활동자료 중 일부를 소개하면 〈그림 10-3〉과 같다.

3 아동기 부모

1) 부모교육 매뉴얼: 우리 아이 바로 알기

한국건강가정진흥원에서 발간한 『**부모교육 매뉴얼**』은 2006년부터 2013년까지 발간된 매뉴얼 및 가이드북을 예비부모, 영유아기, 아동기, 청소년기 자녀의 부모 그리고 아버지 교육으로 재구성한 부모교육 매뉴얼이다. 이 중 '우리 아이 바로 알기'는 아동기 자녀를 둔 부모를 위한 교육 프로그램으로 총 2회기로 구성되어 있으며 매 회 교육에는 2시간이 소요된다. 1회기에서는 부모역할을, 2회기에서는 아동기 자녀의 발달적 특성과 부모역할, 자녀 지도방법에 대해 교육한다. 본 프로그램의 개요는 다음과 같다.

〈표 10-5〉 부모교육 매뉴얼: 우리 아이 바로 알기의 주제 및 내용

회기	단계	주제	내용
1	도입 (20분)	인사 및 교육안내	• 라포 형성 및 교육안내 • 교육생의 참여 동기 및 각오 나누기 • 사전검사 실시/서약서 작성
	강의 및 활동 (90분)	일-가정 균형 주도적 삶	• 일-자신에 대해 생각해 보기 • 일-가정 균형, 주도적 삶
		부모됨의 의미 및 준비	• 개인적/사회적 의미 • 부모가 되는 동기 • 가정생활 진단
		부모로서 자신에 대한 이해	• 인생지각 척도 • 자아존중감의 의미 및 중요성
		이고그램을 통한 부모 자신의 이해	• 이고그램을 통해 현재 가정을 진단한 후 건강가정 교육 • 건강가정과 건강한 부모역할의 중요성
	과제 및 종결 (10분)	정리	• 본 차시 교육 정리(건강가정과 건강한 부모역할의 중요성) • 2차시 교육 안내
2	도입 (20분)	인사 복습 및 과제점검 주제소개	• 소개와 인사 • 1회기 교육내용에 대한 간략한 복습과 정리 • 아동기 자녀의 발달과 부모역할
	강의 및 활동 (90분)	아동기 자녀의 발달특성과 중요성	• 아동기 신체, 인지, 언어, 정서, 사회성 발달 특성과 자녀성장에 있어서 아동기의 중요성
		아동기 자녀의 발달에 따른 부모의 역할	• 아동기 자녀의 발달에 따른 부모역할 이해
		아동기 자녀지도를 위한 부모코칭	• 효과적인 아동기 부모역할에 대한 생각을 부모코칭 패러다임으로 전환 • 코치로서의 부모역할
		아동기 부모와 자녀의 관계향상을 위한 부모코칭	• 부모자녀 관계향상을 위한 부모코칭의 핵심기술로서 경청, 질문, 인정, 칭찬의 기술 • 부모코칭의 기술을 부모자녀 대화법에 활용
		아동기 자녀의 문제행동 지도하기	• 청소년의 컴퓨터 중독 예방 • 학교생활과 또래집단 부적응 • 자녀의 용돈관리
	과제 및 종결 (10분)	정리, 과제물, 총정리	• 아동기 자녀의 발달과 부모역할 간략 정리 • 아동기 자녀의 마음을 존중하고 공감해주는 나만의 비법 찾기 • 부모역할 실천에 대한 당부와 독려

출처: 한국건강가정진흥원(2014).

2) 초등학교 새내기 학부모 교육

국가평생교육진흥원 전국 학부모 지원센터는 「교육기본법」 제13조 및 「평생교육법」 제29조에 기반하여 부모 등 보호자의 자녀교육 역량을 강화하고 건전한 학교교육 참여를 활성화하기 위해 수립된 기관이다. 이 기관의 주요 과제 중 하나는 학부모용 콘텐츠를 개발·운영하는 것으로 전국 17개 지역센터를 통해 다양한 방식으로 부모교육을 제공하고 있다. 서울 학부모 지원센터의 경우 학부모 의무교육, 예비 학부모 교육, 디지털 학부모 교육, 학부모 직무교육, 학부모 소양교육을 온라인으로 제공하고 있다. 이 중 예비 학부모 교육은 초등 예비 학부모, 중등 예비 학부모, 고등 예비 학부모, 조부모를 위한 교육으로 구분되는데, 초등 예비 학부모 교육에 해당하는 **초등학교 새내기 학부모 교육**의 내용을 살펴보면 다음과 같다.

〈표 10-6〉 초등학교 새내기 학부모 교육의 내용

영역	내용
신입생 학부모 준비 tip	입학을 앞둔 지금, 가장 중요한 것
	초등학교의 교육목표
	유치원 생활과 다른 초등생활
	입학 전 준비사항
	입학을 위한 학부모 역할
	학부모의 학교참여
	학부모 상담
	알아두면 좋은 정보
아이의 마음건강 이해하기	기질의 분류
	자기표현이 어려운 아이
	어떻게 하는지 모르는 아이(경계성 지능)
	행동 조절이 안 되는 아이(ADHD)
	자꾸 화나는 아이(분노조절장애)
	점점 모르는 것이 많아지는 아이(난독증)

아이의 마음건강 이해하기	사실 거짓말을 하고 싶지 않은 아이
	언어지연
	신체적 발달지연
초등 1학년 학교생활 미리 알기	입학식 안내, 학사일정, 시간표 예시, 학교 설명회, 학예회, 출결 안내, 서울형 늘봄학교, e알리미, 교육과정 및 교과서, 과정중심 평가, 통지표, 입학준비금

출처: 서울 학부모지원센터 홈페이지.

4 청소년기 부모

1) 중학생의 부모를 위한 부모교육 프로그램

2017년 여성가족부에서 발간된 **중학생 부모용 부모교육 프로그램**으로, 중학생 자녀를 둔 부모들에게 표준화된 교육 프로그램을 제공하게 하려는 목적으로 개발되었다. 이 프로그램은 양성평등적 가치관을 반영하였고 다양한 유형의 가족 고려했다는 특징이 있다. 또한 모듈식 구성을 채택해 용도와 필요에 따라 프로그램을 구성할 수 있게 했다는 장점이 있다. 중학생 자녀를 둔 부모를 위한 부모교육 프로그램의 주제와 전반적인 내용은 다음과 같다(이강이, 최인화 외, 2017).

〈표 10-7〉 중학생의 부모를 위한 부모교육 프로그램의 주제와 내용

주제		세부 내용
1	중학생이 된 아이를 얼마나 알고 있나요?: 중학생 발달특성과 부모역할	• 중학생 자녀의 발달 특성에 대한 이해 • 중학생 발달특성에 따른 여러 현상에 대한 이해 • 중학생 자녀의 발달을 지원하기 위한 부모의 역할
2	사춘기 자녀와 갱년기 부모의 동거: 인성 · 생활지도	• 중학생 자녀가 겪고 있는 사춘기의 혼란에 대한 이해 • 부모 자신의 중년기 · 갱년기로 인한 변화 이해 • 사춘기 자녀와 갱년기 부모의 동거를 위한 노력

3	내 아이의 꿈을 스스로 디자인하게 하라: 진로탐색을 위한 부모 역할	• 중학교 교육과정 이해를 통한 자녀 성장 지원 • 자녀 스스로 자신의 흥미, 강점을 발견하고 꿈찾기를 할 수 있도록 지원하기 위한 부모의 역할 • 자녀 스스로 미래 설계의 주체가 되도록 지원하는 부모의 역할
4	내 아이가 살아갈 세상은 앞으로 어떻게 변할까?: 자기주도성 발달을 위한 부모의 지원	• 미래사회의 변화에 따른 삶의 변화 안내 • 4차 산업혁명시대를 살아갈 창의융합인재로 키우기 위한 부모의 역할 • 미래의 우리 아이를 위한 가정 문화 조성
5	자녀와 함께 성장하는 부모: 부모의 성장 지원	• '부모역할'에 대한 부모 인식 점검 및 합리적 사고로의 전환 안내 • 부모역량강화를 위한 의사소통 방법 • 중학생 부모를 위한 부모지원체계 활용 안내

중학생의 부모를 위한 부모교육 프로그램에서는 각 주제에 대한 부모의 이해를 돕고자 교육용 자료를 제시하고 다양한 활동을 실시한다. 주제 및 세부 내용별 교육용 자료의 예시는 다음과 같다(이강이, 최인화 외, 2017).

① 주제 1(중학생이 된 아이를 얼마나 알고 있나요?)

8-1-17 자녀의 발달과 부모의 역할

중학생 자녀의 독립성과 자율성 격려하기

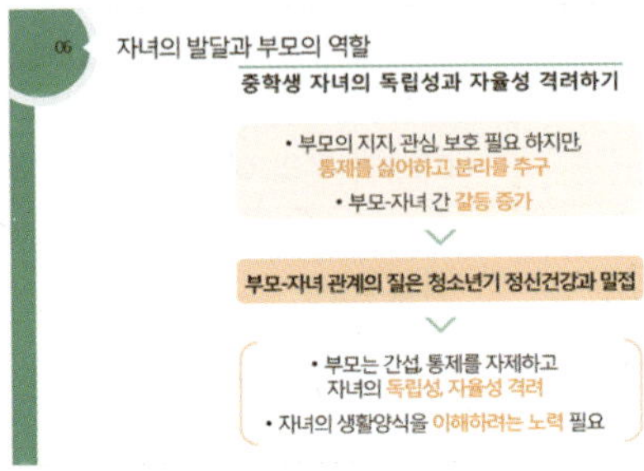

01 그런데 사실 중학생 자녀는 앞서 언급한 부모 역할에 대해 그다지 협조적이지 않습니다.

02 이 시기의 자녀는 부모의 지지와 관심, 보호를 필요로 하지만, 이와 동시에 누군가로부터 통제 받는 것을 싫어하고 부모로부터의 분리를 추구하는 이중적인 모습을 보입니다. 그리고 이로 인해 부모-자녀 간의 갈등은 점차 증가합니다.

03 그렇지만 이 시기 부모-자녀 관계의 질은 청소년의 정신건강과 밀접한 관련이 있습니다.

04 따라서 중학생 자녀를 둔 부모는 가능한 일방적인 간섭과 통제를 자제하고 자녀의 독립성과 자율성을 격려해야 합니다. 또한 청소년기 자녀의 생활양식을 이해하려는 노력이 필요합니다.

강사 팁
- 중학생의 문제 행동에 대한 이해와 부모의 역할에 대한 내용은 본 매뉴얼(제8권) 주제 2(사춘기 자녀와 갱년기 부모의 동거) 자료에서 찾아볼 수 있다.

〈그림 10-5〉 중학생의 부모를 위한 부모교육 프로그램 활동자료

출처: 이강이, 최인화 외(2017).

② 주제 2(사춘기 자녀와 갱년기 부모의 동거: 인성 · 생활지도)

8-2-3 사춘기 자녀와 갱년기 부모 누가 더 아픈가?

중학생, 사춘기의 정점

01 사춘기 자녀와 갱년기 부모 누가 더 아픈가?

중학생, 사춘기의 정점

01 중학생, 언제 어디서 터질지 모르는 시기입니다. 부모는 물론 국가 전체가 걱정하고 두려워하는 바로 그 시기이지요.

02 과연 이 때 아이들에게는 무슨 일이 일어나고 있는 걸까요?
함께 동영상을 보겠습니다.

강사 팁
- 동영상 시청 시간은 강사 재량에 따라 조절한다.

출처 및 참고자료
- EBS동영상(다큐프라임 교육혁명, 15세에 주목하라 1부: 왜 15세인가?)

〈그림 10-6〉 중학생의 부모를 위한 부모교육 프로그램 활동자료

2) 스마트폰 중독 청소년 부모교육 프로그램

스마트폰 중독 청소년 부모교육 프로그램은 2013년 여성가족부와 한국청소년상담복지개발원에서 개발하였다. 본 프로그램에서는 스마트폰 사용에 대한 자녀의 자기조절능력을 향상시키기 위해 부모-자녀 간 친밀관계를 형성하고 의사소통할 수 있는 양육방법을 부모에게 훈련하는 것을 목표로 한다. 또한 자녀의 유능성 욕구와 자율성 욕구를 충족시키는 양육방법을 부모에게 훈련시킴으로써 청소년 자녀가 스마트폰 사용

을 조절할 수 있게 하며 청소년 자녀의 특성 및 스마트폰을 포함한 미디어 환경을 부모에게 이해시키는 것을 목표로 한다(배주미, 조은숙 외, 2013a). 스마트폰을 과도하게 사용하는 청소년 자녀를 둔 부모 집단 또는 자녀의 과도한 스마트폰 사용을 예방하고자 하는 부모들을 대상으로 단회 또는 총 4회로 실시할 수 있게 구성되어 있다. 매회 2시간 동안 진행되며 총 4회에 걸쳐 실시하는 경우 회기별 주제 및 주요 활동은 다음과 같다.

① 1회기: 친한자 원리 이해(친: 친밀한 관계 맺고 의사소통하기/한: 한계 정하기/자: 자율성 지지하기)

- 주요활동: 자녀의 스마트 세상 이해하기, 스마트폰 중독에 빠지는 원인 이해, 스마트폰 관리·지도 방식 이해, 효과적인 스마트폰 사용 관리·지도방법 이해

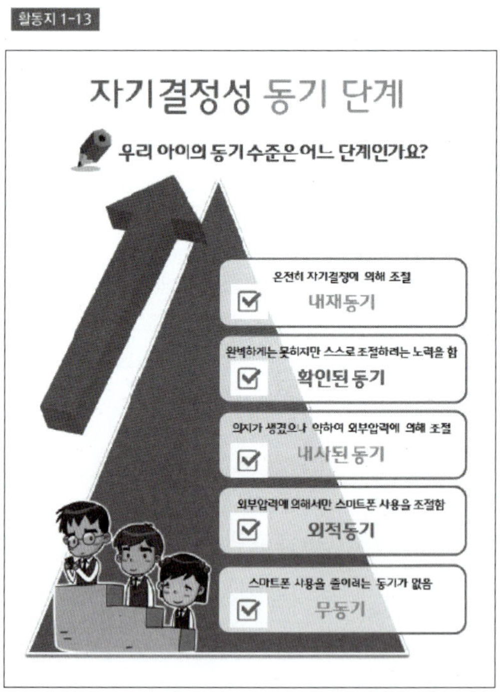

〈그림 10-7〉 스마트폰 중독 청소년 부모교육 프로그램 1회기 활동자료

출처: 배주미, 조은숙 외(2013b).

② 2회기: 친 원리 학습(친: 친밀한 관계 맺고 의사소통하기)

– 주요 활동: 스마트폰 사용으로 인한 가족 내 갈등 이해, 자율적 스마트폰 사용 자녀를 기르는 친 원리 이해, 자녀의 자기결정성을 높이는 친 원리 배우기, 자녀의 자기결정성을 높이는 친 원리 배우기

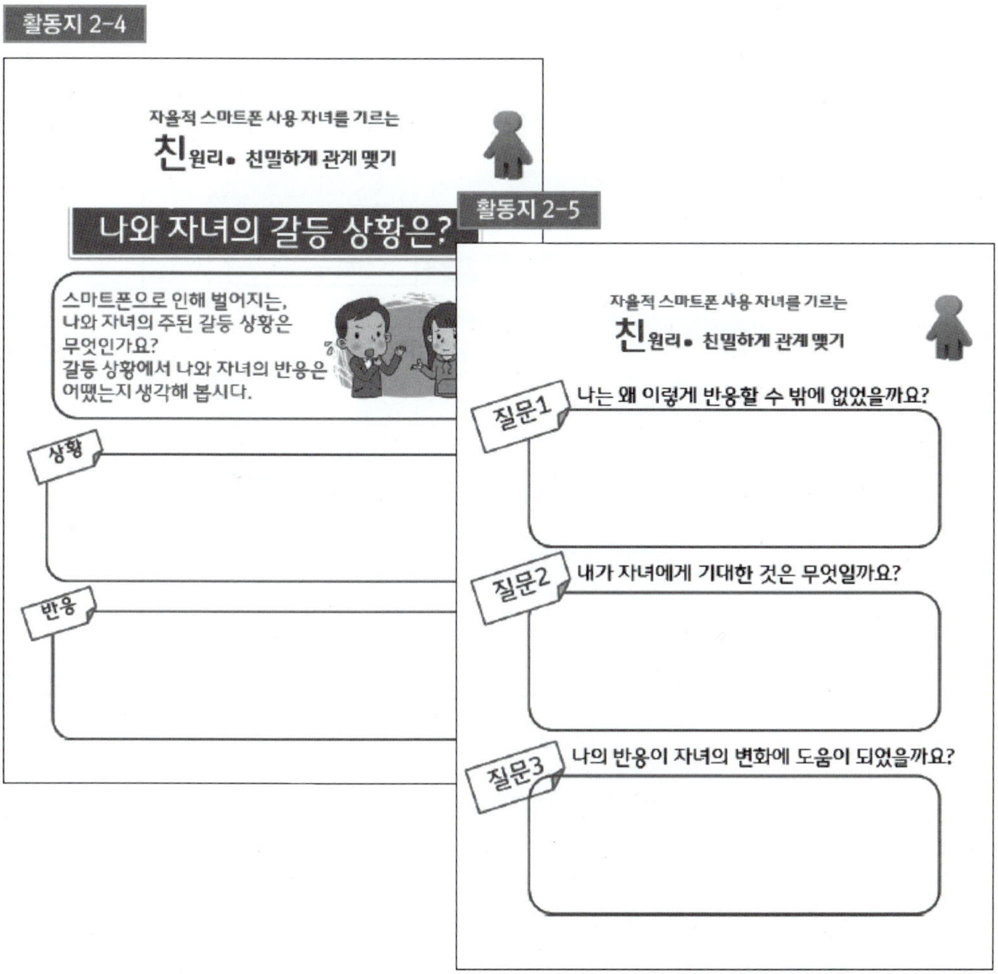

〈그림 10-8〉 스마트폰 중독 청소년 부모교육 프로그램 2회기 활동자료

출처: 배주미, 조은숙 외(2013b).

③ 3회기: 청소년 발달 이해/ 한자 원리 학습(한: 한계 정하기/ 자: 자율성 지지하기)

– 청소년이 스마트폰에 빠지는 이유를 발달적/세대적 관점에서 이해하기, 자율적 스마트폰 사용 자녀를 기르는 친한자 원리 학습하기

활동지 3-13

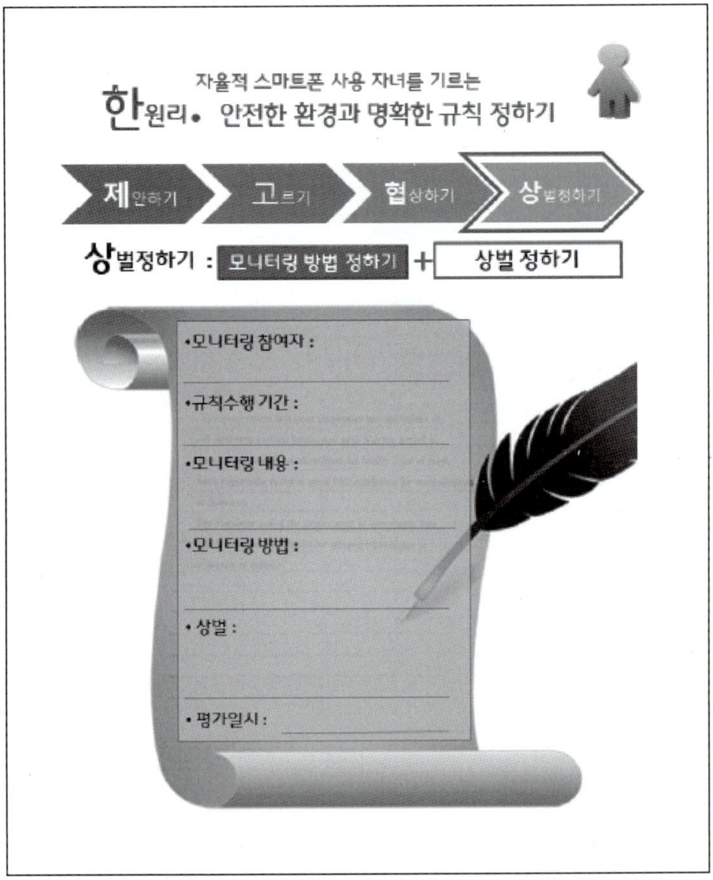

〈그림 10-9〉 스마트폰 중독 청소년 부모교육 프로그램 3회기 활동자료

출처: 배주미, 조은숙 외(2013b).

④ 4회기: 스마트폰 기기의 이해/ 친한자 원리 복습

– 스마트폰 사용 지도를 위한 스마트폰 세계 이해의 중요성, 스마트폰 개념 및 용어 이해, 스마트폰 활용 콘텐츠 이해, 스마트폰 모니터링 App 실습 및 활용법 이해, 친한자 원리 복습

PPT

4. 스마트폰 속 자녀들의 언어

자녀들의 언어	번 역
솔까말	솔직히 까놓고 말해서
엄빠	엄마+아빠
뻐카충	버스 카드 충전
엄크	엄마+Critical (어머니에게 치명적으로 혼나다)
안여돼	안경 여드름 돼지
파덜 어택	아버지에게 꾸중듣다

〈그림 10-10〉 스마트폰 중독 청소년 부모교육 프로그램 4회기 활동자료

출처: 배주미, 조은숙 외(2013b).

Box 10-1

외국의 부모교육 프로그램

- Missouri's Parents as Teachers(PAT)

1981년 0-3세 영유아의 부모를 대상으로 개발된 프로그램으로 부모에게 영유아 발달에 대한 지식을 전달한다. 자녀가 학교에서 성공할 수 있게 돕고 부모가 양육에 자신감과 유능감을 갖게 하는 것을 목표로 한다. 1996년 PAT 내용이 수정·보완되었고 프로그램 대상도 5세 아동을 둔 부모로 확대되었다.

• 관련 홈페이지
Parents as Teachers Program Information | Missouri Department of Elementary and Secondary Education (mo.gov)

- Early Childhood Family Education(ECFE)

1975년 Minnesota Department of Education에서 미네소타의 0세-유아기 자녀를 둔 가족을 위해 개발한 프로그램이다. 자녀에게 발달적으로 적절한 환경을 제공할 수 있게 부모의 유능감을 높이는 것이 프로그램의 주 목표이다.

• 관련 홈페이지 http://education.state.mn.us/MDE/fam/elsprog/ECFE/index.htm

- Tuning In To Kids

부모-자녀 간 정서적 연결에 초점을 둔 근거 기반 부모교육 프로그램이다. 자녀의 감정을 알아차리기, 감정을 이해하고 반응하기 등 감정코칭을 교육함으로써 자녀가 자신의 감정을 이해하고 조절할 수 있게 돕는다. Sophie Havighurst와 Ann Harley에 의해 개발되었으며 아버지 대상 프로그램, 유아기 자녀를 둔 부모용 프로그램 등 다양한 대상을 위한 프로그램이 개발되어 있다.

• 관련 홈페이지 http://www.tuningintokids.org.au/

생각해 볼 문제

01 최근 들어 아버지 대상 부모교육 프로그램이 활성화되고 있다. 아버지를 대상으로 한 교육 프로그램의 목표, 내용, 활동에 대해 조사해보고 유아, 아동, 청소년 자녀를 둔 아버지 대상 프로그램에서 다루어야 할 주제를 선정해 보자.

02 온라인 부모교육의 장점과 단점을 생각해보고 온라인 부모교육을 제공하는 정부기관(예: 학부모지원센터) 홈페이지를 방문해 어떤 교육 프로그램이 운영되고 있는지 살펴보자.

Chapter 11

부모와 교사

1. 부모-교사 관계의 특징
2. 바람직한 부모-교사 관계 형성을 위한 부모의 역할
3. 바람직한 부모-교사 관계 형성을 위한 교사의 역할
4. 바람직한 부모-교사 관계 형성을 위한 요인
5. 부모-교사 간 소통의 실제

어린이집이나 유치원에서 만나게 되는 부모와 교사는 영유아가 해당 기관에 다니게 되면서 공식적인 관계를 맺게 된다. 부모와 교사는 영유아가 기관에서 생활하면서 경험하는 상황에 따라 만족스러운 관계로 발전하기도 하며 때로는 서로 간의 이견과 오해로 인해 갈등을 경험하기도 한다. 부모와 교사 사이의 이견, 갈등은 부모의 기관에 대한 만족감을 감소시킬 뿐 아니라 교사의 정체성 및 직무만족에도 부정적 영향을 미친다. 또한 부모와 교사 간의 갈등은 영유아의 정서적 안정에도 부정적인 영향을 미칠 수 있다. 따라서 부모와 교사가 원활하게 소통하여 협력적인 관계를 맺는 것이 영유아의 건강한 발달과 기관에서의 성공적인 적응을 도모하는 지름길임을 이해하는 것이 중요하다. 이에 본 장에서는 부모-교사 관계의 특징을 알아보고, 바람직한 부모-교사 관계를 형성하기 위하여 부모와 교사가 어떠한 역할을 해야 하며 어떠한 요인이 필요한지를 파악한 후, 영유아교육기관에서의 부모-교사 간의 소통이 이루어지는 실제를 살펴봄으로써 부모-교사 관계에 대한 전반적 이해를 도모하고자 한다.

학습 목표

1. 부모-교사 관계의 특징을 이해한다.
2. 바람직한 부모-교사 관계 형성을 위한 부모의 역할에 대해 알아본다.
3. 바람직한 부모-교사 관계 형성을 위한 교사의 역할에 대해 살펴본다.
4. 바람직한 부모-교사 관계 형성을 위한 요인에 대해 알아본다.
5. 부모-교사 간 소통의 실제에 대해 살펴본다.

1 부모-교사 관계의 특징

부모와 교사의 관계는 자녀가 기관에 다님으로써 시작되는데 이에는 몇 가지 특징이 있다(조성연, 이미란 외, 2014).

1) 간접적 · 이차적 관계

부모와 교사는 직접 관계를 맺는 사이가 아니라 부모가 그 기관을 선택함으로써 영유아를 사이에 두고 맺은 간접적·이차적인 관계이다. 부모는 자녀를 통해 기관에 대한 정보를 얻게 되고, 교사도 영유아의 말이나 행동 등을 통해 부모에 대한 정보를 얻는다. 그러나 영유아는 스스로의 생각을 논리적으로 전달할 수 있는 인지적·언어적 능력이 미숙하기 때문에 영유아를 사이에 둔 부모와 교사 간 의사소통은 쉽지 않으며 동시에 영유아의 미숙한 메시지 전달은 부모와 교사와의 관계를 더 어렵게 할 수도 있다. 영유아가 전달하는 행동이나 이야기만 듣고 서로 오해가 생기기도 하는 반면 영유아의 발달적 특성을 이해함으로써 쉽게 문제가 해결되기도 한다.

2) 비자발적 선택 관계

교사와 부모는 서로 원해서 선택적으로 맺어지기보다는 기관의 학급 편성에 따라 맺어지는 비자발적인 선택 관계이다. 자녀를 맡아 보호하고 교육해 주는 교사를 영유아나 부모가 선택하는 데는 한계가 있고, 교사도 자신이 담임을 맡을 영유아를 선택하는 것이 어렵다. 이처럼 부모와 교사 간의 비자발적이고 복합적인 관계 형성으로 인해 부모와 교사는 서로 다른 기대를 할 수 있으므로 더 나은 영유아의 교육·보육을 위해 부모와 교사는 서로 긴밀하게 협조하고 지원해야 한다.

3) 한시적 관계

부모와 교사의 관계는 영유아가 그 기관에 재원하는 동안에만 유지되는 한시적인 관계이다. 이러한 관계로 교사는 영유아를 교육·보육하는 동안에 최선을 다하기도 하지만, 한편으로는 적당히 시간을 보내려는 태도로 안주할 위험성도 지닐 수 있다. 때로 영유아에게 문제가 있거나 부모가 까다로운 경우, 교사는 맡은 기간만 무사히 넘기면 된다는 생각에 영유아의 문제나 부모의 의견에 무관심할 수도 있다. 또한 부모도 교사가 믿음이 가지 않거나 까다롭다고 생각하면 교사의 말에 귀를 기울이려고 하지 않거나 방관자적인 입장에서 행동하여 교사를 어렵게 할 수도 있다. 그러므로 부모-교사 관계가 시간이 분명하게 정해진 한시적인 관계라 할지라도 영유아의 발달을 위해 서로 최선을 다하려는 태도가 필요하다.

4) 공식적 관계

기관에서 부모와 교사는 「유아교육법」과 「영유아보육법」에 따라 관계를 맺는 공식적인 관계이다. 부모와 교사는 개인적인 모든 부분을 공유하는 것이 아니라 영유아의 교육·보육에 관련되는 일에만 관계하는 부분적인 관계이며, 기본적으로 교육·보육의 수요자와 공급자의 관계이다. 이는 부모와 교사 모두 공적인 관계를 유지해야 한다는 의미이기도 하다. 이런 점에서 부모와 교사가 친밀한 관계를 넘어 사적인 관계를 맺는 것은 바람직하지 않다. 따라서 부모가 정도를 벗어나는 요구를 하거나 무례하게 행동하지 않도록 기관의 원장이나 교사는 기관의 운영방침이나 교사의 철학을 부모에게 분명하게 전달할 필요가 있다. 부모와 가족은 교사에 대해, 교사는 영유아와 부모에 대해 예의바른 태도를 취하면서 상호 간의 개인적 정보를 보호할 수 있어야 한다.

2 바람직한 부모-교사 관계 형성을 위한 부모의 역할

맞벌이 가정이 보편화되고 한부모 가족, 다문화 가족, 조손 가족 등 영유아 돌봄의 어려움을 지닌 가족이 증가하면서, 가정에서의 자녀 사회화 기능이 약화되고 영유아의 보호와 교육에 대한 기관에서의 책임이 보다 강조되고 있다. 최근에는 이른 연령부터 기관에 다니기 시작하는 영유아가 증가하면서 학교에 입학하는 자녀를 둔 부모를 지칭하는 학부모의 개념이 어린 영아기 자녀를 둔 부모에게까지 확대되고 있다.

영유아를 기관에 보내는 대부분의 부모들은 기관에 협조적이고, 자녀를 위해 애써주는 교사에게 고마운 마음을 지닌다. 그러나 일부 부모들은 마땅히 해야 할 부모역할도 바쁘다는 이유로 소홀히 하거나 교사에게 과도한 요구를 함으로써 교사와 갈등을 빚기도 한다.

부모의 양육태도는 영유아의 생각과 행동에 중요한 영향을 미친다. 오늘날의 부모는 자녀양육에 대해 조언을 들을 수 있는 인적 자원이 부족하고, 무분별한 정보의 홍수 속에서 올바른 부모역할이 무엇인지를 판단하는 데 어려움을 경험하고 있다. 또한 바쁜 생활 속에서 자녀와 함께 하는 시간이 부족해지면서 자녀의 욕구나 특성에 대한 이해가 부족하여 부모역할을 적절히 수행하지 못하는 경우도 있다. 그러나 부모역할은 바쁘다는 이유로 결코 소홀히 하면 안 되는 중요한 역할로, 영유아교육기관에 자녀를 보내는 부모는 영유아의 건강한 성장과 발달, 그리고 기관에서의 성공적인 적응을 지원하기 위하여 어떠한 역할을 수행해야 하는지에 대해 바르게 인식하는 것이 필요하다.

Box 11-1

바람직한 부모의 모습

- 어린이집과 유치원 일과 및 가정 연계활동 등에 협조한다.
- 기관의 운영방침에 협조한다.
- 자녀를 청결하게 보살피고 규칙적인 생활을 할 수 있게 한다.
- 교사를 존중하고 예의 바른 태도로 대한다.
- 교사나 교육과 보육활동에 만족하고 감사하다는 것을 말이나 행동으로 표현한다.
- 양육 및 교육에서 궁금한 점이 있으면 교사에게 물어보고 교사를 전문가로 대한다.
- 부모 면담이나 부모교육에 적극적으로 참여한다.
- 자녀의 고쳐야 할 행동이나 말투 등을 가정에서 기관과 연계하여 일관성 있게 지도한다.
- 올바른 식습관 형성을 위해 가정에서 편식지도에 협조한다.

- 자녀가 아플 경우 기관에서 연락을 하면 병원 진료를 받은 후 가능한 한 자녀가 가정에서 휴식을 취할 수 있도록 노력하고, 그렇지 못할 경우 교사에게 미안한 마음을 표현한다.
- 영유아가 또래와 갈등이 생겼을 경우 교사에게 중재방법을 물어보거나 친구가 다친 경우 미안한 마음을 표현한다.

Box 11-2

자기중심적인 부모의 모습

- 교사의 권위와 전문성에 대해 존중이 부족하다.
- 영유아를 가정에서 적절하게 양육해야 하는 부분을 기관에 책임을 떠넘기기도 한다.
- 바쁘다는 이유로 자녀 양육과 교육을 기관에서 다 해주기를 바란다.
- 자신의 자녀에게만 교사가 특별히 관심을 가져주기를 바란다.
- 자녀의 부정적인 행동은 옹호하고 다른 아이의 부정적인 행동에는 엄격하게 지도해 주기를 바란다.
- 기관에서 조금만 다쳐도 과도하게 걱정하고 기관에 책임을 부과한다.
- 또래 관계, 교육적인 부분, 일상생활 지도, 예의범절 등 인성 교육까지 기관에서 모두 해주기 바란다.
- 가정에서 부족한 부분도 기관에서 가르쳐야 한다고 과도한 기대를 한다.
- 인성교육을 소홀히 하고 영유아에게 이기적인 부분을 강조한다.
- 자녀의 말만 듣고 교사의 객관적인 사실 전달은 소홀히 들어 상황을 잘못 해석한다.
- 교사에게 반말을 하거나 무시하는 듯한 태도를 보이거나 교사를 존중하는 언행을 보이지 않는다.

1) 기관 생활에 협력하는 역할

(1) 등 · 하원

기관에서 등·하원 차량을 운행할 경우, 보호자는 차량 도착 전에 미리 나와서 기다려야 하며, 보호자가 미리 나오지 않으면 등·하원이 지연될 수 있다. 부모 입장에서는 본인의 사정이 중요하다 할 수 있지만, 차량 내에서 또는 다음 승하차 지역에서 기다리는 다른 영유아의 입장을 생각해야 하며, 길가에 차량을 정차할 경우 교통체증을 유발할 수 있으므로 부모는 등·하원 시간을 반드시 지켜야 한다.

부모가 자녀를 개별 등·하원 시킬 경우, 교실까지 데려다 주는지 또는 원 입구에서 자녀를 교사에게 인계하는지는 사전에 원장과 부모가 협의한 기관의 방침에 따르면 된다. 원 입구에서 영유아만 교실에 혼자 들여보내거나 보호자 없이 영유아 혼자 등·하원하는 것은 안전을 위해 불가하다. 반드시 등원 시에는 영유아를 보호자가 교사나 담당 보육교직원에게 인계하도록 하고, 하원 시에도 지정된 보호자에게 인계하도록 하여 안전한 등·하원이 이루어지도록 한다. 부모는 하원 시 영유아를 데리러 오는 보호자가 바뀌는 경우 반드시 기관으로 미리 연락을 주어야 한다.

(2) 일과 중

부모는 자녀의 적응이나 기관생활이 궁금하더라도 일과 중에는 사무실이나 원장실을 통해서 문의하거나 전달사항을 전하고, 담임교사와의 직접 통화는 가급적 하지 않도록 한다. 담임교사와는 낮잠시간에 다른 교사가 영유아들을 돌보고 있을 때나 하원 후에 연락하도록 한다.

간혹 일부 부모는 게시판에 게시된 교육활동 사진을 보고 자녀의 또래관계나 활동 참여에 대해 오해를 하고 담임교사와의 통화를 원하기도 한다. 예를 들어, 교육활동 사진에 본인의 자녀 사진이 많이 없을 경우 자녀가 활동에 참여하지 않는다고 생각하거나, 자녀 혼자 찍힌 사진이 많을 경우 또래 관계에 문제가 있는 것이 아닌지 걱정하는 것이다. 이러한 걱정은 기관에 자녀를 맡긴 부모가 할 수 있는 일반적인 걱정들로, 부모는 낮잠시간이나 하원 후의 시간을 활용하여 담임교사에게 궁금하거나 걱정되는 것들을 물어보도록 한다. 이때 교사는 부모에게 교육활동 진행이 우선되어야 하므로 교사가 사진 찍는 것에만 집중할 수 없음을 설명하고, 자녀 사진이 많이 없다고 해서 영유아가 활동에 참여하지 않은 것이 아니며, 영유아의 기질과 관심, 흥미에 따라 다양한 놀이가 이루어질 수 있고 영아의 경우 혼자놀이, 병행놀이를 하는 발달 특성을 설명해 주도록 한다.

2) 기관 활동에 참여하는 역할

부모는 다양한 수준에서 기관 활동에 참여함으로써 교육·보육의 질을 향상시키고, 교사의 스트레스를 줄일 수 있다. 교사의 입장에서는 부모를 통하여 개별 영유아에 대한 부가적 정보를 제공받을 수 있을 뿐만 아니라, 교사가 사용할 수 있는 시간과 노력, 지식, 창의성, 경험 등의 자원에 한계가 있을 때 부모가 기관 활동에 참여하여 부가적 자원을 제공해줌으로써 보다 풍부한 학습활동을 제공할 수 있다(이윤경, 김선영 외, 2003). 이에 어린이집과 유치원은 부모 또는 가족들과 영유아의 발달과정이나 교육·보육내용에 대해 정보를 교환하고 서로 협력할 수 있는 다양한 장치를 마련할 필요가 있다.

(1) 행사

부모는 기관에서 미리 공지한 부모면담, 강연회, 워크샵, 부모참여수업 등의 다양한 행사에 가능한 개인 일정을 조정하여 참여하도록 한다. 부모가 기관과 원활히 소통하고, 기관에서의 교육·보육방침과 일관된 양육을 유지할 때 영유아의 발달이 긍정적인 방향으로 촉진될 수 있음을 인식한다. 자녀와 함께 참여하는 행사의 경우, 부모는 행사의 취지와 내용이 포함된 가정통신문을 미리 읽어보고 자녀와 함께 행사에 대한 기대감을 가지도록 하며, 행사 참여 시 자녀의 성향에 따라 적절하게 기다려주고 격려하며 자녀와 즐겁게 활동할 수 있도록 노력한다.

(2) 운영위원회

부모는 어린이집과 유치원에서 민주적이고 투명한 운영을 통해 기관의 자율성을 강화하기 위해 설치·운영되는 운영위원회에 공식적으로 참여할 수 있다. 운영위원회는 기관의 유형과 정원에 따라 구성 인원에 차이가 있으나, 일반적으로 원장, 교사, 학부모 대표, 지역사회 인사 등으로 구성된다. 운영위원회는 분기별로 최소 1회 이상 개최되며 회의록을 작성하여 모든 학부모에게 공개한다. 학부모 대표로 선출된 위원은 운영위원회에 참여하여 다음과 같은 사항을 심의하고 의견을 제안할 수 있다(교육부, 2021; 교육부, 2025).

- 운영 규정의 제·개정에 관한 사항
- 예산 및 결산의 보고에 관한 사항
- 영유아의 건강, 영양, 안전에 관한 사항
- 교육과정의 운영, 환경 개선에 관한 사항
- 아동학대 예방에 관한 사항
- 학부모가 부담하는 경비에 관한 사항
- 운영에 대한 제안 및 건의에 관한 사항

(3) 부모 자원봉사

부모는 어린이집이나 유치원에서 자원봉사를 모집할 때 자발적으로 참여하여 다양한 방식으로 봉사할 수 있다. 부모 자원봉사 참여 활동은 부모가 기관의 교육과 운영에 대해 깊이 이해하고 교사 및 기관과 소통할 수 있는 기회를 제공한다. 또한 영유아에게는 부모와의 유대감을 높이고 자긍심을 기를 수 있는 긍정적인 경험이 된다.

부모 자원봉사 형태는 매우 다양하며, 기관에서는 신학기 오리엔테이션, 운영안내, 부모 공지 등을 통해 부모에게 자원봉사 프로그램을 안내하여 부모의 자발적인 참여를 유도할 수 있다. 부모는 기존 프로그램 외에도 활용가능한 자원과 아이디어가 있다면 원장 또는 교사와 의논하여 영유아와 기관에 도움이 될 수 있는 새로운 자원봉사 활동을 제안할 수 있다. 기관은 일부 부모만 지속적으로 참여하게 되면 소외감을 느끼는 영유아가 있을 수 있음을 고려하고 모든 학부모가 골고루 다양한 영역과 방식으로 참여할 수 있도록 창의적인 아이디어를 모색하는 것이 중요하다.

부모자원봉사 활동의 예는 다음과 같다.

- 부모 재능과 전문성을 활용한 활동: 악기 연주, 공연, 체험 활동, 직업 체험, 부모 직장 견학 등
- 수업 참여: 그림책 읽어주기, 김장 등 요리활동, 알뜰시장 행사 지원 등
- 인력 보조: 현장학습 인솔, 물놀이 안전관리 및 진행, 텃밭 가꾸기, 환경 구성 또는 교재교구 보수 작업 등

3 바람직한 부모-교사 관계 형성을 위한 교사의 역할

교사는 부모와의 지속적인 면담과 상호교류를 통해 영유아가 어떻게 생활하고 성장해 가는지를 알려주는 '상담자'이며, 때로는 육아에 대한 지식과 개별 영유아에 대한 구체화된 양육 가이드라인을 제공해 주는 '부모교육자'이다. 즉, 교사는 영유아의 발달과 연령에 따른 성장과정과 변화 및 특이사항에 대해 부모와 함께 논의하고 모니터링하며, 때로는 전문상담과 부모교육까지 행하게 된다(김은설, 안재진 외, 2009).

부모와의 관계를 형성함에 있어서 교사는 우선 부모의 입장에서 부모가 궁금해하고 어려워하는 점 등을 이해해야 한다. 이를 위해서는 이미 가치관이 확립되고 행동양식이 굳어진 성인인 부모를 가르치거나 교육하려는 태도보다 부모의 입장을 공감해 주고 부모에게 정서적인 지지를 보내주는 것이 훨씬 효과적일 수 있다. 즉, 부모의 어려움에 대해 공감해 주고 영유아에 대한 구체적인 정보를 제공함으로써 부모로서의 효능감과 자신감을 가질 수 있도록 지원해 주는 것이 필요하다. 부모의 입장에서 보면, 자녀의 발달과 기관생활에 대해 누구보다 잘 알고 있는 교사로부터 받는 지원이나 정보는 책이나 매스컴 등에서 얻는 일반적인 정보에 비해 훨씬 구체적이고 유용할 것이다. 이를 위하여 교사는 지속적인 재교육을 통해 영유아 교육 및 발달 전문가로서의 지식과 능력을 갖추는 것이 필요하다.

기관에서의 부모-교사 관계는 영유아의 바람직한 성장과 발달을 도모하기 위해 다양한 방법으로 이루어져야 하며, 교사는 전문적인 자세로 부모와의 만남을 준비하고, 부모가 다양한 활동에 참여하여 의미 있는 경험을 하고 실제적인 도움을 받을 수 있도록 지원하는 것이 중요하다. 부모와 교사 간의 바람직한 관계는 부모-교사 간의 신뢰와 존중이 바탕이 될 때, 기관에서 마련한 다양한 활동에 부모가 자발적이고 적극적으로 참여할 때 이루어질 수 있을 것이다.

1) 교육 · 보육 전문가로서의 역할

어린이집이나 유치원 교사에 대한 사회적인 인식이 예전에 비해 많이 나아졌으나, 아직도 일부에서는 교사를 어린 영유아를 돌보는 베이비시터(baby sitter)로 생각하거나 전문적인 지식과 역량을 갖춘 전문가로 인식하지 않는 경우가 있다. 특히 유아교육과 보육현장에서 아동학대와 관련된 사건이 발생할 때마다 교사의 자질에 대한 신뢰가 떨어지고 영유아를 담당하고 있는 교사들의 사기도 저하되고 있다.

그러나 영유아를 대상으로 교육과 보육을 실시하는 교사는 모두 영유아교육과 보육에 대한 전문가들이다. 이들은 영유아발달에 대한 전문지식과 교육·보육활동에 필요한 실천적 기술을 습득한 전문가로, 부모와 기관 모두 영유아의 건강한 성장과 발달을 촉진하는 교사의 전문성을 기대한다. 이에 교사는 영유아의 발달과 양육, 교육에 대한 전문적 지식, 기술, 능력 신장을 위해 끊임없이 노력하는 것이 필요하다. 상대적으로 젊은 초임교사나 경력이 짧은 교사들은 이론적 지식을 다양한 실제 사례에 적용하거나 학부모와의 관계를 형성함에 있어서 어려움을 겪기도 하지만, 부단한 노력을 통해 전문성을 갖추는 것은 전문가로서 지녀야 하는 기본자세라고 할 수 있다.

교사는 부모로부터 전문성을 인정받기 위하여 다음과 같은 노력을 기울여야 한다.

- 교사는 말과 행동, 몸가짐에서 전문가다운 모습을 보여야 한다. 부모와 영유아의 교육·보육과 관련 없는 사적인 주제로 대화를 하거나 부모의 수다에 맞장구쳐주는 모습은 바람직하지 않다. 혹시 부모가 그런 모습을 보이더라도 적절하게 반응하며 주제를 전환하여 영유아의 생활이나 발달에 대한 부분을 언급하는 것이 바람직하다.
- 영유아를 데리고 등·하원 하는 부모에게 영유아의 기관생활에 대해 전달할 때에도 일상적인 부분과 교육적인 부분을 함께 전달함으로써 전문가다운 모습을 보이도록 한다.
- 전문성이 있는 교사는 이론적인 지식을 그대로 부모에게 전달하는 것이 아니라, 부모가 이해할 수 있는 수준으로 쉽게 설명하거나 영유아의 경험과 사례를 바탕으로 내용을 효과적으로 전달할 수 있어야 한다. 부모가 교사의 전문성에 대해 신뢰하게 되면 영유아의 교육과 보육에 대한 어려움을 서로 공유하는 것이 가능해진다.
- 교사는 본인이 습득한 영유아 발달과 교육에 대한 지식을 토대로 영유아를 객관

적으로 관찰·평가하고, 평가한 결과에 따라 영유아를 위한 개별화된 놀이와 활동을 준비할 수 있어야 한다.

- 교사는 부모와의 관계를 증진하기 위하여 부모의 관심과 시각에서 교사에게 무엇을 기대하는지를 이해하고, 부모의 다양한 욕구를 적절하게 충족시켜줄 수 있도록 적극적인 노력을 기울여야 한다.

2) 영유아발달에 대해 조언하는 역할

부모는 영유아가 어떤 상황에서 왜 그런 행동을 하는지에 대해 이해가 부족하므로 교사는 영유아발달에 근거하여 영유아의 행동을 해석하고 이에 대한 문제해결방법을 조언해 줄 수 있다. 이를 위하여 교사는 영유아의 행동을 관찰·분석하여 적절한 해석을 할 수 있어야 하며, 영유아발달 이론서와 양육정보 전문서적을 참고하여 부모가 영유아의 욕구와 행동의 원인을 올바르게 이해할 수 있도록 쉽게 설명해주고 적절한 부모의 역할과 양육방법을 제시해 줄 수 있어야 한다.

3) 놀이의 교육적 가치를 전달하는 역할

교사는 영유아에게 다양한 교육적인 환경과 자료를 제공하고 교육활동을 진행한다. 부모는 교사가 영유아에게 한글교육, 수·과학교육, 음악교육, 미술교육 등 인지적인 충분한 자극을 제공해 주기를 기대한다. 일부 부모는 역할놀이나 쌓기놀이, 신체놀이와 같은 영유아의 발달에서 중요한 놀이에 대한 이해가 부족하여 기관에서 종일 놀기만 하고 공부는 안 한다는 오해를 하기도 한다. 이에 교육활동으로 진행되는 다양한 영역의 활동들뿐 아니라 상상놀이, 구성놀이, 거친 신체놀이 등의 교육적인 가치에 대해 설명하는 것이 필요하다. 표준보육과정 해설서와 누리과정 해설서의 내용을 참고하여 국가수준의 교육과정에서 강조하는 놀이의 교육적 가치를 부모에게 구체적으로 설명해 줄 수 있다.

4) 영유아의 감정표현에 대해 정서적으로 지원하는 역할

교사는 영유아의 감정표현을 영유아의 기질과 발달특성에 따라 이해하고 이에 대해 세심하게 정서적으로 지원해 주는 것이 중요하다. 만약 부모가 영유아의 정서에 대한 이해가 부족하거나 영유아의 요구에 민감하지 않다면, 교사가 영유아의 욕구와 감정표현에 대해 해석하고 적절하게 반응함으로써 어떻게 정서적인 지원을 해야 하는지를 부모에게 전달해 주는 것이 필요하다.

5) 일관성 있는 기본생활습관 지도에 대해 안내하는 역할

하루 일과를 진행하면서 교사는 자연스럽게 영유아에게 기본생활습관에 대한 지도를 한다. 부모는 가정에서 부모가 하기 어려운 이 닦기, 씻기, 인사하기, 존댓말 하기, 제자리에서 먹기, 골고루 먹기 등의 기본생활습관 지도를 기관에서 교사가 온전히 맡아서 교육해 주기를 기대한다. 그러나 기본생활습관은 기관에서 지도하는 것만으로 획득되는 것이 아니라, 부모의 모델링과 가정과의 연계가 중요하다는 것을 부모에게 안내하고, 기관에서 지도하는 내용을 가정에서도 일관성 있게 실시하도록 협조를 구하도록 한다.

6) 부모의 기대를 이해하는 역할

최근 들어 맞벌이 부모가 늘고 소수의 자녀를 키우게 되면서 부모들이 자녀 양육에 대하여 교사에게 기대하고 바라는 것들이 증가하는 경향이 있다. 이에 교사는 부모가 무엇을 기대하고 원하는지를 이해하기 위하여 부모와 소통하는 것이 필요하다. 부모의 입장에서는 영유아가 전달하는 말이나 행동을 통해 영유아의 기관생활이나 또래관계를 짐작하고 걱정하기도 하므로 교사는 부모의 입장에서 마음을 헤아려 보는 것이 필요하다.

부모가 기대하는 교사의 역할은 다음과 같다.

- 부모는 교사가 자신의 아이에게 관심을 가지고 배려하기를 원한다.

- 아이에 대해 잘 관찰하고, 아이의 사소한 행동과 놀이, 언어표현 등에 대해 개별적으로 수시로 전달해 주기를 바란다.
- 결석하거나 아픈 경우에 교사가 먼저 연락해 주기를 바라고 연락을 하지 않으면 서운해 하는 경우도 있다.
- 아이가 다치거나 아픈 경우 바로 연락해 주기를 바란다. 부모에 따라 작은 상처도 크게 받아들이기도 하므로 교사가 상처의 경중을 판단하지 않는다.
- 등·하원 시 아이를 반갑게 맞이하고 배웅해 주기를 바란다. 부모 입장에서는 등·하원 시에 보는 교사-자녀 모습이 부모가 볼 수 있는 기관생활의 대부분이므로 이때 교사가 자녀를 어떻게 대해 주는지가 기관생활에 대해 판단하는 기준이 되기도 한다.

7) 부모의 입장에서 생각하는 역할

교사가 부모에 대하여 어떤 생각을 가지고 있는지를 점검해 보는 것은 부모와의 관계 형성에 있어 중요하다.

- 부모는 아동발달이나 기질, 애착, 놀이 등에 대한 이해가 없는 일반인이므로 교사가 부모에게 너무 높은 수준의 부모역할을 기대하고 있는 것은 아닌지 생각해 볼 필요가 있다. 왜 부모가 자녀에게 이렇게 행동할까 등의 불만을 가지기 전에 일반인인 부모의 입장에서 어려운 부분은 무엇인지 먼저 생각해 보고 도움을 주는 것이 필요하다.
- 부모는 처음 하게 되는 부모역할이 생소하고 아이가 성장함에 따라 부모역할을 어떻게 해야 하는지에 대해 어려움을 겪는다. 특히 맞벌이 부모의 경우에는 직장생활과 양육을 병행하면서 몸과 마음이 지치고 힘들어 교사에게 협조하는 것이 어려울 수 있다. 교사가 부모의 입장에서 생각해 본다면 부모를 더 많이 공감해 주고 지원해 줄 수 있을 것이다.

8) 영유아의 문제행동에 대해 부모와 협력하는 역할

부모는 영유아가 문제행동을 보일 때 지나치게 엄격하게 반응하거나, 반대로 문제라고 인식하지 못하여 허용적인 태도를 보이거나, 때로는 당황하여 어떻게 해야 할지 모르는 경우가 많다. 대부분의 부모들은 자녀가 보이는 문제행동의 원인과 대처방법에 대한 조언을 교사에게 구하고 교사가 효과적인 답변을 해주기를 기대한다. 따라서 교사는 영유아의 행동을 이해할 수 있는 참고 서적을 보거나 동료교사, 선배교사에게 조언을 구해 영유아의 문제행동을 효과적으로 지도할 수 있도록 다각적인 노력을 기울여야 한다.

예로, 육아정책연구소(2013)에서 발간한 「영유아 문제행동지도를 위한 어린이집 보육교사 지침서」가 있다. 기본생활 영역, 신체운동 발달 영역, 사회성발달 영역, 정서 발달 영역, 언어 발달 영역, 인지 발달 영역의 6개 영역의 문제행동지도 사례에 대한 내용을 참고하여 영유아가 보인 행동을 이해하고, 효과적인 지도방법에 대해 부모에게 조언해 줄 수 있다.

영유아의 문제행동에 대해 가정과 협력하기

- 가정과 연계하여 부모가 자녀의 특성을 이해하고 협력할 수 있도록 돕기
- 자녀의 발달적 특성 이해시키기
  - 자녀의 기질을 이해하기
  - 영아의 기질에 맞는 부모의 양육태도 이해하기
- 문제행동으로 인한 부모의 스트레스 공감하기
  - 유아에게 필요한 도움을 주기 위해 스트레스 정보 공유하기
  - 부모의 스트레스를 인정하고 격려하기
- 부모의 양육태도 개선시키기
  - 온정적이고 반응적인 양육 환경 만들기
  - 돌보는 사람의 일관적인 양육을 통해 영아는 안정적인 애착을 형성하게 됨
  - 영아의 기본적인 신체 욕구 및 감정 욕구에 민감하고 적절하게 반응함을 통해 영아는 사회에 대한 신뢰감, 자존감을 형성하게 됨
- 문제행동에 대한 가정에서의 지도방법 알려주기

출처: 육아정책연구소(2013).

〈문제행동지도방법의 예〉

무는 경우

〈상황〉

1세/ 여아 영아가 가지고 놀던 모형 컵을 책상 위에 두고 다른 놀잇감을 가지고 오기 위해 잠시 교구장으로 이동한다. 그때 다른 친구가 책상 위에 있던 컵을 만지고, 그 모습을 본 영아가 빠르게 달려와 친구의 팔을 물며 컵을 세게 잡아당긴다. 친구가 소리를 지르자 '내꺼야!' 하며 얼굴을 밀치고 울음을 터뜨린다.

가. 원인 분석

- 자신이 원하는 컵을 지키기 위해서 공격적으로 행동하고는 자신도 놀라서 움
- 아직 어려서 집단생활에서 필요한 '놀잇감 나누어 쓰기'가 어려움
- 놀잇감을 가져가지 못하게 하는 적절한 방법을 모름
- 정서적으로 불안정한 아이의 경우 성인의 관심을 끌어낼 수 있는 강력한 행동이 되기 때문에 무는 행동을 지속하는 경우도 있음
- 돌 전후의 영아들은 이가 나기 시작하며 무언가를 깨물고 싶은 욕구를 느껴 또래를 물거나 물리는 일이 빈번하게 발생함

나. 지도 방법

1) 즉각적 개입

- 자신에게 필요한 놀잇감을 뺏기기 싫어서 무는 것에 대해서는 일단 그러한 영아의 마음을 읽어준 뒤 적절한 방법을 알려주는 상호작용을 함
- 상호작용 1단계: 영아의 신체적, 정서적 상태를 읽어주기

▶영아를 비언어적으로 수용하기

- 두 아이를 우선 각각 안아준다.

▶영아의 상태를 읽어주기

- "놀고 있는 컵을 친구가 가져가는 줄 알았나 보네."
- "친구가 놀잇감을 만지는 게 싫었구나."
- "친구가 옆에 오는 게 싫었구나."
- "친구를 물고 얼굴을 밀치고 나선 너도 놀랐구나."

- 상호작용 2단계: 서로의 입장을 분명히 이해하기
  - ▶교사가 밀친 행동에 집중하여 일방적인 가해자-피해자를 가리는 방식으로 개입하지 않도록 함
  - ▶서로가 원하는 것이 달라서 생긴 것에 초점
  - ▶공격 행동으로 인한 친구의 감정 읽어주기
    - "물어서 친구가 아프겠다."
    - "소리를 질러서 친구가 놀랐겠다."
  - ▶친구 행동의 의도를 읽어주기
    - "친구가 가져가려는 것이 아니라 같이 놀고 싶어서 컵을 만질 수도 있지."
- 상호작용 3단계: 행동의 기준을 분명히 알려주기
  - ▶단호한 태도로 전달하되 영아가 무서움을 느끼지 않게 함
    - 감정은 공감해주되 영아의 행동에 해서는 단호하게 제한함
    - 낮은 목소리로, 다른 아이들에게 영향을 주지 않을 정도의 크기로 전달
    - "친구가 가져가더라도 물거나 때려서는 안 돼."
    - 교사가 자신의 손가락을 입 위에 얹고 고개를 좌우로 흔들어 보임
  - ▶물린 친구의 아픔을 상기시키기
    - (물린 상처를 보여주며) "물면 친구가 아파."
  - ▶무는 행동을 보일 때마다 동일한 방법으로 반복하여 강조
- 상호작용 4단계: 적절한 대안 행동 지도하기
  - ▶나-전달법으로 자신을 표현하는 연습시키기
    - "친구에게 내가 놀고 있는 거라고 말해주렴."

2) 예방적 접근

- 정서적으로 불안한 경우에 성인의 관심을 끌어내기 위해서 공격 행동을 하기도 함. 무는 행동에 대한 교사의 개입이 교사의 주의를 끌어냈다는 측면에서 무는 행동을 강화하여 지속시킬 수 있음. 따라서 평소에 긍정적인 상호작용을 통해 영아에게 긍정적인 관심을 보여줌
  - ▶영아의 말과 행동을 적극 반영하기
    - 영아의 행동을 유심히 관찰하기
    - 영아의 감정이나 행동 반영하기
  - ▶영아의 감정에 공감하기
    - 영아가 하는 말을 적극적으로 경청하기

- 발달적으로 아직 '나누기'가 어려운 시기이지만 집단생활에서 필요하므로 나누는 행동을 할 수 있도록 지도하기
  - ▶교사가 모델링을 보여주기
    - 아직 또래의 의도나 입장을 고려하기 힘든 영아이므로, 교사가 가지고 있는 놀잇감이나 간식 등을 나누어 주며 "같이 하자!"고 이야기하는 모습을 반복적으로 보여줌
  - ▶나누는 행동을 할 때 격려하기
    - 영아들이 또래와 나란히 놀이하고 있거나 자신의 놀잇감을 선뜻 건네주는 상황을 보면 교사가 이를 읽어주고 지지하는 등 긍정적으로 강화
    - "우와~ 같이 하니까 재밌겠다."
    - "친구 하라고 빌려줬구나. 고마워!"
- 물기 예방하기
  - ▶돌 전후의 영아들은 이가 나기 시작하며 무언가를 깨물고 싶은 욕구를 느껴 또래에게 물거나 물리는 일이 빈번하게 발생함
    - 평소에 잇몸이 간지러워 놀잇감이나 인형을 무는 경우에도 물지 않도록 얘기하기
    - 치아발육기 등 물어도 되는 것을 주어 영아의 욕구를 수용하기

다. 유의사항 / 참고사항

- 지도 Tip
  - ▶허용되지 않는 행동을 언어적인 설명과 함께 교사가 행동으로 보여줌. 자신의 입장을 언어로 표현하는 동극 활동 활용하기
- 구강기 영아의 특성 이해하기
  - ▶생후 1년 전후의 구강기
    - 프로이드의 성격 발달 단계중 제1단계는 생후 1년 전후까지의 구강기
    - 이 단계에서는 입과 구강 부위에 쾌락을 추구하는 에너지가 몰려 있음
    - 손가락이나 젖꼭지를 빨거나 입에 닿는 것을 무는 것과 같은 구강 활동이 영아들에게 쾌감을 주게 됨
    - 이 시기 구강을 통한 쾌감을 적절하게 경험하지 못하면 다음 발달단계로 넘어가지 못하는 고착 현상이 일어나므로 영아의 빨고 무는 욕구를 충족시켜 주려는 노력이 요구됨

출처: 육아정책연구소(2013).

4 바람직한 부모-교사 관계 형성을 위한 요인

원만한 부모–교사 관계를 위해서는 상호 신뢰를 바탕으로 한 바람직한 관계 형성이 중요하다. 영유아의 건강한 성장과 발달을 도모하는 최적의 환경을 제공하기 위하여 부모와 교사는 상호 협력하고 어느 한쪽이 우위에 있거나 일방적인 자세를 보이지 않아야 한다.

어린이집 보육서비스 수준을 향상시키고 유지하고자 실시하고 있는 어린이집 평가제의 평가 매뉴얼에도 어린이집과 부모의 소통과 협력을 다음과 같이 강조하고 있다. 어린이집과 각 가정은 영유아의 건강한 발달과 행복을 위해 공동양육자로서의 원활한 소통과 협력을 이루어가야 한다. 어린이집에서는 평소 가정과 다양한 방법으로 소통하고 정기적인 개별면담을 통해 영유아를 지원해야 한다. 나아가 원장은 전문성을 기반으로 각 가정의 학부모와 일관성 있고 우호적인 관계를 통해 소통과 협력의 관계를 형성한다(교육부, 한국보육진흥원, 2025).

〈어린이집 평가 매뉴얼–영역 5 원장의 리더십과 보육교직원 역량 강화〉

5-2 상호 존중하는 소통과 협력

■ 어린이집은 가정과 원활하게 소통한다.

함께 생각해보기

- 평소 가정과 다양한 방법으로 소통하고, 정기적인 개별면담(연 2회 이상)을 통해 영유아를 지원하고 있나요?
- 가정과의 원활한 소통을 위해 최근 학부모가 제시한 의견 중 수용한 사례는 무엇인가요?
- 학부모와의 원활한 의사소통을 위해 가장 효과적이라고 생각하는 방법은 무엇인가요?
- 일상적으로 학부모의 자녀 양육을 지원하기 위해 어떤 정보와 활동(프로그램)을 제공하나요?

출처: 교육부, 한국보육진흥원(2025).

1) 상호 신뢰와 협력

교사는 영유아의 일차적 보호 및 양육의 책임자가 부모임을 이해하고 부모와의 신뢰를 형성하기 위해 노력해야 한다. 부모의 신뢰는 쉽게 얻어지는 것이 아니라 어느 정도의 시간과 노력이 필요하다. 진정한 자세로 영유아를 한결같이 대하고 전문가로서의 자세를 보임으로서 부모로부터 협조를 얻고 인정받아야 한다. 또한 부모는 교사가 자녀의 발달과 교육에 있어서 전문가라는 것을 인정하는 것에서부터 관계를 시작해야 하며, 이러한 상호 간의 역할에 대한 신뢰를 바탕으로 협력적인 관계가 형성될 때 영유아를 바람직한 방향으로 이끌어갈 수 있을 것이다.

2) 효과적인 의사소통

교사는 부모와 효과적으로 의사소통하기 위하여 다양한 방법을 활용하여 영유아에 대한 정보를 공유하도록 노력한다. 게시판, 알림장, 원아수첩 등을 통한 일상적인 소통 및 등·하원 시 의사소통, 전화면담, 정기면담, 수시면담 등의 다양한 방법을 사용할 수 있다. 교사가 영유아의 장점과 생활에 대하여 부모와 자주 소통하는 것은 문제 상황이나 갈등을 예방하고 오해를 해소하는 데에도 효과적이다.

교사는 부모와 일상적으로 의사소통할 때, 영유아의 긍정적인 행동들을 구체적인 사례를 통해 자주 제공해 주는 것이 바람직하다. 영유아의 기관생활에 대해 잘 알지 못하는 부모들은 교사가 전달해 주는 영유아의 사소한 행동들도 매우 의미 있게 받아들인다. 교사가 영유아의 놀이와 반응, 기관생활에 대한 긍정적인 부분들을 부모에게 수시로 전달하여 상호 간에 신뢰가 구축되면, 교사가 영유아에 대한 부정적인 내용(공격성, 일과 적응의 어려움, 컨디션에 따른 부정적인 반응, 또래관계에서의 어려움 등)을 전달할 경우에도 부모가 오해 없이 받아들이기가 수월해진다.

부모와의 소통 시, 교사의 언어적인 표현뿐 아니라 비언어적인 표현도 중요하다. 교사의 표정이나 제스처가 언어적인 표현과 일치해야 하며, 팔짱을 낀다거나 부모의 얼굴을 지나치게 뚫어져라 쳐다보는 행동은 불편할 수 있으므로 주의한다.

3) 상호 존중

부모와 교사 모두 상호 존중하는 것은 필수적이다. 상호 간에 입장이 다르거나 불만이나 오해가 있을 경우, 영유아 앞에서 서로에 대하여 부정적으로 이야기하지 말아야 하며, 서로의 입장을 이해하도록 노력하는 것이 필요하다. 부모는 교사의 전문성을 존중하고, 교사는 부모가 가지고 있는 자녀양육에 대한 두려움과 부담 등을 이해하도록 노력하며, 특정 상황이나 행동에 대해 단정하거나 비난하지 말아야 한다.

4) 공감과 긍정적인 생각

부모와 교사가 서로 존중하기 위해서는 상호 공감하고 긍정적으로 생각하는 것이 기본이 되어야 한다. 혹여 상대방에 대하여 부정적인 측면을 표현하거나 단정하고 나면 자신의 말이 틀리지 않다는 것을 증명하기 위해서 이후에도 계속해서 상대방의 부정적인 면을 찾으려고 할 수 있으므로 주의하여야 한다. 교사는 부모의 욕구와 상황을 부모의 입장에서 이해하고자 노력하고 평소에도 긍정적인 어휘를 사용하여 상황을 이해하고 소통하는 연습을 하는 것이 도움이 된다.

5 부모-교사 간 소통의 실제

1) 개별면담

기관에서는 원아의 적응 상태나 생활내용, 발달 정도 등을 부모와 토의하기 위해 개별면담을 실시한다. 면담을 위해서 교사는 그동안의 관찰기록, 놀이와 활동 과정 사진, 영유아의 활동결과물이나 일정 기간 동안 이루어진 작품들, 각종 심리검사 결과 등을 준비한다. 개별면담은 정기면담과 수시면담으로 나눌 수 있다. 부모면담은 표정, 제스처 등 비언어적 표현을 통해 보다 원활한 소통이 가능하므로 대면방식으로 진행하는 것이 더 효과적이지만 부득이하게 부모의 기관 방문이 어려운 경우에는 전화 면담으로 대체할 수 있다.

(1) 정기면담

① 학기 초 면담

학기 초 개별면담을 통해 부모는 교사에게 영유아의 가정환경과 가정에서의 양육방법, 형제관계, 영유아가 말하는 기관생활 등에 대한 정보를 제공해 준다. 교사는 부모에게 기관에서 생활하는 영유아의 초기 적응에 대한 정보를 전달하되, 적응기간 중에 보이는 영유아의 모습은 기관생활에 익숙해진 후에 변화될 수 있다는 가능성을 염두에 두고 긍정적인 측면에서 해석하여 전달하도록 한다.

② 학기 말 면담

학기가 마무리되기 전, 영유아가 기관생활을 하면서 성장한 측면에 초점을 두고 개별면담을 진행한다. 교사는 영유아의 발달이나 놀이, 일상생활에 대하여 관찰한 바를 토대로 부모와의 면담을 준비하며, 영유아의 기관생활을 부모에게 전달하고 부모와 생각을 나누는 시간을 가진다. 영유아의 문제행동에 대해 부모와 면담할 경우, 이 시기는 행동변화의 가능성이 충분히 있음을 부모에게 이해시키고 부모가 가정에서 도와주었으면 하는 부분에 대해 협조를 부탁하는 것이 좋다.

부모면담 시 유의 사항

- 따뜻하고 우호적인 환경(음료 준비, 테이블 세팅, 교사의 태도 등)을 조성한다.
- 바쁜 시간을 내어 면담에 임한 부모에게 긍정적인 태도를 전달한다.
- 영유아의 작품이나 놀이사진 등을 준비하여 소개하며 편안한 분위기로 면담을 시작하도록 한다.
- 교사가 자녀에게 관심을 갖고 있음을 구체적인 사례(놀이상황, 또래관계, 일상생활의 상황)를 이야기하며 표현한다.
- 교사와 기관은 부모와 협력 관계에 있으며, 자녀의 건강한 발달과 교육을 위해 서로 노력하는 것이 중요하다는 것을 확신시킨다.
- 부모의 감정을 공감하고 수용한다.
- 교육적인 면담이 되도록 면담내용과 주제에서 벗어나지 않도록 진행한다.
- 서로 말하는 시간과 듣는 시간을 균형 있게 조절한다. 단, 학기 초 면담은 가정에서의 생활과 이전 기관 경험 등에 대해 듣는 시간을 좀 더 많이 할애할 수 있다.
- 영유아가 발달하는 과정에 있으므로 변화가능성을 염두에 두고 영유아의 상태를 진단하거나 단정적으로 이야기하지 않도록 유의한다. 면담 시 함께 고민하는 과정을 통해 부모의 관심과 양육행동이 긍정적으로 변화되는 경우가 많이 있다.
- 면담 시 즉석에서 답변하기 어려운 영유아의 행동이나 발달에 대한 부분은 모르겠다는 표현보다는 좀 더 관찰해보겠다거나 원장이나 다른 동료교사와 의논해보고 다시 말씀드리겠다고 잘 전달한다.
- 얼굴 표정, 경청하고 있다는 제스처, 말한 바를 바꾸어 말하기, 감정 전달하기 등을 하며 적극적으로 경청한다.
- 부모가 주로 하는 질문이나 발달·교육적인 부분에 대한 대답을 미리 충분히 준비한다.
- 긍정적인 면에 초점을 맞추어 먼저 말하고 부정적인 면을 조심스럽게 말한다.
- 다른 영유아나 가정과 비교하지 않도록 하고 부정적인 내용도 개별 영유아의 다양한 성향이나 장점일 수 있으므로 긍정적인 관점에서 해석하여 이야기한다.
- 교사가 부모를 가르치거나 충고하는 태도를 취하여 자칫 부모가 방어적인 태도를 가지지 않도록 주의한다. 부모를 격려하고 칭찬하는 것이 부모의 행동변화를 유발하는 데 효과적이다.
- 면담 중 부모가 이해하기 어려운 교육전문 용어를 사용하기보다 쉬운 단어로 설명한다.
- 부모의 제안이나 의견에 대해 수용적인 태도로 받아들인다.
- 서두르거나 재촉한다는 느낌이 들지 않도록 자연스럽게 화제를 전환하거나 마무리한다.

〈면담 일정표의 예〉

☞ 면담일정을 안내문으로 배부할 때, 면담 시 궁금한 점이나 상의하고 싶은 내용을 함께 적도록 하면 면담 시 즉석에서 답변이 어려운 상황을 줄이고 미리 학부모의 질문에 준비할 수 있어 좋다. 질문 적는 칸에 번호를 쓰면 부모가 구체적인 질문을 적을 가능성을 높일 수 있다.

〈◯◯반 1학기 정기면담 안내〉

학부모님 안녕하세요?
1학기 ◯◯반 정기면담이 시작됩니다.
하루 일과와 놀이에서 관찰된 자녀의 모습과 부모님이 가정에서 양육하시며 생각하는 여러 가지 내용들을 서로 공유하는 시간입니다. 바쁘시겠지만 꼭 시간 내셔서 자녀를 함께 키우고 교육하는 양육의 동반자로서 유익한 정보를 나누시기 바랍니다.
부모님이 모두 함께 참석하셔서 면담하시면 자녀의 일관성 있는 양육을 위해 더욱 효과적인 면담이 될 것입니다.

*** 면담 가능하신 요일에 모두 체크해서 4월 7일(금)까지 제출해 주세요.**

	4/17(월)	4/18(화)	4/19(수)	4/20(목)	4/21(금)
14:00~14:30					
14:30~15:00					
18:00~18:30					
18:30~19:00					
	4/24(월)	4/25(화)	4/26(수)	4/27(목)	4/28(금)
14:00~14:30					
14:30~15:00					
18:00~18:30					
18:30~19:00					

* 면담 시 나누고 싶은 궁금한 점이나 질문을 적어 주세요.

1.
2.
3.

출처: GS SHOP 도담도담 어린이집.

<면담기록지 양식의 예>

유아 이름	***	생년월일	2014. 9. 23.
면 담 일	2016. 12. 21. (수) 6:00pm	면 담 자	000

	어린이집에서 (전반적인 생활 상태/ 부모님께 드리는 협조사항)	가정에서 (부모의 의견 및 관찰내용)
놀이 및 발달	역할놀이하는 것을 좋아함 최근에는 아기 인형을 업어주거나 우유 먹이는 흉내 내기, 토닥여 주는 놀이와 모형음식을 가지고 하는 놀이를 많이 함. 음률활동도 좋아하며 새로운 놀이에 적극적으로 참여함. 전이 시간에 노래 부르는 것을 재미있어 함	**가 TV를 틀어 달라고 하면 틀어주어서 아침 시간에 애니메이션을 보고 있음. 그 밖에도 영아용 블록놀이나 기차놀이세트로 놀이를 함 책 보는 것을 좋아했는데 어린이집을 다니면서 놀잇감을 더 좋아함
타인과의 상호작용 (또래, 교사, 가족 등)	몸 상태가 좋지 않을 때에는 보호자와 분리될 때 많이 울지만 헤어지고 나면 금세 그치고 놀이함. 평소에 대부분의 경우 인사하고 헤어질 수 있음 교사와 놀이하는 것을 즐기지만 또래에 대해 관심이 생겨 놀잇감을 함께 가지고 놀이하며 즐거워하는 편임	평소에도 체력이 약한 편임 어린이집에 오기 전에 돌봐주시던 분이 중간에 세 번 정도 바뀌었고 갑자기 바뀐 적도 있었음 베이비시터와 대체로 적응을 빠르게 하는 편임
식사 습관	백김치와 콩나물, 국물류, 과일을 좋아하고 새로운 음식도 먹어보고 있음 자리에 앉아서 스스로 숟가락과 포크를 사용해 식사를 함	많이 먹을 때에는 어른 밥공기로 한 공기 정도 먹음 아침과 자기 전에 한 번씩 분유를 먹고 있음 일어나자마자 분유를 찾고 다른 것을 주어도 다시 분유를 먹음
낮잠 및 휴식	인형을 안고 손가락을 빨며 잠 낮잠 시간은 두 시간에서 두 시간 반 정도 자고 일어나도 안정적	자기 전에 엄마와 함께 책을 많이 보고 자는 편임. 보통 9시 30분경에 잠들어서 7시 반 정도에 일어남. 손가락은 아직도 많이 빨고 있음. 배고플 때, 목마를 때, 졸릴 때에도 손가락을 빠는 것으로 보임
기타 (양육 시 어려움 등)	일과 중 손가락을 빠는 행동이 많이 줄어들었음 친구들에게도 긍정적인 감정을 많이 표현하는 편 배변은 관심을 조금씩 보이고 있으므로 가정과 연계하여 진행할 계획임	배변 훈련을 언제부터 실시해야 하는지 궁금했는데 가정에서도 서서히 해볼 예정임 가정에서 혼자 지내고 맞벌이라 같이 놀이해주는 시간이 적어서 걱정했는데 어린이집 생활에서 잘 놀고 있어서 안심이 됨 손가락 빠는 행동은 여전히 있는데 주의를 전환해주라고 해서 놀잇감으로 전환하고 있음
건의사항	부모 강연회 때 좋은 정보를 얻을 수 있었음. 양육정보를 얻을 수 있는 기회가 더 자주 있으면 좋겠음	

출처: GS SHOP 도담도담 어린이집.

(2) 수시면담

평소에 궁금한 점이나 기관생활에 대해 궁금한 것이 있는 경우, 교사가 부모에게 면담을 요청할 수도 있고 부모가 교사에게 면담을 요청할 수도 있다. 일상적인 의사소통에 비해 조금 더 형식을 갖춘 면담이므로 교사도 면담에서 다룰 내용에 대해 준비를 충분히 하고 부모도 마음의 준비를 하고 면담에 임하는 것이 효과적이다.

〈부모면담 사례의 예〉

① 1세 아이가 깨물린 자국이 나서 부모가 화가 난 상황/ 깨문 아이의 부모에게 전달하기

- 깨물린 아이의 부모의 마음을 전적으로 공감하고 이해해 주는 것이 우선이다. 상처가 나고 영아가 많이 놀란 상황이므로 부모에게는 매우 심각한 상황이라고 받아들여진다. 깨문 아이의 입장을 대변하거나 발달적으로 자연스러운 현상이라고 말하는 것이 오히려 화를 돋울 수 있으므로 주의한다. 부모의 화가 좀 누그러지면 아직 언어표현이 서툰 영아의 발달 특성상 놀잇감에 대한 분쟁이 발생한 것에 대해 이야기를 하고 미리 예방하고 더 잘 보살피겠다고 전달한다. 특정 아이가 자녀를 의도를 가지고 깨물거나 때리는 것이 아니라는 것에 대해서도 오해 없도록 이야기를 한다.
- 깨문 아이의 부모에게는 깨문 상황에 대해 설명하고 가정에서도 깨무는 행동이 있었는지 그때 어떻게 반응했는지 물어본다. 깨무는 행동이 나타날 때 단호하게 깨무는 것은 안 된다는 것에 대해 이야기해야 한다는 것에 대해 강조한다. 어린이집에서 깨문 상황에서 중재하고 이야기를 했으므로 자녀와 귀가 후에는 깨문 상황에 대해 다시 언급하고 반복하여 훈육하지 말도록 당부한다. 이전에 일어난 상황에 대해 영아에게 반복해서 이야기하는 것이 부정적인 강화(관심끌기 행동)로 나타날 수 있기 때문이라는 것을 알려준다.

② 2세 아이의 떼쓰기 행동

부모가 아이가 떼쓰고 '싫어', '내꺼야'를 외칠 때 갑자기 이전과는 다른 행동을 보이는 것에서 왜 그러는지 이해하지 못하거나 문제가 있다고 생각할 수 있는데 발달적으로 정서가 분화되어 발달하고 자아가 형성되는 시기의 자연스러운 과정임을 알려줄 필요가 있다.

③ **유아기 아동의 친구와의 어려움 호소**

유아기 아동이 친구와 놀이하다가 친구가 안 놀아 준다고 하면서도 때로는 친구와 놀겠다고 집에 가지 않겠다고 하는 것은 친구에 대한 관심이 생기고 친구관계가 형성되며 사회적 기술이 발달하는 시기의 자연스러운 현상이다. 가정에서는 아이가 친구와의 관계에서 어려움을 겪을 때 친구의 입장을 고려하여 함께 생각해 보고 아이의 정서적인 부분을 공감하고 지원하는 역할을 하면 된다는 점을 알려준다.

④ **유아기 아동의 한글교육 및 언어교육**

최근 학습지와 사설 업체에서 한글을 조기에 깨우치는 것을 광고하며 학부모들이 불안해하는 경우가 많다. 한글은 관심이 생기면 금세 깨우칠 수 있는 것이므로 글을 읽고 쓰는 것을 강조하는 것이 중요하지 않다는 것을 설명한다. 가정에서도 그림책을 많이 읽어주고 주변에서 익숙하게 볼 수 있는 글자를 읽어주거나 부모가 글자를 쓰는 모습(장 보러 갈 때 목록 적어보기, 수첩이나 종이에 할 일 적기 등)을 보여주는 것이 좋다는 것을 이야기해 준다. 한글을 배우는 것보다 사고하는 능력이 중요하며 어떻게 다양하게 생각하고 표현하는지가 더 중요하다는 것에 대해 강조한다. 기관에서 하고 있는 활동에서 유아가 글자에 관심이 생기도록 어떻게 상호작용하는지, 교육과정 중에 읽고 쓰는 기회가 자주 제공되고 자연스럽게 글자를 쓰고자 하는 흥미가 생길 수 있도록 격려하는 것을 보여주는 활동사진이나 유아의 활동 결과물을 보여주며 설명한다.

⑤ **유아가 거짓말을 하는 경우**

유아가 거짓말을 했다는 것이 부모에게는 자신이 잘못 교육한 것은 아닌지 부모로서 자책을 하거나 아이가 나쁜 아이로 자랄까 봐 걱정을 하여 크게 아이를 혼내기도 한다. 이 시기에는 인지발달 특성상 바라는 것이나 상상한 것도 사실처럼 느낄 수 있고 시간의 흐름에 대한 개념이 명확하지 않은 경우 과거의 경험을 현재 일어난 것처럼 말할 수 있으므로 자녀가 거짓말을 하려는 심각한 의도가 없었다는 것에 대해 설명해 준다. 다른 유아의 경우에도 그런 경우가 있다는 것과 유아가 왜 그런 말을 했는지에 대해 원인을 함께 생각해 보는 것이 필요하다. 거짓말을 하는 이유는 여러 가지가 있는데 자신이 바라는 것을 사실처럼 말하는 경우, 상상한 내용을 이야기하는 경우, 부모가 자기가 잘못한 것을 비난하거나 혼날까 봐 다르게 둘러대는 경우, 친구와의 일을 비밀로 하기 위해 다르게 이야기하는 경우 등 다양하다는 것을 설명하고 가능한 이유를 찾아본다. 유아의 감정에 공감해 주고 유아의 말을 믿어주도록 조언한다. 또한 평소에 유아의 이야기에 부모가 어떻게 반응하는지, 부모의 아이에 대한 기대가 어떤지 점검해 볼 수 있는 기회가 되도록 한다.

2) 일상적인 소통

(1) 전화 통화

부모가 기관에 간단한 전달사항이나 문의사항이 있는 경우에는 전화로 수시 소통할 수 있다. 전화로 심각한 내용을 통화할 경우에는 자칫 오해가 생겨 문제가 커질 수도 있으므로, 따로 시간을 정해 직접 얼굴을 보면서 이야기를 나누는 것이 효과적이다.

맞벌이부모의 경우, 영유아의 등·하원을 도와주는 다른 양육자(베이비시터, 조부모, 친척 등)로부터 전해 듣는 정보가 제한적이거나 다른 양육자의 해석이 들어간 정보를 전달받아 오해가 생길 수도 있으므로 교사가 부모와 정기적으로 전화 통화를 하여 직접 영유아의 기관생활에 대해 전달하는 것이 좋다.

(2) 알림장(일일보고서, 원아수첩)

최근에는 앱 기반 알림장이 많이 사용되고 있으며, 사진 업로드가 가능하여 부모가 수시로 영유아의 기관생활에 대해 확인하는 것이 가능하다. 이러한 경우에 교사는 교육활동 이외의 시간에 글을 올리거나 답변하게 된다는 점을 부모에게 미리 전달하는 것이 중요하다. 교사는 개별 아동에 대한 내용 작성 시, 부모의 입장에서 자녀에 대한 개별적인 관찰내용이 기술되어 있다고 느낄 수 있도록 기술하는 것이 좋다.

부모는 원 도착시간과 귀가 예정시간, 아침 식사량, 건강 및 심리 상태 등 교사에게 전할 특별사항을 기록하고 교사의 전달사항을 확인한다. 특히 자녀가 아프거나 평소와 다른 상태로 등원할 때, 자녀를 기관에 데리고 가는 사람이 평소와 다른 경우 등의 정보를 교사에게 전달하고, 교사는 영유아의 식사와 배변, 수면, 심리 상태, 주로 참여한 놀이나 활동, 전달사항, 특이사항 등을 기록한다. 알림장은 교사와 부모 모두에게 영유아의 일상 상태를 이해하고 지도하는 데 효과적인 수단이 된다.

☞ 안전사고나 부정적인 내용은 자칫 오해를 불러일으킬 수 있으므로 알림장에 글로 전달하는 것보다 등·하원 시 직접 대면하거나 전화 등으로 전달하는 것이 더 효과적이다.

(3) 게시판

현관 게시판에는 기관의 운영방침 및 월별행사, 식단안내, 유용한 양육정보, 영양·건강 정보 등을 게시한다. 교실 입구 게시판에는 주간 교육계획안 및 그 반의 공지사항 또는 해당 연령의 발달정보 등을 게시할 수 있다. 계절이나 테마에 따라 게시판의 환경 구성에 변화를 줄 수 있는데, 정보 전달을 위한 곳이므로 정보에 집중될 수 있도록 파스텔 톤으로 꾸미거나 너무 화려하지 않은 배경을 선택하여 구성한다.

생각해 볼 문제

01 바람직한 부모-교사 관계를 형성하기 위해 교사가 가져야 하는 자세와 역할에 대해 정리해 보자.

02 부모면담 상황을 가정하고 부모면담 시 교사의 태도와 유의사항을 고려하여 역할극을 해보자.

Chapter 12

부모교육의 실제

1. 연간 부모교육 프로그램의 계획
2. 부모교육 프로그램의 실제

영유아교육기관의 목적인 영유아의 전인적인 발달을 돕기 위해서는 기관과 가정과의 연계가 필수적이다. 가정과 분리되어 영유아를 교육하는 것보다 부모와 함께 협력했을 때 최상의 효과를 낼 수 있기 때문이다. 부모교육을 협의로 정의할 때는 행사나 일상적인 의사소통의 방법들이 부모교육에 포함되지 않을 수 있지만, 자녀에 대한 정보를 공유하고 함께 영유아를 교육한다는 넓은 의미에서는 체계적인 부모교육 프로그램뿐 아니라 일상적인 의사소통도 부모교육의 방법에 속한다. 왜냐하면 부모에게는 교육 · 보육 전문가이면서 자녀에 대한 구체적인 경험을 공유하고 있는 교사로부터 받는 정보들이 매우 가치 있는 자료가 될 수 있기 때문이다. 따라서 부모교육은 부모교육을 담당하는 교사의 전문성과 자녀에 대해 부모가 가진 전문성에 대한 상호 존중이 기초가 되어야 그 효과가 극대화될 수 있다. 이에 본 장에서는 영유아교육기관에서 부모교육을 계획할 때 고려해야 할 점과 기관에서 활용하는 다양한 부모교육 유형을 살펴봄으로써, 기관에서의 부모교육 실제를 이해하는 데 도움을 주고자 한다.

학습 목표

1. 영유아교육기관에서 부모교육 프로그램을 계획할 때 고려해야 할 점에 대해 알아본다.
2. 부모교육 프로그램의 실제에 대해 살펴본다.

1 연간 부모교육 프로그램의 계획

영유아교육기관에서는 부모교육 프로그램, 행사에 대해 연간 계획을 수립하여 오리엔테이션이나 입학설명회 때 부모나 가족에게 공지함으로써 향후 기관의 부모교육 프로그램에 부모가 적극 참여할 수 있도록 유도한다. 영유아교육기관에서의 부모교육이 효과적으로 실행되기 위해서는 사전 계획에서 다음과 같은 점들을 고려해야 한다(정옥분, 정순화, 2005).

첫째, 부모들의 욕구가 최대한 반영된 프로그램을 계획한다. 예를 들어, 부모들은 자녀양육 과정에서의 구체적이고 실제적인 문제를 다루어 주기를 원하며, 비슷한 연령 혹은 비슷한 문제를 가진 자녀의 부모들로 교육 대상을 세분화해 주기를 바란다.

둘째, 장기적이고 지속적인 교육이 되도록 계획해야 한다. 한 번에 끝나는 일회성 교육은 효과를 기대하기 힘들다.

셋째, 영유아교육기관의 교육 계획과 일관성 있는 프로그램을 계획한다. 이를 위하여 부모교육 계획은 연간, 계절간, 월간으로 수립되어야 하며, 구체적이고 실천 가능하도록 일간 계획으로 수립하는 것이 효과적이다.

넷째, 부모의 사회, 문화, 경제, 교육적 맥락을 고려하여 프로그램을 계획한다. 일반적으로 사회경제적 지위가 높은 부모들에게는 교육의 기회가 제한된 부모들보다 정보제공보다는 기술 습득을 강조하는 것이 효과적이며, 저소득층일수록 가능한 경제적 부담은 주지 않는 것이 바람직하다.

다섯째, 그 지역사회의 특성이나 집단의 특성에 적절한 교육내용이나 방법, 실시 시기, 일정 등을 고려함으로써 교육의 효과를 높이도록 한다. 직업을 가진 부모나 농어촌 지역의 부모들을 위한 세부 계획이 필요하다.

여섯째, 실천 가능한 계획을 수립한다. 해당 교육기관의 실정이나 부모들의 사정을 고려하여 실천 가능성이 많은 구체적이고 쉬운 일부터 시작하여 점차적으로 활동의 폭을 확대해 나가는 방향이 되는 것이 바람직하다.

연간 부모교육 프로그램의 예를 살펴보면 다음과 같다.

〈표 12-1〉 연간 부모교육 프로그램의 예

시 기	프로그램명	유형 및 방법	대 상	내 용
2월	학부모 오리엔테이션	강연회	전체 학부모	운영안내 – 교육과정과 운영방침 안내, 교사소개 – 학급별 교사-부모 간담회
4월	적응보고서 배부 및 부모개별면담	부모통신 개별면담	신입원아부모 전체 부모	영유아의 어린이집 적응에 관한 적응보고서 배부(신입 대상) 및 면담(전체 대상)
5월	학급별 부모 간담회	간담회	전체 학부모	연령별 보육프로그램에 대한 소개 및 학급별 간담회 (집단 면담)
6월	가족 잔치	가족참여	전체 원아의 가족	가족이 함께 하는 원내외 놀이와 활동 – 가족참여수업, 운동회 형식 등
9월	부모 강연회	강연회	전체 학부모	영유아 발달 및 양육에 대한 전문가 초청 강연회
11월	취학 전 연령 부모강연회	강연회	5세아 부모	초등학교 학교준비에 대해 현직 초등교사 초청 강연
	취학 전 연령 부모 개별면담	개별면담	5세아 부모	아동의 학교 준비에 관한 심층 면담
12월	작은 발표회	가족참여	전체 학부모	놀이와 공연으로 구성된 학급 가족잔치
다음해 1월	부모 개별면담	개별면담	전체 학부모 (5세아 학부모 제외)	일 년간의 발달 및 생활에 관한 교사와의 개별면담
2월	신입원아/재원아 학부모 오리엔테이션	강연회	전체 학부모	운영안내 – 교육과정과 운영방침 안내, 교사소개
	만 5세 졸업식		5세반 학부모	5세 유아의 졸업식

출처: GS SHOP 도담도담 어린이집.

2 부모교육 프로그램의 실제

1) 오리엔테이션

오리엔테이션은 학기 초 원아의 부모를 대상으로 기관의 교육철학, 운영방침, 교육프로그램, 일과운영, 연간 일정, 기관 이용 시 당부사항, 공간 안내, 교직원 소개 등을 설명하는 활동이다. 신입원아의 부모는 영유아와 함께 기관을 처음 방문하여 부모 오리엔테이션을 듣게 되므로, 부모나 조부모와 동반하여 참석할 수 있다. 이때 한 명의 보호자가 오리엔테이션에 참석하여 설명을 듣고, 다른 보호자는 영유아와 함께 기관을 둘러보며 놀이할 수 있다. 또는 부모 오리엔테이션에 참석하는 동안 영유아를 맡길 곳이 없는 부모를 위하여 기관에서 놀이 프로그램을 준비하여 교사들이 영유아를 돌보기도 한다.

2) 강연회

강연회는 주제를 선정하고 해당 전문가를 초빙하여 일정 시간 동안 부모들에게 연설하는 것을 의미한다. 개별 원에서 실시할 수도 있으며, 몇 개의 원에서 함께 강사를 초빙하고 지역별로 대규모의 강연회를 실시할 수도 있다.

(1) 주제 선정 및 강사 섭외

부모들의 관심주제를 조사하여 진행하는 것이 효과적이다. 사회정서, 언어발달 및 교육, 자녀와의 상호작용, 부부 관계, 훈육 등 매년 주제에 변화를 주어 부모들의 참여를 높이도록 한다. 기관에서는 관심주제에 대하여 부모들에게 의견을 묻고, 이전의 부모강연회 주제와 중복되지 않도록 주제를 선정한다. 주제가 선정되면 그 주제에 적합한 강사를 섭외한다.

Box 12-1

발달단계별 부모교육 내용

1. 영아기 부모교육

영아기에는 수유, 배변, 수면 등의 생리적인 욕구 충족과 애착, 정서적인 지원이 중요하다. 부모는 영아의 생리적인 욕구에 민감하게 반응함으로써 영아와 신뢰를 형성하고 안정적인 애착을 형성하는 것이 중요하다.

영아기 부모에게 필요한 부모교육 내용의 예

- 영아의 기질
- 애착
- 정서적인 지원
- 영아의 발달에 대한 이해(깨물기, 떼쓰기 등)
- 언어표현 이전에 영아의 의사소통하는 기술(언어적 · 비언어적인 의사소통하기)
- 영아 놀이
- 그림책 읽어주기 방법(대화식 그림책 읽기)

2. 유아기 부모교육

유아기에는 또래관계를 맺는 사회적 기술, 인지적인 호기심 충족, 다양한 경험 지원 등이 중요하다. 유아는 대화가 가능할 정도로 언어 발달이 급속히 이루어지지만, 자기중심성에서 벗어나지 못하고 자기 주장이 강한 편이어서 부모가 적절한 훈육을 통해 유아의 행동을 조절할 필요가 있다.

유아기 부모에게 필요한 부모교육 내용의 예

- 사회적 기술 증진시키기
- 자녀와 대화하기
- 바람직한 훈육
- 자녀와 놀이하기
- 교육하기(한글, 수학 등)
- 감정코칭
- 초등학교 준비하기

(2) 강연회 일정 및 장소 결정

강사의 시간과 강연회 장소 및 가능 일정을 조율한다. 부모의 참석 가능 시간을 고려하여 평일 저녁, 평일 점심, 토요일 오전 중에 강연회 일정을 정한다. 토요일에 실시하게 되면 영유아들을 데리고 오는 경우가 있으므로, 강연회 시간 동안 영유아들이 할 수 있는 별도의 프로그램과 담당교사를 마련해야 한다. 장소는 원내의 넓은 교육실이나 유희실을 사용할 수도 있고, 외부의 강의실이나 강연장을 활용할 수도 있다.

(3) 강연회 준비 확인

강사에게 1~2일 전에 연락하여 강연회 일정과 장소를 다시 알려준다. 부모들에게 부모강연회 실시에 대하여 부모통신이나 알림장, 문자메시지 등으로 다시 한 번 안내한다. 부모용 간식주문이나 필기구, 빔 프로젝터, 노트북, 포인터 등 기자재를 확인한다. 교사들 간의 업무분장을 확인한다.

강연회 준비

- 안내문 제작 및 게시
  - 신발정리 안내문(신발장 정리)
- 안내하는 곳
  - 책상, 이름표, 안내문, 바구니,
  - 강연회 장소 안내 현관입구에 게시
- 다과 세팅하기
  - 테이블, 개별 포장된 떡, 음료, 티슈, 물티슈, 쓰레기통
- 유희실 정리 및 자리 세팅(의자 수 확인)
- 각 반 정리 및 청소 상태 확인
- 앰프, 마이크, 빔, 스크린, 강사용 포인터, 강사용 물과 컵
- 강연회 시간과 장소 문자메시지 발송하여 안내하기

(4) 강연회 실시

부모 강연회 시작 전에 미리 좌석 배치, 기자재 세팅, 간식 세팅, 강사용 음료 등을 준비한다. 강연회가 시작되면 부모를 강연장 자리로 안내한다. 교사가 강연회 내용을 정리한다.

강연회 일정 및 역할 분담		
* 일시 : 5월 28일 (수) 18:30 ~ 19:30 * 장소 : 유희실		
강연회		– 사회: 원장님 – 강사: *** 강사님
신발 정리, 장소 안내		담당교사 2인 이름
간식 배부		담당교사 2인 이름
통합보육실 보육	영아반	담당교사 3인 이름
	유아반	담당교사 3인 이름

(5) 강연회 실시 후

강연회 실시 후 부모들에게 간단한 평가 및 피드백을 받고 다음 강연회 내용이나 강사선정 시 참고하도록 기록해 둔다.

〈부모강연회에 대한 의견 조사〉

부모강연회에 대한 부모님의 의견을 수렴하여 추후 강연회 준비에 반영하고자 합니다. 바쁘시더라도 문항에 체크해 주시기 바랍니다.

1. 이번 부모강연회의 소요 시간(약 1시간 30분)은 적절했습니까?
   ① 아주 좋았다 ② 보통이다 ③ 적절하지 않았다(이유: ______________)

2. 강연회 내용은 어떠셨나요?
   ① 아주 좋았다 ② 보통이다 ③ 적절하지 않았다(이유: ______________)

3. 강사 선정은 어떠셨나요?
① 아주 좋았다 ② 보통이다 ③ 적절하지 않았다(이유: ______________________)

4. 다음 강연회에서 다루었으면 하는 강연회 주제가 있으면 적어주세요.

____

____

* 질문에 응해 주셔서 감사합니다.

3) 간담회

원내에서 대집단, 소집단으로 간담회를 진행할 수 있다. 부모들에게 기관의 교육철학과 목표, 교육과정내용, 지도방법을 설명하고, 1년간의 교육행사 및 활동내용, 하루의 프로그램 진행과정, 영유아에게 기대되는 효과 등을 설명한다. 특히 기관에서의 하루일과 및 교육활동을 영상자료를 통해 보여주는 것이 효과적이다. 자녀의 기관생활이나 발달 또는 문제행동에 대해 궁금한 점들을 상담하기도 하고 다른 학부모들의 자녀 양육방법에 대해 서로 의견을 나누는 시간이 된다. 또는 기관운영에 대한 발전적 건의사항이 있을 경우 공개적으로 논의할 수도 있다. 간담회 후에는 개별적으로 담임교사와 상담할 수 있는 시간이 마련되어 집단에서 논의할 수 없었던 개별적 요구에 대해 상담하도록 한다.

(1) 연령별(반별) 간담회

연령별(반별) 교육프로그램, 하루 일과, 관심주제에 대해 공유하고 논의한다. 학기 초 적응이 마무리된 시기인 5~6월경에 실시하는 것이 효과적이며, 담임교사나 원장이 진행할 수 있다. 영유아들의 수업이나 놀이장면을 사진이나 동영상으로 보여주며 설명하고, 중간에 부모에게 의견을 묻거나 질문을 받고 서로 의견을 나눈다.

(2) 주제별 간담회

부모들의 관심주제에 대해 원장이나 교사가 준비한 내용으로 강의식, 동영상 보기, 토론하기 등으로 연중 실시할 수 있다. 영유아 발달과 관련된 주제에 대해 이야기를 나누며 질문을 하거나 고민이 되는 내용에 대해 서로 의견을 나누거나 육아관련 방송 또는 다큐멘터리를 함께 보고 의견을 나눌 수 있다.

(3) 초등 준비 간담회

현직 초등학교 교사를 초빙하거나 초등학교에 대하여 잘 알고 있는 사람을 초대하여 초등학교 준비를 위한 간담회를 진행한다. 초등학교 입학 전, 5세 2학기 중 11월경 실시하며, 초등학교에 진학할 때 필요한 준비에 대해 정확한 정보를 안내하는 것이 중요하다.

초등 준비간담회 내용 예시

1. 초등학교 1학년의 하루 일과
   (1) 시간표
   (2) 배우는 과목
2. 아이들이 겪게 될 기관과의 다른 점
   (1) 화장실 사용하기
   (2) 급식시간
   (3) 수업시간
   (4) 규칙과 질서 지키기
3. 초등학교 입학을 위해 길러두면 좋은 습관
4. 부모님이 준비해야 할 것

* Q&A

4) 워크숍

워크숍은 놀이에 대한 이해나 자녀와 상호작용하는 데 도움이 될 수 있는 놀잇감이나 자료를 직접 만들어 보는 활동이다.

(1) 교재교구 워크숍

교재교구 워크숍은 자녀의 연령과 발달에 적합한 놀잇감을 부모가 직접 만들어보고 그것을 이용하여 자녀와 놀이하는 방법을 배울 수 있다. 기관에서는 일회성 워크숍뿐만 아니라 주기적인 워크숍 일정을 진행한다. 교재교구 워크숍은 5~10명의 소모임이나 중집단의 어머니와 아버지가 담당교사의 지도하에 자녀의 연령에 적합한 놀이용 교재나 교구를 만드는데, 만드는 과정에서 부모와 교사가 서로 편안하게 대화를 나누며 경험을 공유한다. 교재교구를 제작한 이후에 부모는 완성한 놀잇감을 가지고 자녀와 놀이하는 방법, 적절한 대화와 상호작용 방법 등을 배우고 연습해 볼 수 있다(조성연, 이미란 외, 2014). 워크숍에서 만든 교재교구는 어린이집에 비치하여 영유아들이 놀이해 보거나 가정으로 배부하여 부모와 놀이 시 활용해 볼 수 있다.

교재교구 워크숍의 예시는 다음과 같다.

- 영아반: 밀가루 반죽 놀이, 감각 놀잇감 만들기, 촉감 인형 만들기 등
- 유아반: 막대동화 자료 만들기, 게임자료 만들기, 악기 만들기 등

(2) 놀이방법 워크숍

놀이방법 워크숍은 영유아와 부모가 놀이하는 방법이나 가정에서 상호작용하는 방법을 실제로 해보는 것이다. 발달 수준의 차이를 반영하여 진행하기도 하고 일반적인 상호작용에 대한 워크숍을 진행할 수도 있다.

놀이방법 워크숍의 예시는 다음과 같다.

- 영아반: 대화식 그림책 읽기 워크숍
- 유아반: 책 만들기 워크숍
- 역할극 하기: 감정코칭, 대화하기 연습(구체적인 방법에 대해 알아보고 부모가 직접 역할극을 해보면서 연습하기)

5) 가족참여행사

기관에서 실시하는 가족참여행사는 가족구성원 모두에게 친밀감을 증진시킬 수 있는

기회를 제공해 줄 뿐만 아니라 원내 부모들 간의 관계를 돈독하게 해줄 수 있는 프로그램이다. 가족참여행사를 실시하고자 할 때는 다음과 같은 사항들을 고려해야 한다.

- 계획하기: 어떤 관점, 목적으로 진행할지에 대한 의미 공유하기, 어떤 형태로 어떤 활동을 할 것인가에 대한 방향 정하기, 세분화된 활동 선정과 업무분장
- 준비하기: 준비목록 작성하기, 제작할 것/구입할 것 구분하여 준비하기, 활동 세부 내용에 필요한 작업하기, 자원봉사자 섭외하기, 활동별 안내문 제작하기, 초대장 배부하기(영유아가 만들어서 배부하는 것이 의미 있음)
- 행사 전: 기관 장식하기(풍선장식 등), 공간 구성하기(기본 세팅을 그대로 두고 학습센터를 준비하기), 환경 세팅하기(시간 배분), 재료 준비하기, 세팅 후 점검하기, 사진 찍어 두기
- 행사: 각 업무분장별로 각 위치에서 행사 진행하기
- 행사 후: 행사장소 정리 및 평가하기(다음 행사시 반영할 수 있도록 구체적으로 평가하기), 행사보고서 작성하기, 사진 편집·동영상 편집하여 홈페이지에 공지하기

가족참여행사의 형태로는 운동회, 가족참여프로그램, 공원 산책 또는 트래킹, 체험 프로그램 참여 등이 있다.

(1) 운동회

운동장이나 넓은 잔디밭, 강당 등에서 운동회 형태의 행사를 진행할 수 있다. 원 자체에서 진행할 수도 있고 인원이 많은 경우에는 체육활동을 하는 외부 업체에 의뢰하기도 한다. 원내 교직원이 진행하는 경우에는 교직원이 운동회 프로그램을 구성하고 진행순서를 정하여 원내에 구비하고 있는 활동기구를 활용하거나 체육특별활동 업체에 기구를 대여하여 진행한다. 외부업체에서 진행하는 경우에는 영유아, 부모, 가족이 골고루 참여할 수 있는 프로그램을 균형 있게 포함할 수 있도록 사전에 충분한 협의를 거쳐야 하며, 다른 기관에서 운동회를 진행한 경험이 있는 진행자의 피드백을 공유하여 내용을 조율하도록 한다.

업체에 모든 진행을 맡기지 말고, 사회자의 언어표현이 적절하지 않거나, 부모의 활

동참여가 지나치게 많거나, 어린 영유아의 수준에 맞지 않는 활동이 제시되지 않도록 사전에 업체담당자와의 충분한 협의를 거쳐 내용을 구체적으로 조율하도록 한다.

<운동회 프로그램 예시>

- 카드 뒤집기: 정해진 시간에 바닥에 놓인 두 가지 색 카드를 청팀 백팀이 서로 각자의 색을 정한 후 뒤집는다. 뒤집은 다음에 어떤 색이 더 많은지 헤아려보고 각각의 카드를 모아서 높이를 재어 비교한다.
- 달리기: 출발선에서 도착점까지 달리기를 한다. 도착점에 도착하는 영유아에게 도장을 찍어주거나 스티커를 준다. 순위에 관계없이 완주한 것을 격려하도록 한다.
- 장애물 달리기: 터널, 낮은 허들, 문 모양 틀 등을 통과하여 달리기를 한다.
- 풍선 네트 너머로 넘기기: 풍선을 상대방 네트 쪽으로 넘기는 게임을 한다.
- 큰 풍선 뒷사람에게 이어서 전달하기: 가벼운 풍선을 손으로 쳐서 뒷사람에게 전달하는 게임이다.
- 가족이 영유아 업고 달리기: 엄마, 아빠, 가족이 영유아를 업고 달리는 게임을 한다.
- 공굴리기: 큰 공을 굴려서 반환점을 돌아오는 경기를 한다.
- 세발자전거 타고 반환점 돌아오기: 세발자전거를 타고 반환점을 돌아서 오는 이어달리기 게임을 한다.
- 과자 따먹기: 부모나 가족이 안아서 줄에 집게로 매단 포장된 과자를 따서 먹는다.
- 훌라후프 돌리기: 가족 중에서 참여를 원하는 성인이 훌라후프를 돌려 가장 오랜 시간 훌라후프를 돌리는 사람이 이기는 게임을 한다.
- 음악에 맞춰 춤추기: 영유아가 익숙한 신나는 동요나 음악을 들으며 춤을 춘다. 가요를 사용하지 않도록 주의한다.
- 투호 던지기, 굴렁쇠 굴리기, 제기차기 등 소그룹으로 놀이할 수 있는 코너도 마련할 수 있다.
- 가족과 한쪽 발을 함께 밴드로 묶어서 오른발 왼발 보조 맞춰 반환점 돌아오기

(2) 가족참여 프로그램

가족참여 프로그램은 기관 내 실내공간이나 실외놀이터, 인근 공원 등에서 실시할 수 있다. 가족참여 프로그램을 엄마참여 프로그램, 아빠참여 프로그램이나 부모참여 프로그램 등으로 한정하여 진행하면, 지정된 가족구성원의 참석이 어려운 영유아가 소

외감을 느낄 수 있다. 따라서 특정 구성원이 참여하는 프로그램으로 이름을 한정하지 말고 다양한 가족구성원이 참여할 수 있도록 내용과 수준을 융통성 있게 진행하는 것이 바람직하다.

① 실내에서 진행하기

- 기관 전체 공간을 다양한 활동공간으로 구성하고 부모가 자유롭게 활동을 선택하여 자녀와 함께 놀이한다.
- 영유아 인원과 활동 난이도에 따라 영아 프로그램과 유아 프로그램으로 날짜를 다르게 진행하거나 오전·오후 시간을 나누어서 실시할 수도 있다.
- 각 교실과 유희실 등 기관 공간 전체를 활용하여 정적인 활동, 동적인 활동을 조화롭게 구성한다.
- 활동명, 활동 방법, 교육적 효과를 4절 색지에 사진이나 그림과 함께 게시한다. 색지로 만든 활동 소개판은 투명시트지를 붙여서 보관해두면 원아가 졸업하고 새로운 원아가 다니게 되는 3~5년 간격으로 중복해서 사용할 수 있다.
- 활동에 따라 교구장을 돌려서 세팅을 해야 하는 경우도 있다. 준비한 활동에 집중해야 하는 활동이나 요리활동과 같이 교구에 음식물이 묻을 수 있는 경우는 교육실의 교구장을 다른 공간을 빼거나 돌려서 배치한다.
- 교구장을 그대로 두고 부모님과 함께 준비된 활동을 하며 교구장을 둘러볼 수도 있다. 학부모와 함께 놀이한 경우에는 정리하도록 안내한다. 섞이거나 정리하기 힘든 작은 교구는 미리 다른 곳에 보관해 둔다.
- 요리활동을 하는 곳은 물을 사용하고 손 씻기가 용이한 공간에 비치한다.
- 기관 내에 있는 교구 외에 외부 업체를 통해 교구 대여를 할 수도 있다(예: 음악특별활동 업체에서 다양한 악기 대여하여 악기방 구성하기, 체육특별활동 업체에서 체육기구 대여하여 활동하기).
- 활동안내문을 제공하여 활동 후에 해당 영역에서 스티커나 도장을 받아서 전체 활동을 모두 마치면 기념품을 받아서 귀가하도록 한다.

〈표 12-2〉 활동 계획안 예시

행사명	가족잔치 행사	대상	전체 영유아 가족
목 표	– 가족과 함께 다양하고 특별한 놀이를 경험해본다.		
일 시	5월 21일 토요일 – 1부 영아반 오전 9:30 ~ 11:00 – 2부 유아반 오전 11:30~ 13:00 혼잡을 피하기 위해 영아반 유아반으로 나누어 행사가 진행 가능한 해당 연령 시간에 참여하기를 권장하지만 부득이 해당 연령 시간에 참석이 어려운 경우는 1부 또는 2부 중 편한 시간에 참석 가능		
장 소	어린이집 내 각 공간		
활동 내용	**〈가족잔치 개요〉** – 원내 공간에 준비된 활동(악기놀이, 신체활동, 미술활동, 과학활동, 감각놀이 등)에 가족이 함께 자유롭게 참여 – 영아, 유아 각 시간대에 영아/ 유아 수준별로 활동 준비하기 – 동일한 활동을 영아 유아 수준에서 각각 즐길 수 있게 변형이 가능한 활동을 포함시켜 효율적으로 준비하기 – 정적인 활동과 동적인 활동이 조화롭게 구성하기 – 교사 각각의 장점을 고려하여 업무 분장하고 활동 효과적이고 즐겁게 진행하기 **〈간식 및 선물〉** ① 떡과 바나나, 주스 제공(간식 비닐에 개별 가족별로 담아 제공) ② 가족잔치 행사 기념 선물 * 귀가 시 헬륨풍선 제공 ③ 활동 안내문: 활동 소개 및 활동 방법 안내가 포함되어 있으며 가족별로 자유롭게 활동순서를 정하여 참여 후 각 영역별로 도장을 받으면 활동 종료 **〈활동방법〉** – 안내문과 이름표, 간식을 받아서 자유롭게 활동 선택하여 시작하고 모든 활동에 참여하여 확인 도장 받고 모두 마무리되면 이름표 반납하고 귀가하기 **〈활동 프로그램 세부내용 및 활동영역 담당 교사〉** ☞ 각 방의 활동명과 간단한 활동 방법을 소개하는 안내판을 색지에 제작하여 입구에 부착함 1. 풍선방: 알록달록 풍선이 준비된 방에서 풍선을 잡아보고 날려보거나 풍선이 가득 쌓여 있는 매트와 풀장에서 풍선을 이용해 자유롭게 놀이해 보기 2. 요리활동 〈불고기 미니버거〉: 불고기, 토마토, 양상추, 치즈 등 재료로 '불고기 버거' 만드는 요리활동을 하고 직접 만든 음식을 맛있게 먹어보기		

활동 내용

3. 전통놀이방: 윷놀이, 투호놀이, 제기차기, 딱지치기를 하며 전통놀이 해보기
4. 놀잇감 만들기
   병뚜껑 오뚝이, 색팽이, 줄 타고 오르는 거미를 나만의 놀잇감으로 꾸며서 만들고 직접 만든 놀잇감으로 놀이해보면서 숨은 과학적 원리를 탐구해보기
5. 말랑말랑 밀가루 반죽놀이
   색반죽과 밀가루반죽 놀잇감(찍기틀, 밀대, 소꿉그릇, 숟가락, 포크 등)으로 놀이하기
6. 블록놀이
   단위적목, 큰블록, 레고블록, 할로우블록, 우레탄블록, 종이벽돌 블록, 작은 블록, 인형 소품 등으로 가족과 블록 구성하여 놀이하기
7. 그림책 보기
   도서영역에서 가족과 함께 앉아 보고 싶은 그림책을 읽기
8. 사진 찍기
   가족과 함께 치장하고 멋진 포즈와 표정으로 사진을 찍기
9. 악기방
   원에서 보유하고 있는 여러 가지 악기를 비치하고 악기 연주해보기
   음악 특별활동 업체에서 특별한 악기 대여하여 비치하기
10. 사랑을 전하는 사랑 나무
    하트 모양 색지에 그림을 그리거나 글씨를 써서 사랑 나무 그림 위에 붙이기

준비물 및 역할분담

〈행사 준비물〉

사전 준비물: 각 반별 행사 초대장 및 활동 안내문 제작/가정통신문 배부, 유아들이 만들거나 꾸민 가족행사 홍보 포스터(유아들이 글씨를 쓰거나 그림을 그려서 포스터를 만들 수 있다.)
행사당일 준비물: 활동별 준비물 및 안내문, 활동 안내 브로슈어, 교사 단체복(같은 색 티셔츠), 교사 이름표(목걸이형), 간식, 헬륨풍선, 카메라

〈활동별 준비물 및 역할분담〉

활동별 준비물	담당 교사
가족 잔치 초대장	각 반
가족 잔치 안내문과 브로슈어(활동 내용 및 방법) 배부	김○○ 교사
브로슈어 각 활동방법 작성 및 출력 및 배부(각 반 배부)	이○○ 교사
가족 잔치 포스터 제작 및 게시	박○○ 교사
가족 잔치 안내문 출력 및 접기(여유분 포함)	최○○ 교사
조각 스티커 출력 및 제작, 커팅 : 소지 방법 정하기	안○○ 교사
가족 잔치 선물 포장 : 자원봉사자 (+ 추가 인원 필요)	이○○ 교사
자원 봉사자 4명 이름표	윤○○ 교사
카메라 충전 및 행사 당일 카메라 챙기기	김○○ 교사
간식 주문 및 간식 비닐봉투 수량 체크(전날 주문)	서○○ 교사
기타 공동 물품(구급약품, 물티슈, 휴지, 쓰레기봉투)	한○○ 교사

행사 준비 일정	〈행사 준비 일정〉 – 4/13 가족잔치 행사 일정 및 내용 계획 – 4/15 가족잔치 행사 내용 수정 및 각 영역별 활동 세부 계획을 수립하고 예상되는 상황 대비하여 준비하기 – 4월 4주~5월 2주 가족잔치 행사 물품 구입, 자원봉사자 섭외하기 – 5/2 가족잔치 행사 일정 공지 (가정통신문, 어린이집 새소식) – 5/16 가족잔치 초대장(안내문) 각 가정 배부 유아 유치반이 만든 가족잔치 포스터 제작 및 게시 – 5/19 각 활동 재료 준비 완료 – 5/20 최종 점검, 청소 및 환경 구성 정비 – 5/21 행사 당일 : 간식 포장, 각 장소에서 활동 준비

출처: GS SHOP 도담도담 어린이집.

〈다른 활동방법 예시〉

- 미니로켓을 발사해서 멀리 보내보기
- 신기한 잠수부 만들기
- 밀가루 반죽으로 음식도 만들고 여러 모양을 찍어보는 놀이
- 가족사진을 찍어서 예쁘게 꾸며보기
- 낙하산 놀이, 미니골대에서 축구하기
- 악기 연주
- 미니김밥 만들어서 간식 먹기
- 커다란 종이 숨은 그림 찾기(영유아 얼굴, 캐릭터 그림, 내가 좋아하는 물건, 엄마 아빠가 좋아하는 물건)
- 1,2,3,4 숫자가 있는 과녁을 향해 공을 던지는 놀이 / 터널 통과하기
- 에코백에 염색 물감으로 그림을 그려보고 도장을 찍어 나만의 멋진 가방을 만들기
- 그림책 '괴물들이 사는 나라'에 나오는 괴물 가면을 만들고 엄마, 아빠와 괴물 가면을 쓰고 괴물들이 사는 나라의 괴물들 배경에서 사진 찍기
- 엄마, 아빠와 햄버거를 만들어 먹기(플라스틱 칼로 빵을 잘라 맛있는 치즈, 고기, 소스를 넣어 햄버거를 만들어 맛있게 먹기)
- 신나는 악기 연주
- 감각놀이(샤워볼, 스폰지 블록, 고무 호스조각이 가득 들어있는 커다란 풀장에 들어가 목욕하는 놀이, 수영하는 놀이, 담고 쏟기 놀이)
- 치즈 만들기, 아이스크림 만들기(업체에 의뢰하여 업체에서 요리도구와 재료 준비)
- 도자기 흙으로 흙놀이 하기 / 흙 위에 나무못(플라스틱 못) 박기

② 실외에서 진행하기

- 인근 공원에서 진행하는 경우, 공원 관리사무소에 행사 진행에 대한 협의를 한 후 실시한다. 원에서 행사 진행이 가능한지 확인 후, 공원 사용료 징수, 사전 예약, 공원 내에서 확성기 사용 가능 여부, 행사 참여 인원 제한 여부 등 세부사항을 꼼꼼하게 알아보아야 한다. 활동 후 사용한 공원 청소 및 쓰레기 처리방법 등에 대해서도 확인한다.
- 다양한 활동 공간으로 배치하고 부모가 자유롭게 활동을 선택하여 자녀와 함께 놀이한다.
- 실외에서 프로그램을 진행을 할 때에는 자연환경이 배경이 되므로 별도의 특별한 환경구성을 할 필요가 없다. 활동소개 안내판을 준비하는 경우 색지에 만들어서 붙이거나 인터넷으로 현수막 업체에 디자인과 문구를 직접 배너 형태(1m×1.5m)로 편집하고 나무나 공원의 구조물에 걸 수 있게 족자형으로 주문제작할 수 있다. 제작한 현수막은 몇 년 후에 다시 활용할 수 있으므로 잘 보관한다.
- 단점은 날씨에 영향을 받기 때문에 우천 시, 미세먼지 농도가 높을 때 등의 경우에 대한 대안(행사 연기, 장소 변경 실시, 행사 취소 등)을 준비해야 한다.
- 물을 사용해야 하는 곳이나 화장실의 위치를 안내한다.
- 영유아 인원과 활동 난이도에 따라 영아 프로그램과 유아 프로그램으로 날짜를 다르게 진행하거나 오전·오후 시간을 나누어서 실시할 수도 있다.
- 정적인 활동, 동적인 활동을 조화롭게 구성한다.
- 원내에 있는 교구 외에 외부 업체를 통해 교구 대여를 할 수도 있다(예: 체육특별활동 업체에서 체육기구 대여하여 활동하기).
- 활동안내문을 제공하여 활동 후에 해당 영역에서 스티커나 도장을 받아서 전체 활동을 모두 마치면 기념품을 받아서 귀가하도록 한다.

〈표 12-3〉 활동 세부 계획안 예시

행사명	근린공원 가족잔치 행사	대상	전체 영유아 가족
목 표	가족과 함께 다양하고 특별한 놀이를 경험해본다.		
일 시	5월 20일 토요일 10:00~12:00		
장 소	○○○ 근린공원		
활동 내용	〈가족잔치 개요〉 – 공원에 각 활동 영역을 준비하여 세팅하고 가족이 각 활동 영역에 가서 활동에 참여하는 행사로 진행하기 – 영유아가 모두 즐길 수 있도록 영아 / 유아 수준별로 변형이 가능하도록 준비하고 융통성 있게 진행하기 – 공원의 자연을 즐길 수 있고 정적인 활동과 동적인 활동이 조화롭게 구성하기 – 가족잔치 준비 시 효과적인 방법을 활용하여 준비하는 교사의 에너지를 조절하고 즐겁게 준비하기(활동 소개를 족자 현수막으로 제작하여 안내문 만드는 시간 절약하기, 효과적인 방법에 대해 교사들 간에 아이디어 공유하기) – 교사 각각의 장점을 고려하여 업무 분장하고 활동 효과적이고 즐겁게 진행하기(동적인 활동을 즐기는 교사 / 정적인 활동을 즐기는 교사 성향 고려하기) 〈간식 및 선물〉 ① 간단한 간식으로 물, 빵 제공(날씨가 더워 떡이나 상하기 쉬운 간식은 제외) * 생수, 빵 간식 비닐에 개별 가족별로 담아 제공 ② 가족잔치 행사 기념 선물 * 영아반: 영아용 크레용 / 유아반: 유아용 크레용 선물은 개별 포장하고 선물 배부 후 배부명단에 체크하도록 함(불참한 아동의 경우 기념품으로 추후 제공하기로 함) ③ 보물지도: 활동 소개 및 활동 방법 안내가 포함되어 있으며 가족별로 자유롭게 활동 순서를 정하여 참여 후 각 영역의 교사에게서 보석스티커를 한 개씩 받고 총 10개의 보석스티커를 받으면 미션을 성공하는 콘셉트로 구성 – 보물지도의 느낌이 나게 금색종이에 인쇄하고 보석입체 스티커를 인터넷으로 검색하여 구입함 – 보물지도를 지갑책 접는 방법으로 인쇄하여 접어서 휴대가 용이하도록 구성함. 벌어지지 않게 작은 보슬이 까슬이 스티커로 지갑 모양을 닫을 수 있게 제작함		

활동 내용

▶보물지도 시안

▶보물지도 샘플사진

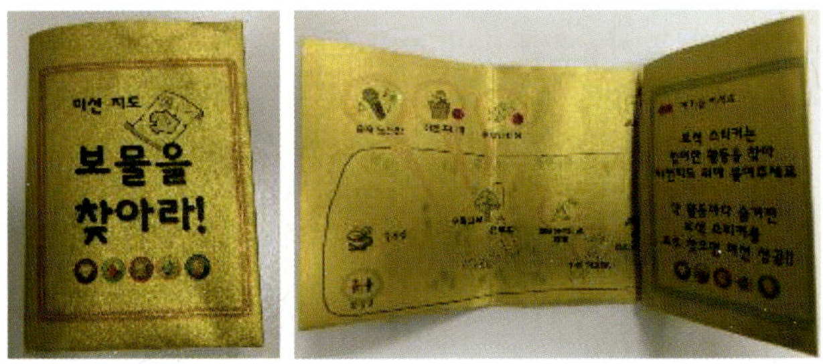

〈활동방법〉

- 개별 가족으로 본부석에 도착하여 보물지도와 간식을 받아서 활동 시작하기. 활동 마무리 후 본부석에 와서 기념선물 받기
- 보물지도를 가지고 각 활동에 참여하기
- 활동을 마친 후 교사에게 보석스티커를 받아 보물지도에 붙이기
- 각 활동별 스티커를 모두 모으면 본부석에서 확인 후 기념 선물 받기

〈활동 프로그램 세부내용 및 활동영역 담당 교사〉

☞ 모든 영역의 활동명과 간단한 활동 방법을 족자형 현수막으로 제작하여 나무에 걸 수 있게 한다.

1. 숲 속 노래방

숫자 과녁판을 이용하여 숫자가 나오면 담당교사가 영아 / 유아가 각각 잘 부를 만한 노래 음원을 틀어주고 악기를 연주하며 분위기를 돋우며 노래를 한다. 노래를 부르고 나면 실로폰으로 딩동댕동하고 쳐준다.

활동 내용

- 준비물: 탬버린, 실로폰, 마라카스 등 악기, 숫자과녁판(보슬이 천에 까슬이 공을 던져서 붙이는 교구: 숫자 과녁판 대신 숫자가 쓰인 공을 비밀상자에 담아서 뽑을 수 있게 할 수 있음)

☞ 유의사항: 노래 번호를 사전에 정하지 않고도 교사가 번호가 나오면 영유아의 흥미와 수준을 고려하여 노래제목(영아 · 유아 노래 음원 각 5개씩 준비) 알려주고 노래 부르도록 융통성 있게 진행하기
부모님이 쑥스러워하는 경우 악기 연주를 하며 함께 즐길 수 있게 하기

2. 꾸미고 심어요

플라스틱 화분을 유성펜과 스티커로 꾸미고 화분에 흙을 담아서 방울토마토 모종을 심는다. 화분받침에 올려놓고 비닐에 담아간다.

- 준비물: 플라스틱 화분, 화분받침, 유성펜, 스티커, 원예용 흙, 플라스틱 모종삽, 위생장갑, 이름표, 화분 포장용 비닐

☞ 유의사항: 모종화분을 심은 후 들고 이동하며 활동하는 것이 어려울 수 있으므로 보관할 장소 마련하기(인접한 본부석에 보관하기)
모종 구입 시 제철인 모종을 업체에 문의하고 흙과 화분 바닥에 까는 그물망 등 준비하기
흙을 쏟아서 넓게 활동해야 하므로 김장용 깔개 활용하여 그 안에서 화분 흙 담도록 하기
스티커로 꾸미는 공간과 흙을 담아서 화분을 심는 공간 구분하여 구성하기

3. 주사위 미션을 수행해요

커다란 주사위에 영유아와 가족이 함께 할 수 있는 미션(안아주기, 다양한 방법으로 하트 만들기, 사랑한다고 표현하기, 재미있는 포즈로 사진 찍기, 신발 던져 훌라후프 안에 넣기, 신문지 위에 가족이 모두 올라가기 등)을 적어서 2개의 주사위에 나온 미션을 수행한다.

- 준비물: 미션 주사위 2개, 미션에 필요한 소품(훌라후프, 신문지 등)

☞ 유의사항: 미션 주사위는 우레탄블록을 종이로 싸서 만들고 미션 내용은 글자와 그림으로 함께 표현해 주기
미션을 영유아의 수준에 적절하게 변형하여 진행하기
미션 수행 시 부모님 카메라로 사진 찍어주기
미션에 너무 어렵지 않게 선정하고 가족 간에 사랑을 표현할 수 있는 내용으로 구성

4. 물로 그림을 쓰윽쓰윽

물통에 물을 담아서 다양한 큰 붓(페인트 붓, 나무로 된 평붓 등)으로 바닥과 데크 난간, 나무, 돌 위에 물을 칠하며 그림을 그린다.

- 준비물: 개별물통(페트병으로 만들거나 물감용 아코디언 물통으로 구입 가능), 다양한 큰 붓(페인트 붓, 나무로 된 평붓 등)

☞ 유의사항: 수돗가가 인접한 곳에 영역을 배치하고 큰 물통을 준비하여 물을 채워 넣도록 함. 물 떠오는 것을 부모님 도움을 받을 수도 있음
물 그림이 마르면 사라지는 것에 대해 상상해 보거나 유아들은 과학적인 사고를 해볼 수 있게 상호작용하도록 부모에게 안내하기

활동 내용

5. 물총으로 과녁을 맞혀요

페트병 물통을 끼워서 사용하는 물총으로 나무에 매달린 대형 투명 아스테이지 과녁판에 물을 쏘아본다. 투명 비닐을 마주보고 쏘아볼 수도 있다. 영아들은 과녁에 대한 개념이 없으므로 꽃그림을 붙여주어 꽃에 물을 주는 것으로 진행할 수 있다.

– 준비물: 아스테이지를 길게 이어서 만든 과녁판(시트지로 과녁 모양을 여러 개 붙여주고 꽃그림 출력하여 투명시트지를 붙여서 젖지 않게 과녁판을 꾸민다.)

☞ 유의사항: 수돗가가 가까운 곳에 배치하기

물총의 개수가 정해져 있으므로 물총놀이를 하기 전에 미리 여분의 페트병에 물을 담아오도록 하여 활동을 스스로 준비하게 하고 활동에 대한 기대감을 높일 수 있도록 하기

6. 숲 속 도서관

영유아들이 읽을 만한 그림책을 쉼터 의자에 비치한다. 가족과 함께 의자에 앉아 보고 싶은 그림책을 읽는다.

– 준비물: 그림책 30권, 숲속 도서관을 아늑하게 장식할 것(책 표지 사진을 출력하여 우드락에 붙여서 테이프로 쉼터 기둥에 붙이고 가랜드 등으로 장식하기)

☞ 유의사항: 그림책을 편안하게 볼 수 있게 하기

나무 그늘에 돗자리를 깔아서 자리가 부족한 경우 돗자리에 앉아서 볼 수 있게 하기

7. 체육교사와 함께 하는 신나는 활동

낮은 평균대, 터널, 건너기 기구 등 신체활동 기구를 배치하여 장애물 지나기 코스를 구성하고 가족과 함께 출발점에서 장애물을 지나 도착점에 도착하는 활동을 한다.

– 준비물 : 낮은 평균대, 터널, 건너기 기구 등 신체활동 기구, 호루라기 등

☞ 유의사항:

보호자에게 코스를 설명하고 부모와 함께 손을 잡고 해볼 수도 있고 스스로 해볼 수도 있다는 설명을 해준다.

더 하고 싶은 영유아의 경우 기다리는 사람이 없으면 더 할 수 있고 큰 유아의 경우 도전적인 과제를 줄 수도 있다.

8. 자유롭게 즐기는 신체활동

넓은 공간에서 자유롭게 비눗방울 불고 잡기 놀이, 파라슈트 펄럭이며 놀이하기, 우레탄 원반 던지기, 캐치볼 하기, 영유아가 아는 체조하기 등을 즐길 수 있게 준비한다.

– 준비물: 비눗방울 놀이 세트, 파라슈트, 우레탄 원반, 캐치볼(공이 물렁한 것으로 준비), 체조 음원, 카세트(건전지 넣어서 작동)

☞ 유의사항: 부모가 영유아와 함께 자유놀이를 즐길 수 있도록 안내하고 체조는 교사가 함께 시범을 보이며 해본다.

9. 사랑을 전하는 사랑 나무

하트 모양 색지에 그림을 그리거나 글씨를 써서 사랑 나무 그림 현수막에 붙인다.

– 준비물: 여러 가지 색의 하트모양 색지, 동그라미 까슬이 보슬이, 나무그림의 현수막(나무 도안을 넣어서 현수막을 제작한다. 인터넷으로 현수막을 쉽게 제작할 수 있으며 별도로 도안을 넣어 편집 할 수도 있고 기존 시안을 사용할 수도 있다.)

☞ 유의사항: 색지를 붙이기 쉽도록 나무그림 현수막에 동그라미 까슬이를 붙여 둔다.

<table>
<tr><td>활동 내용</td><td>모양 색지 꾸미기를 한 후 동그라미 보슬이를 붙이도록 제공하고 가족이 직접 원하는 곳에 붙이도록 한다.
사랑나무는 원으로 가져와서 벽면에 게시해주고 게시가 끝나면 메시지를 적은 종이는 가정에 배부한다.
10. 가마 타고 과자 따 먹어요
어른이 만든 손가마를 타고 과자를 따 먹는다.
– 준비물: 과자 매달 줄, 빨래집게, 과자(개별포장 된 것),
☞ 유의사항: 영유아가 먹을 수 있는 과자를 준비한다. 영아의 경우 단맛이 덜한 영아용 과자로 매달아 줄 수 있다.
두 명의 성인이 손가마를 만들어서 영유아를 태워주어야 하는데 동행한 성인이 한 명인 경우 손가마 외에 안아주기, 목마 태워주기도 가능하다.
안전에 유의해서 진행한다.</td></tr>
<tr><td>준비물 및 역할분담</td><td>〈행사 준비물〉
– 사전 준비물: 각 반별 행사 초대장 및 안내문 제작/가정통신문 배부, 유아들이 만들거나 꾸민 가족행사 홍보 포스터(유아들이 글씨를 쓰거나 그림을 그려서 포스터를 만들 수 있다. 공원에서 진행한다는 것을 알리기 위해 나뭇가지나 나뭇잎 등 자연물을 붙여서 장식할 수 있다.)
– 행사당일 준비물: 가족잔치 행사 현수막, 각 활동 족자 현수막, 각 활동별 준비물, 쓰레기 분리수거용 상자 2개, 쓰레기봉투(대) 4장, 활동 안내 브로슈어, 보물지도, 공원약도, 교사 단체복(같은 색 티셔츠), 교사 이름표(목걸이형), 간식, 가족잔치 행사 기념 선물, 보석스티커, 교사용 보석 스티커 담는 상자, 두루마리 휴지, 물티슈, 구급상자, 카메라

〈활동별 준비물 및 역할분담〉
<table>
<tr><th>활동별 준비물</th><th>담당 교사</th></tr>
<tr><td>가족 잔치 초대장</td><td>각 반</td></tr>
<tr><td>가족 잔치 안내문과 브로슈어(활동 내용 및 방법) 배부</td><td>김○○ 교사</td></tr>
<tr><td>브로슈어 각 활동방법 작성 및 출력 및 배부(각 반 배부)</td><td>손○○ 교사</td></tr>
<tr><td>가족 잔치 포스터 제작 및 게시</td><td>박○○ 교사</td></tr>
<tr><td>가족 잔치 보물 지도 출력 및 접기(여유분 포함)</td><td>민○○ 교사</td></tr>
<tr><td>조각 스티커 출력 및 제작, 커팅 : 소지 방법 정하기</td><td>성○○ 교사</td></tr>
<tr><td>가족 잔치 선물 포장 : 보조교사(+ 추가 인원 필요)</td><td>이○○ 교사</td></tr>
<tr><td>자원 봉사자 4명 이름표</td><td>김○○ 교사</td></tr>
<tr><td>단체복 세탁</td><td>정○○ 교사</td></tr>
<tr><td>카메라 충전 및 행사 당일 카메라 챙기기</td><td>김○○ 교사</td></tr>
<tr><td>간식 주문(마트–과자 따 먹기) 및 간식 비닐봉투 수량 체크(전날 주문)</td><td>신○○ 교사</td></tr>
<tr><td>기타 공동 물품(구급약품, 물티슈, 휴지, 종량제봉투, 쓰레기 박스 2개)</td><td>박○○ 교사</td></tr>
</table></td></tr>
</table>

행사 준비 일정	**〈행사 준비 일정〉** – 4/15 가족잔치 행사 일정 및 내용 계획/ 인근 공원 사용 가능 여부 알아보기(관리소나 구청에 문의하여 사용료 확인하기) – 4/16 가족잔치 행사 내용 수정 및 각 영역별 활동 세부 계획을 수립하고 예상되는 상황 대비하여 준비하기 – 4월 4주~5월 2주 가족잔치 행사 물품 구입, 자원봉사자 섭외하기 – 5/2 가족잔치 행사 일정 공지 (가정통신문, 알림장 및 새소식 알림판) – 5/8 행사용 현수막 및 배너 편집 및 주문완료, 단체복 주문 보물지도 제작 완료 – 5/15 가족잔치 초대장(안내문) 각 가정 배부 가족잔치 포스터 제작 및 게시 – 5/18 각 활동 재료 준비 완료 – 5/19 최종 점검 – 5/20 행사 당일 – 현수막 및 족자 설치, 간식 포장, 각 장소에서 활동 준비

출처: GS SHOP 도담도담 어린이집.

가족 잔치 놀이 활동 설명서

본부석 선물 미션

<활동방법>

▶ 가족과 함께 공원 곳곳에서 놀이 활동을 즐겨요!

▶ 활동 후, 보석 스티커 교사에게 꼭 받으세요!

▶ 보물지도를 펼쳐 참여한 활동 그림에 보석 스티커를 붙여주세요

▶ 10개의 보석 스티커를 모두 찾으면 미션 성공!!

▶ **미션을 성공한 후 본부석에서 선물을 받으세요!**

가마 타고 과자 따서 먹어 보아요

<활동방법>

▶ 어른들이 아이를 태울 손가마를 만들어요

(한 분만 오신 경우, 손을 잡고 달려가 안아서 올려주세요!)

▶ 손가마 위에 아이를 태워주세요

▶ 손가마를 타고 높이 달려 있는 과자를 손으로 따서 먹어요!

★ 가마 탄 아이들은 부모님의 목을 감싸 안고 떨어지지 않도록 해주세요!!! ★

주사위 미션

<활동방법>

가족과 함께 주사위를 던져 나온 미션을 즐겁게 수행해요!

1) 2개의 주사위를 하나씩 던져요

2) 주사위에 나온 2가지 미션을 확인해요

3) 가족과 함께 미션을 수행해요

물총 쏘기

<활동방법>

▶ 물통을 들고 수돗가로 가서 물을 담아오세요

▶ 어른의 도움을 받아 물총에 물통을 연결해요

▶ 비닐과녁을 사이에 두고 서로를 향해 마음껏 쏘세요

★ 여벌옷이 준비되지 않았으므로 직접 사람을 향해 쏘지 않아요!^^ ★

물로 그림을 쓰윽쓰윽

<활동방법>

페인트 붓에 물을 묻혀 쓱쓱 그림을 그려요!

1) 물통에 붓을 넣어 물을 묻혀요

2) 나무 울타리와 바닥에 자유롭게 그림을 그려요

3) 활동이 끝나면 붓과 물통을 제자리에 정리해요

★ 영유아가 그림이 없어지는 것을 발견하면, 물이 어디로 갔는지 이야기를 나누며 아이들의 자유로운 상상을 격려해주세요

숲 속 도서관

<활동방법>

영유아가 좋아하는 그림책을 골라 가족과 함께 재미있는 그림책을 읽어 보아요!

★ 책이 찢어지지 않도록 소중하게 다루어주세요^^

★ 그림책을 보고 난 후에는 제자리에 정리해주세요

숲 속 노래방

공을 숫자판에 던져 공이 붙은 번호에 맞는 노래를 신나게 불러요

<활동방법>

1) 공을 번호판에 던져요

2) 반주에 맞춰 노래를 불러요

★ 노래를 부르는 동안 악기를 연주하거나 신나게 율동을 해요♪

체육 선생님과 함께 하는 활동

<활동방법>

체육 교사와 함께 정해진 코스에 따라 다양한 장애물을 모두 통과하기!

● 장애물 코스 통과하기!

● 과녁을 향해 플라잉디스크 원반 멀리 던지기!

★ 영아들은 부모님 손을 잡고 안전하게 장애물을 통과해요

자유신체놀이

<활동방법>

원하는 활동을 자유롭게 선택하여 가족과 함께 즐겨요

● 가족이 태워주는 타요 버스를 타요!

● 신나는 푸르니 풀리풀리 체조

● 비눗방울을 잡아요~ 비눗방울 놀이!

● 가족과 함께 공을 주고받으며 캐치볼 놀이!

● 파라슈트 놀이를 해요

1) 파라슈트 양 끝을 잡고 펄럭펄럭!

2) 파라슈트에서 신나게 놀이해요

★ 아이들이 부딪히지 않도록 살펴주세요

★ 놀이 후 제자리에 정리해주세요

꾸미고 심어요

<활동방법>

우리 가족만의 화분을 꾸미고 모종을 심어요

1) 화분에 매직과 스티커로 예쁘게 꾸미고 이름표에 화분 이름을 적어요

2) 내가 꾸민 화분에 모종삽으로 흙을 담아요

3) 흙을 담은 화분에 대추토마토 모종을 심어요

★ 활동 후 화분을 본부석에 맡겨두시고 다른 활동에 참여하세요

소원 나무

<활동방법>

1) 본부석에 있는 커다란 '소원 나무'를 찾아 보아요

2) 하트모양 종이에 가족에게 하고 싶은 이야기를 자유롭게 적어보아요

3) 보슬이 스티커를 하트모양 종이 뒷면에 붙여 '소원 나무' 에 달아주세요

★ 활동 후 어린이집 공간에 게시될 예정입니다

출처: GS SHOP 도담도담 어린이집.

가족잔치 안내문

학부모님께

안녕하세요.

푸르른 5월, 가족과 함께 즐겁고 의미 있는 시간을 보내는 가족잔치 행사에 대해 세부사항을 안내해 드립니다.

- 일시: 5월 20일 토요일 오전 10:00~12:00
- 장소: ○○○ 근린공원
- 대상: 전체 영유아 가족
- 내용: 가족이 함께 참여하는 재미있는 놀이 체험('보물을 찾아라' 미션)

〈활동 프로그램〉

숲 속 노래방	꾸미고 싶어요	주사위 미션을 수행해요
물로 그림을 쓰윽쓰윽	물총으로 과녁을 맞추어요	숲 속 도서관
체육교사와 함께 하는 신나는 활동	자유롭게 즐기는 신체활동	소원 나무
가족이 태워주는 가마 타고 과자 따먹어요		

❖ 더운 날씨로 인해 간식은 개별적으로 가정에서 준비해주시기 바랍니다.(아이스 팩 또는 아이스 박스 이용)

❖ 주차 공간이 협소하므로 가까운 거리일 경우에는 도보로 참석해주시기 바랍니다. 차를 사용하실 경우 공원 주차장 또는 근처 마트 주차장을 이용해 주세요.

❖ 미세먼지 농도가 높아 행사를 부득이 취소해야 할 경우에는 금요일(19일) 오후 5시 이후, 문자로 안내드릴 예정입니다.

❖ 활동은 본부석에서부터 시작되오니 본부석에서 보물지도를 받아 출발해주세요.

출처: GS SHOP 도담도담 어린이집.

(3) 공원 산책 또는 트래킹

인근 공원이나 낮은 산을 산책하며 자연을 즐기는 프로그램으로 산책로 중간에 미션활동을 준비하여 흥미를 높인다. 산책로와 공원을 미리 답사하고 산책코스를 정한다.

영아용, 유아용 코스를 다르게 하거나 미션의 내용, 종류, 난이도를 다르게 진행한다.

〈표 12-4〉 활동 예시

행 사 명	가을 공원 산책	대 상	전체 영유아 가족
목 표	• 가족과 함께 다양하고 특별한 놀이를 경험해 본다. • 가을 공원을 산책하여 가을 정취를 즐겨본다.		
일 시	10월 21일 토요일 10:00~12:00		
장 소	□ □ □ □공원		

활동 내용	활동 방법
공원을 산책하며 미션 사진 찍기	자연물 또는 가족과 함께 할 수 있는 동작을 미션으로 주고 사진 찍은 후 귀가 시 본부석에서 확인하기 – 답사 시 확인한 쉽게 찾을 수 있는 자연물을 배경으로 하거나 간단한 동작이나 포즈를 하며 가족끼리 화합할 수 있는 미션을 제시한다. 미션지는 비밀상자에 미션카드를 넣어서 가족이 돌아가며 뽑아볼 수 있게 한다.
자연물 모자(왕관) 만들기	미술활동 재료 배부 후 자연물로 만든 멋진 모자(왕관) 만들기 – 머리띠 모양에 자연물을 붙일 자리에는 양면테이프를 붙이고 윗부분은 그대로 붙여두어 활동 전에 떼어서 붙일 수 있게 한다. 고무줄은 적당한 길이로 미리 잘라서 제공하고 자연물을 쉽게 모을 수 있는 장소에서 실시한다.
노래 부르고 녹음하기	노래 부르기 코너에 들러 가족과 함께 좋아하는 노래를 부르고 가족 휴대폰에 녹음하기 – 영유아가 좋아하는 노래의 음원을 미리 준비하거나 우쿨렐레 등으로 반주를 해준다.
음악 들으며 춤추기	춤추기 코너에서 동요나 신나는 음악을 들으며 율동이나 춤추기 – 유행가요는 사용하지 않도록 한다.
신발 던져서 목표물 (훌라후프) 안에 넣기	신발을 발에 걸치고 신발을 발로 튕겨서 목표물 훌라후프 안에 넣기 – 영아의 경우 어른이 안아서 넣기 또는 가까이에서 손으로 던져서 넣어볼 수 있게 한다.

잔디밭에서 낙하산 메고 달리기	배낭 형태의 낙하산을 메고 달리면 낙하산이 펼쳐지는 놀이하기 – 넓은 잔디밭에서 배낭 형태의 낙하산을 메고 부모와 함께 달려본다. 낙하산 줄이 엉키지 않도록 주의하여 활동을 진행한다.
쉬어가는 코너에서 간식 먹기	날씨에 따라 물과 간단한 간식을 준비하여 배부 후 간식 먹기 – 돗자리가 필요한 경우 행사 전에 준비물로 안내한다.
종이비행기 접어 날리기	가족과 함께 종이비행기 접는 방법 순서도를 보며 종이비행기 접기 날리는 선에 서서 멀리 날리기 시합하기 – 종이비행기를 접을 수 있는 색지와 여러 가지 방법의 종이비행기 접기 방법을 순서도로 준비한다.
민속놀이 코너	제기차기, 투호던지기, 대형 윷놀이 교구를 세팅한다. – 영유아의 경우 줄에 제기를 매달아서 매달린 제기차기를 한다. – 투호던지기 던지는 선을 연령에 따라 차이를 두어 진행한다. – 대형 윷을 던져 단순하게 만든 윷놀이판에서 윷놀이를 한다.

부모교육 또는 참여 프로그램을 진행하고 난 후에 학부모에게 의견을 조사하여 추후 부모교육 프로그램 계획 시 반영할 수 있다.

〈가족참여 프로그램에 대한 의견 조사〉

가족참여 프로그램에 대한 부모님의 의견을 수렴하여 추후 행사 준비에 반영하고자 합니다. 바쁘시더라도 문항에 체크해 주시기 바랍니다.

1. 이번 가족참여 프로그램의 소요 시간(약 2시간)은 적절했습니까?
   ① 아주 좋았다　② 보통이다　③ 적절하지 않았다 (이유:)

2. 프로그램 내용은 어떠셨나요?
   ① 아주 좋았다　② 보통이다　③ 적절하지 않았다 (이유:)

3. 프로그램 진행은 어떠셨나요?
   ① 아주 좋았다　② 보통이다　③ 적절하지 않았다 (이유:)

4. 가장 재미있었던 활동은 어떤 것이었나요? 해당하는 곳에 모두 O표를 해 주세요.
① 활동명1 ② 활동명2 ....
(활동명을 적어주고 학부모가 체크만 하면 되도록 한다)

5. 그밖에 의견이 있으시면 적어주세요.

____

____

* 질문에 응해 주셔서 감사합니다.

(4) 체험 프로그램 참여

밭에서 고구마 캐기, 딸기 따기, 과수원에서 과일 따기 체험, 목장 산책 후 치즈 / 아이스크림 만들기, 농촌생활 체험 프로그램 등 최근 체험 프로그램이 가능한 장소가 많이 있으므로 적절한 곳을 섭외하여 가족이 함께 즐기는 프로그램이다.

업체에서 정해진 체험비용이 있으므로 행사비용 예산을 고려하고, 유치원·어린이집과 거리가 먼 곳에서 행사를 하는 경우 개별 차량으로 이동할지, 버스를 대여하여 함께 이동할지 등을 고려하여야 한다. 업체에서 진행하는 내용과 활동방법을 자세히 알아보고, 원에서 원하는 프로그램의 목적과 부합하는지를 점검한 후, 반영 가능한 부분은 소통하여 조정한다.

6) 부모참여 수업

부모참여 수업은 많은 기관에서 실시하고 있는 대표적인 부모교육 프로그램으로서, 부모가 자녀와 함께 영유아교육기관의 생활을 직접 경험해 보는 활동이다. 부모는 이러한 경험을 통해서 교육 프로그램을 이해하고, 자녀의 기관생활을 새로운 시각에서 이해할 수 있게 된다. 또한 자녀와 함께하는 시간의 즐거움을 통하여 부모역할의 중요성을 인식함과 동시에 부모-자녀 관계 개선에도 도움을 받을 수 있다.

부모참여 수업은 최근 가족의 형태가 다양화되면서 가족구성원 중 어머니나 아버지가 없는 가족이 점차 증가함에 따라, 이에 대한 대안으로 가족구성원 중 누구라도 참여할 수 있는 참여 수업으로 계획되는 경우가 늘어나고 있다.

부모참여 수업은 직장을 다니는 부모님이 많을 경우 평일 저녁이나 주말을 이용해서 가족의 행사나 계획과 중복되지 않도록 가정통신문이나 게시판 등을 통하여 3~4주 전에 날짜를 미리 알리고 참석 여부를 파악하는 것이 바람직하다. 일반적으로 참여 수업은 특별한 활동을 준비하기보다는 평소대로 자연스러운 일과를 진행하고 부모가 참여할 수 있는 한두 가지의 활동을 준비하는 것이 바람직하다.

〈표 12-5〉 1세반 부모참여 수업 계획안 예시

◈ 주제 : 느낌과 탐색 - 듣고 느끼기

◈ 목표 : 주변의 다양한 소리를 들어보고 직접 소리를 내어본다.

시간		부모참여 수업 활동 계획	
		활동명	활동방법
오전 실외 놀이터 자유놀이 (9:30~10:10)		방울 팔찌를 끼고 달려보아요 실외에서 나는 다양한 소리를 들어 보아요	• 부모님이 영아의 팔과 다리에 방울 팔찌를 해주고 손을 잡고 달려본다. • 두드리거나 누르기, 밟아보기 등 소리 나는 놀잇감을 이용하여 부모님과 소리를 내보고 들어본다.
오전 실내 자유 놀이 (10:10 ~ 11:30)	신체	소리 나는 풍선을 쳐요 / 소리 들어요*	• 천장에 매달린 소리 나는 풍선을 부모와 함께 쳐본다. 평소 놀이할 때 보다 높게 매달아 두어 부모가 안아서 풍선을 쳐본다.
	언어	소리 나는 그림책을 보아요 엄마, 아빠에게 전화해요	• 부모가 영아와 함께 소리 나는 그림책과 책꽂이에 비치된 그림책을 본다. • 모형전화기로 전화하는 놀이를 한다.
	감각 탐색	소리 나는 퍼즐을 맞추어 보아요 마라카스를 만들어요 / 노래 들으며 마라카스 흔들어요#	• 소리 나는 퍼즐을 맞추어 본다. • 부모님의 도움을 받아 곡식을 투명통에 넣어 마라카스를 만들어본다. 곡식을 넣고 난 후 뚜껑을 닫은 후 주변을 테이프로 둘러서 열리지 않도록 한다. • 교사가 영아가 좋아하는 노래 ♪'곰 세 마리', '아빠(엄마) 힘내세요' 등을 불러주고 마라카스를 연주하며 노래를 부른다.

오전 실내 자유 놀이 (10:10 ~ 11:30)	역할 쌓기	동물 소리 듣고 흉내 내요 소리 나는 블록을 쌓아요	• 동물 소리를 들으며 부모님과 어떤 동물인지 흉내를 내본다. • 소리 나는 블록을 쌓아본다.
	요리활동 및 간식	식빵 카나페#	• 유아치즈를 비닐 위에 쿠키틀을 올려 부모와 함께 모양이 나오게 찍어본다. • 4등분한 식빵 위에 치즈, 방울토마토, 딸기잼을 올려서 카나페를 만든다. • 부모님과 맛있게 간식을 먹는다.

* 표시한 활동은 기존 주간보육계획안 활동을 부모참여 형태로 변형한 활동
# 표시한 활동은 기존 활동을 대체하여 추가된 활동
그 외 활동은 기존 주간 보육계획안 활동

7) 작은 발표회

영유아가 교육·보육활동 중에 했던 동극, 노래, 율동, 악기 연주 등을 학부모를 초대하여 보여주는 시간으로 연말이나 특별한 주제 진행 후에 실시할 수 있다. 발표회 준비 시 다음과 같은 사항을 고려한다.

- 발표회를 위해 영유아들을 장시간 힘들게 연습시키거나 교육 프로그램을 정상적으로 진행하지 않고 공연 연습만 하지 않도록 한다. 가족과 영유아가 즐겁게 행사에 참여하는 것에 의미를 두고 실시한다.
- 발표회 초대장이나 포스터 만들기에도 영유아가 직접 참여할 수 있도록 한다. 유아들은 그림을 그리거나 글씨를 쓸 수 있는 유아는 글씨를 써볼 수도 있으며, 교사가 써준 글씨를 꾸며줄 수도 있다. 영아들은 스티커를 붙이거나 그림이나 글씨 위에 끼적여서 꾸며보도록 한다. 정확한 행사일정은 게시판이나 가정통신문으로 별도 공지되므로 영유아가 글씨를 정확하게 쓰는 것을 강조하지 않아도 된다.
- 영아들은 공연 형식으로 진행하는 것이 어려우므로 가족과 함께 노래 부르기, 율동하기, 악기 연주하기 등을 하거나 평소 일과 중에 놀이했던 장면을 준비하거나 개별 부모님에게 제출받은 영상을 모아서 빔 프로젝터로 스크린에 상영하여 함께 볼 수 있다.

- 유아들은 흥미 있어 했던 노래나 율동, 특정 주제에서 즐겨했던 활동을 선정하여 발표회를 구성할 수 있다.
  - 예 동물 주제에서 했던 동물들의 음악회, 가을 주제에서 했던 단풍잎 이야기 동극, 우리나라 주제에서 했던 간단한 동작이 반복되는 부채춤, 기본동작이 반복되는 단순한 태권도, 세계 여러 나라 주제에서 했던 세계 여러 나라 의상을 입고 나라에 대해 간략하게 소개하는 패션쇼, 겨울 주제에서 즐겨 부른 크리스마스 캐럴 부르기 등
- 발표회 순서에 부모나 가족구성원이 참여할 수 있는 합창을 포함시켜 가족 모두 적극적으로 참여할 수 있게 할 수도 있다. 따로 연습하지 않아도 되도록 부모들이 대부분 알고 있는 노래를 선정하고, 악보를 미리 배부하여 가정에서 노래를 연습해오도록 안내하여 발표회에 참여하도록 한다.

8) 작품 전시회

영유아가 만든 작품이나 활동과정을 사진이나 작품, 포스터 등을 이용하여 학부모에게 소개하는 방법이다. 영아들의 작품은 결과물이 두드러지지 않는 경우가 많으므로 놀이나 활동을 즐기는 사진을 전시할 수 있다. 책 만들기 전시회, 미술작품 전시회, 프로젝트 수업 전시회 등이 있다. 유아 작품 전시회를 준비하는 과정(전시회를 알리는 포스터 그리기, 초대장에 꾸미기, 전시장 장식 및 작품 배치하기, 관람 동선 방향을 나타내는 화살표나 발자국 모양 붙이기 등)에 유아가 주도적으로 참여하여 성취감을 느낄 수 있도록 한다.

작품전시회 행사 순서는 부모를 초대하여 시작을 알리는 테이프커팅을 하고 교사가 영유아 작가 소개, 활동 개요 등을 소개한다. 그 후 가족들이 전시코너를 자유롭게 둘러보며 작가인 영유아에게 작품에 대해 소개받거나 사진 촬영을 하는 시간을 가지도록 한다.

9) 온라인 부모교육

어린이집과 유치원에서는 대면교육 외에도 온라인 부모교육을 실시할 수 있다. 온라인 부모교육은 팬데믹 시기에 대면 집합교육이 어려운 상황에서 다양한 방식으로 시작되었으며, 팬데믹 이후에도 집합 교육과 병행하여 지속적으로 운영되고 있다. 온라인 교육은 시간과 장소의 제약 없이 참여할 수 있다는 장점이 있어 부모들의 접근성과 참여율을 높이는 데 효과적이다.

Zoom, 유튜브, SNS, 메신저 등을 활용하여 실시간 또는 비실시간 방식으로 직접 부모 대상 강의를 실시하거나, 교사가 제작한 영유아 교육 행사 및 교육 프로그램 관련 동영상를 제공할 수 있다. 하지만 교사가 영상 콘텐츠를 제작하는 데는 많은 시간과 노력이 소요되므로 현장에서 다양하게 활용되기에는 어려움이 있다. 이에 따라 원에서 가능한 방식과 범위 내에서 온라인 교육을 실시하고, 공공기관 등에서 운영하는 다양한 온라인 부모교육 정보와 자료를 부모에게 안내할 수 있다.

예를 들어 중앙육아종합지원센터에서는 홈페이지, 유튜브, e-러닝(부모용)을 통해 온라인 부모교육을 진행하고 있는데, 자녀권리존중, 가정 내 양육환경 점검, 아동학대 예방, 영유아 발달 이해, 부모 양육태도 점검 부모교육 등의 주제로 실시하고 있다. 이 온라인 부모교육을 이수한 부모에게는 콘텐츠와 연계된 자료로 구성된 놀이키트를 제공한다(중앙육아종합센터 홈페이지. https://central.childcare.go.kr/lcentral/d1_40000/d1_600061/d1_600222/d1_600223.jsp에서 2025년 6월 20일 인출.). 어린이집과 유치원에서는 이러한 온라인 부모교육 정보를 적극적으로 안내하여 부모가 자신에게 필요한 교육에 자발적으로 참여할 수 있도록 지원하는 것이 중요하다.

생각해 볼 문제

01 영유아교육기관에서 실시되고 있는 다양한 부모교육 방법에 대해서 조사해 보고 부모교육 중에서 한 가지 선정하여 세부 활동계획을 수립해 보자.

02 가족참여 행사를 한 가지 선정하여 세부 활동계획을 수립해 보고 가족참여 행사를 진행할 때 고려해야 할 사항을 예측하여 대처 방안을 생각해 보자.

Chapter

13 부모교육의 과제

1. 우리나라 부모교육의 문제점
2. 부모교육의 과제

인간은 자라나면서 부모의 태도, 가치, 신념 등을 내면화하게 되고, 이런 측면에서 부모의 역할은 매우 중요하다. 부모는 올바른 자녀관과 교육관을 가져야 하며 현대사회의 다양한 가족에 대한 이해도 필요하다. 오늘날 부모교육은 과거에 비해 그 목적과 대상에 따라 다양한 방법으로 실시되고 있다. 이에 본 장에서는 현재 실시되고 있는 우리나라 부모교육의 문제점을 알아보고 앞으로 부모교육의 과제에 대해서 살펴보고자 한다.

학습 목표

1. 우리나라 부모교육의 문제점을 살펴본다.
2. 우리나라 부모교육을 활성화하기 위한 부모교육의 과제를 알아본다.

1 우리나라 부모교육의 문제점

현재 우리나라에서 실시되고 있는 부모교육의 문제점을 정리해 보면 다음과 같다.

첫째, 자녀 양육의 가치관 부재와 부모교육의 필요성에 대한 인식의 부족이다. 한국 전통사회에서 자녀 양육 목표는 유교적 도덕성을 함양하는 것이었고 태아기에서 청년기까지 전통적 자녀 양육 방법이 전승·실천되어 왔으나 우리 사회가 산업화·도시화되면서 부모역할에서 변화가 불가피하게 되었다. 그러나 외국의 자녀 양육 방식이 문화적 적절성의 검증 없이 부모교육 프로그램, 전문서적, TV를 통해 혼란스럽게 전파됨으로써, 결과적으로 유교적 전통에 의한 부모역할이나 가치관에 혼돈이 생겼으며 어떻게 하는 것이 현대사회에 적절한 부모역할인지에 대해 혼란스러워하는 상황이 되었다.

뿐만 아니라 부모교육에 대한 인식도 부족하다. 일례로 '자식은 낳아 놓으면 알아서 다 큰다.'라고 생각하는 부모는 부모역할이 자녀의 성장 발달에 얼마나 중요한 영향을 미치는지를 제대로 인식하지 못하고 자녀의 성장과정을 의미 없이 보내는 경우가 많다. 혹은 자녀를 양육하기 위해서 배워야 할 것이 많다는 것은 알지만 다양한 정보 속에서 방향을 잡지 못한 채 방황하는 부모도 많다. 혹자는 자녀를 특별하게 키워야 한다는 부담감 때문에 마구잡이식으로 이런저런 방법을 적용하여 자녀에게 혼돈을 주는 등의 부작용을 보이기도 한다.

둘째, 부모교육 대상의 문제로 교육의 대상이 어머니에게 편중되어 있다는 것이다. 특히 어머니 중에서도 학교나 기관의 활동에 관심이 많은 어머니들에게 부모교육이 한정되어 있다. 이는 부모교육이 절실하게 필요한 어머니들이 부모교육에서 소외되어 있음을 의미한다. 자녀 양육에 대한 인식 부족으로 부모교육의 대상에서 제외되거나, 어머니 자신이 참여할 의사가 있다고 하더라도 맞벌이 가족 또는 한부모 가족의 취업모와 같이 시간적인 제약을 받게 되어 참여하지 못하는 경우도 많다. 이처럼 부모교육의 대상에서 어머니가 제외될 경우, 다른 자녀 양육 주체들을 교육시킴으로써 그 결손을 보완할 수 있는데 바로 아버지 또는 조부모를 대상으로 하는 부모교육을 확대하는 것이다. 육아종합지원센터 및 가족센터를 중심으로 아버지 대상 부모교육 프로그램과 조부모 대상 부모교육 프로그램이 진행되고 있지만 아직까지 어머니 대상 프로그램이 다수를 차지하고 있다. 현재 우리 사회의 조손 가족의 높은 증가율과 맞벌이 가족 내에서도 실질적인 양육을 조부모가 담당하고 있는 경우를 고려할 때 조부모 대상 부모교육 프로그램이 더 확대되어야 할 것이다.

셋째, 부모교육의 내용 면에서도 사회문화적 배경이 다른 곳에서 개발된 서구의 부모교육 프로그램이 국내에 도입·적용되는 데 따른 문제를 들 수 있다. 고든(Gordon)의 부모효율성 훈련(PET), 딩크마이어(Dinkmeyer)와 맥케이(Mckay)의 체계적 부모 효율성 훈련(STEP), 포프킨(Popkin)의 적극적 부모훈련(AP) 등과 같이 서구에서 개발된 프로그램의 내용은 논리적으로 무리가 없기 때문에 표면적으로 '좋다', '도움이 된다'라는 긍정적 반응을 보이지만 다분히 서구적인 가치나 사상을 근거로 한 프로그램이기 때문에 우리의 정서나 자녀양육 문화와 조화를 이루지 못하는 아쉬움이 있다(정옥분, 정순화, 2005). 또 다른 문제는 이들 프로그램들이 문화적 태도나 가치의 차이, 빈곤과 관련된 복잡한 문제들을 고려하지 않고 모든 문화나 사회계층에 동일하게 적용된다는 점이다. 이들 프로그램은 대부분 중산층 백인에게 초점을 두고 개발이 되었다. 따라서 저소득층의 경제적 스트레스나 환경적 영향 등에 대한 고려가 부족하며 자녀의 연령 및 성별과 같은 자녀의 특성별로 내용이 세분화되지 못했다는 사실도 문제점으로 지적될 수 있다.

끝으로 부모교육 실시 주체로서 기관의 문제점에 대해서 살펴보면 부모교육의 실시율이 저조한 점, 부모들의 부모교육 참여 기피와 부모교육의 다양성 부족을 들 수 있다. 대표적인 부모교육 실시기관으로 유치원 및 어린이집을 들 수 있는데, 어린이집의 부모교육 실시 현황을 살펴본 조성혜(2000)의 연구에 따르면, 어떤 형태로든 부모교육을 실시하는 어린이집은 40%밖에 되지 않고 그것도 부모가 직접 참여하는 부모교육의 실시율은 28%에 그치고 있어 부모교육의 실시율이 낮은 실정이다. 어린이집에 다니는 부모들의 경우, 대부분이 맞벌이 가족이기 때문에 시간적 여유가 없어서 부모교육에 참여하지 못하는 것으로 추정되나, 단지 귀찮다는 이유로 또는 피교육자 대우를 받기 싫어서 부모교육에 참여하기를 기피하는 부모들도 있다. 영유아기 부모교육 참여 실태 및 내실화 방안을 살펴본 이윤진, 이정림 외의 연구(2017)에 따르면, 자녀가 다니는 기관에서 실시한 부모교육에 참여하지 못한(안 한) 이유는 '시간이 없어서'가 63.0%로 대부분을 차지했고, '기관방문이 어색해서', '다른 자녀를 돌봐줄 사람이 없어서', '다른 매체를 통해 정보를 얻을 수 있어서' 등의 소수 의견도 이었다. 특히 취업모의 경우 '시간이 없어서', '기관 방문이 어색해서' 등의 이유로 부모교육에 참여하지 못했다는 응답이 비취업모보다 상대적으로 높게 나왔다. 또한 유치원 및 어린이집에서의 부모교육은 대부분 교육중심의 강연회 형태로 진행되기 때문에 부모들의 소극적 참여가 나타나고 있다. 따라서 부모들의 적극적인 부모교육 참여를 유도하기 위해서는 부모들의 다양한 요구를 충족시켜 줄 수 있고 부모역할을 효율적으로 수행하는 데 도움을 줄 수 있는 부모교육 프로그램을 다양하게 실시할 것이 요구되고 있으나 유치원 및 어린이집에서 이러한 요구를 충족시키지 못하고 있는 실정이다.

2 부모교육의 과제

앞에서 제기한 부모교육의 문제점을 보완하여 부모교육을 활성화시키기 위한 부모교육의 과제를 살펴보면 다음과 같다.

첫째, 자녀양육에 대한 올바른 가치관을 정립하는 것이다. 한국 부모는 교육열이 매우 높으나 그 높은 교육열은 방향 설정이 잘못되어 있어 상식에서 벗어난 여러 가지 부작용을 낳고 있다. 그 대표적인 것이 가족 이기주의다(정옥분, 정순화, 2005). 이러한 이기주의적 성향은 우리나라 부모들이 서구나 일본의 부모들에 비해 시민의식이나 공중도덕심을 자녀에게 가르치는 데 있어서 상당히 낮은 점수를 받은 사실에서도 나타난다. 자기 권리는 당당하게 주장하지만 시민으로서의 책임과 의무에는 상대적으로 관심이 부족하다(김영철, 이영선 외, 1997). 그러므로 우리나라 부모교육의 일차적 목표는 이러한 가족 이기주의에서 벗어나 올바른 가치관을 확립하는 것이다. 부모로서 자녀에게 하고 있는 교육은 어떠한 교육이며, 그것이 과연 어떤 결과를 초래하며, 자녀 자신의 삶이나 가족, 나아가 사회에 궁극적으로 어떤 의미가 있는지를 생각하게 해야 한다.

둘째, 부모교육의 대상을 확대하는 것이다. 주로 중산층 이상 어머니를 대상으로 부모교육이 실시되고 있으나, 저소득층 부모, 아버지, 조부모 등 다양한 양육자를 대상으로 한 교육 기회의 확대가 시급하다. 또한 아버지, 조부모의 참여를 확대해야 한다. 최근 자녀들의 성장과 발달에 미치는 아버지의 영향력이 강조되고 효율적인 자녀 지도와 부모역할을 수행하기 위해 아버지의 참여가 요청되고 있는 현실을 감안해 볼 때, 아버지 교육은 더 이상 주변적인 것으로 생각할 수 없으며 아버지 참여를 극대화시킬 수 있는 방법이 모색되어야 한다. 현재 육아종합지원센터와 가족센터를 중심으로 맞춤형 부모교육, 아버지 대상 부모교육 및 조부모 대상 부모교육이 진행되고 있다. 그러나 경기도 육아종합지원센터 내 부모교육 프로그램을 분석한 결과에 따르면, 참가대상이 아버지인 경우가 5%로 나타났고 아버지와 자녀인 경우가 7.2%였다(김미정, 이나련 외, 2014). 이는 과거에 비해 아버지 대상 부모교육 프로그램이 증가하고는 있지만 여전히 전체 부모교육 프로그램에서 차지하는 비율이 낮다는 것을 의미한다. 또한 여성의 취업률 증가로 조부모들이 손자녀를 돌보는 경향이 증가하고 있으며 부부의 이혼, 부모의 실직 혹은 파산 등의 이유로 가족 해체를 경험하거나, 부모가 사망 또는 가출을 하여 부모 없이 남겨지는 자녀들을 양육하기 위해 형성된 조손 가족이 급격하게 증가하고 있어 조부모 대상 부모교육이 더욱 확대되어야 한다.

앞으로 부모의 의미는 반드시 자녀를 낳아서 양육하는 사람에게만 한정지어서는 안 될 것이다. 즉, 손자를 키우는 조부모, 법정대리인, 형제자매, 혹은 공동체 집단 등 다양한 형태의 양육자들을 칭하는 포괄적인 부모의 정의를 따르면, 부모교육이란 바로 이러한 다양한 양육자들을 염두에 두고 이루어져야 한다. 왜냐하면 자녀를 양육하는 사람이 곧 부모의 역할을 수행하는 사람이며, 부모의 역할을 수행하는 바로 이들에게 부모교육이 필요하기 때문이다.

또한 지금까지 부모교육은 자녀가 있는 부모가 대상이 되었으므로 예방이나 준비보다는 문제가 발생한 뒤 해결하는 측면이 강조되었다고도 볼 수 있다. 계획과 준비 없이 부모가 되었을 때 많은 부모들은 당황하고 실수를 저지르기도 하며 이를 통해서 부모로서의 자신감을 잃기도 한다. 따라서 부모가 되기 이전의 신혼부부와 대학생, 청소년에게 부모교육의 기회를 제공하면 후일 자신이 부모가 되었을 때를 대비하여 부모로서의 역할에 대한 이해를 도울 수 있다. 이러한 교육을 통해 예방적인 효과뿐 아니라 현재 부모와의 관계 개선이나 의사소통 증진에 도움이 될 수도 있다. 부모역할의 어려움이나 부모의 발달과정에서 경험하는 어려움에 대해 교육받음으로써 자녀가 부모를 이해하는 것을 돕고 이를 통해 부모-자녀 관계의 질에도 영향을 미칠 수 있다. 따라서 현재 대학의 교양과목 중심으로 이루어지고 있는 대학생 대상 예비부모교육뿐 아니라 청소년을 대상으로 한 예비부모교육에 대한 관심이 필요하다 하겠다.

셋째, 부모교육의 내용 측면에서 서구에서 개발된 프로그램이 우리 문화에 맞게 변형되고 접목시키는 방법을 시도해야 하며, 우리 실정에 맞는 부모교육이 개발되어야 한다. 또한 자녀의 특성에 따라 세분화된 부모교육 프로그램의 개발도 필요하다. 특히 자녀의 발달 단계에 따라 세분화된 내용의 개발이 요구된다. 예비부모교육 및 태아기, 영아기, 유아기, 아동기, 청소년기의 자녀를 둔 부모들을 위해 각 단계별 특성을 고려한 교육이 필요하다고 하겠다. 또한 자녀가 가지고 있는 문제를 중심으로 이를 해결하기 위해 적절한 지도를 해 줄 수 있는 전문화된 부모교육 프로그램이 필요하다. 특히 집중적인 치료를 필요로 하고 심각한 문제가 있는 자녀를 가진 부모를 위한 내용도 개발되어야 한다. 마지막으로 맞벌이 가족, 한부모 가족, 재혼 가족, 다문화 가족, 조손 가족과 같이 다양한 상황에 놓여 있는 부모를 위한 내용의 개발도 요구된다.

넷째, 유치원 및 어린이집과 같은 영유아교육 및 보육기관에서 실시되는 부모교육을 활성화시키기 위한 과제를 살펴보면 다음 여섯 가지로 제시할 수 있다. 첫째, 부모의 요구에 따른 다양한 프로그램을 개발해야 한다. 일반적으로 영유아교육 및 보육기관에서 부모를 대상으로 한 부모교육은 모든 부모에게 같은 유형으로 교육을 실시하고 있다. 그러나 이러한 동일한 유형의 부모교육 프로그램은 다양한 직업과 생활수준을 유지하고 있는 부모들의 요구를 충족시킬 수 없으므로 개별화 방법으로 부모교육을 실시할 필요가 있다. 즉 다양한 가족구조에 맞춘 부모교육 프로그램이 실시되어야 한다. 예를 들어 맞벌이 가족의 대리양육자와의 상호작용 문제를 해결할 수 있는 방안, 조부모와 손자녀의 의사소통 증진 방안, 한부모 가족 내에서 배우자 부재에 따른 배우자 역할을 보충할 수 있는 방안, 조손 가족의 손자녀 연령에 따른 양육 방법 지원 등 다양한 가족의 요구에 맞춘 개별화 방법의 부모교육이 필요하다. 이러한 개별화 프로그램의 내용 구성은 교육에 참여하는 부모들의 기대나 욕구를 정확하게 파악함으로써 이루어질 수 있으며 부모들이 부모교육을 통해 알고 싶어 하는 것이 무엇인지를 사전에 파악함으로써 부모가 관심을 갖는 주제를 선택할 수 있고 이를 통해 참여율을 높일 수 있을 것이다.

둘째, 유치원 및 어린이집의 교육과정과 통합된 프로그램을 개발해야 한다. 부모교육을 교육 프로그램과 분리된 행사로 계획하기보다는 영유아교육 및 보육기관의 교육 프로그램과 통합하여 계획하는 것이 필요하다. 부모들에게 보여주기 위해 영유아에게 반복적인 연습을 시켜 공연하는 재롱잔치나 특정 내용을 암기하여 발표시키는 발표회, 한 가지 활동만을 집중적으로 준비하여 부모들에게 보여주는 작품 전시회 등의 활동은 지양되어야 한다. 이러한 활동은 영유아는 물론이고 교사들에게도 가중한 부담을 주어 정상적인 교육 프로그램을 진행하기 어렵게 한다. 따라서 영유아의 교육활동을 완성된 형태로 보여주려고 하기보다는 교육활동 과정에 부모들이 자연스럽게 참여하고 같이 구성해 나갈 수 있는 기회를 제공하는 것이 필요하다.

셋째, 부모교육의 운영방법에서 살펴보았을 때 우리나라 영유아교육 및 보육기관에서는 대부분 가정통신문, 부모강연회, 부모면담, 부모참여 등의 방법을 사용하고 있으나 그 중에서도 강연회나 가정통신문과 같은 소극적인 방법들이 주를 이루고 있다. 그러나 부모교육의 효과를 높이기 위해서는 부모와 자녀가 함께하는 참여수업이나 워크숍 등과 같이 실제적이고 구체적인 방식, 부모가 현장의 보조교사로 참여하는 것과 같은 적극적인 방법이 먼저 사용되는 것이 필요하다. 과거에 비해 많은 유치원 및 어린이집에서 부모참여 수업이나 워크숍을 실시하고 있고 부모참여 프로그램 후에 의견 조사를 통해 추후 부모교육 및 프로그램 계획시 반영하고 있지만 보다 활성화 될 필요가 있다. 또한 맞벌이 부모의 참여를 위하여 부모교육 시간대를 평일 저녁이나 주말로 계획하거나 온라인 교육을 통한 프로그램과 같이 부모들이 유치원 및 어린이집을 방문하지 않고 가정에서 일상적으로 받을 수 있는 프로그램의 개발이 요구된다.

넷째, 성공적인 부모교육 프로그램을 운영하기 위해서는 무엇보다도 교수요원의 자질이 중요하다고 하겠다. 부모와 공감대를 형성할 수 있는 자질과 함께 영유아, 성인의 발달적 특성 및 성인을 대상으로 하는 교육에 대한 전문성을 지닌 요원의 확보가 요구된다. 이러한 전문가들이 새로운 부모교육 프로그램을 개발해 내고 실무자들이 프로그램 실천을 활성화시켜 나가는 동시에 성공적인 부모교육 프로그램의 정착을 위한 분위기 조성에도 힘을 모아야 할 것이다. 무엇보다도 부모와 자녀를 잘 알고 있는 교사가 전문적인 지식을 갖추고 부모교육에 참여하는 방법이 가장 적극적으로 활용될 수 있을 것이다.

다섯째, 부모교육은 전문가로부터 부모에게 주어지는 상하 관계 속에서 이루어지는 일방적인 방식이 아니라 상호 보완적 관계 속에서 이루어지는 것이 필요하다. 부모교육이란 교육기관이 부모를 가르친다는 것이 아니라 교육기관과 부모가 동반자적 관계에서 끊임없이 의견을 교환함으로써 부모 스스로가 자녀를 양육하는 데 문제점을 찾아내고 바람직한 해결책과 부모로서의 역할을 모색할 수 있도록 도움을 주는 것을 의미한다.

여섯째, 부모교육이 일시적인 참여로 끝나는 것이 아니라 장기적이고 지속적으로 계획될 수 있도록 하는 것이 필요하다. 부모교육의 많은 부분이 강연회나 대중매체 등을 통해서 일회적으로 일어나는 경우가 많아서 단편적인 교육효과 이외에는 기대하기가 어렵다. 기관 차원에서 장기적인 프로그램을 계획하더라도 바쁜 현대사회의 부모들이 지속적으로 참여할 수 있도록 하기 위해서는 부모가 자발적으로 부모교육에 참여할 수 있도록 동기를 유발시킬 수 있는 방법을 강구하는 것이 필요하다. 부모의 참여가 용이한 시간을 선택하여 계획하고, 특강 형식으로 동기를 유발한 후 동기나 문제의식을 고취시켜 원하는 부모들에게 소집단으로 워크숍을 진행하는 방법을 적용해 볼 수 있다.

마지막으로 부모됨은 개인적인 사건이기도 하지만 사회적 지원이 검토되어야 하는 사건이기도 하다. 정부 차원에서도 부모교육의 중요성을 인식하고 여성가족부, 교육부, 보건복지부, 노동부 등을 중심으로 부모교육과 관련한 정부의 유관 부처가 한국건강가족진흥원, 국가평생교육진흥원, 유아교육진흥원, 보육진흥원, 근로복지공단과 같은 산하기관 및 가족센터, 평생교육진흥원, 육아종합지원센터 등의 전달체계를 통해 다양한 부모교육 프로그램을 개발·보급 및 강사양성을 하고 있다. 그러나 아직은 그 영향력이 미흡한 것이 사실이며, 부모교육에 대한 수요를 충족시키지 못하고 있다. 따라서 맞춤형 부모교육 프로그램을 개발하고 필요한 대상자를 찾아내어 찾아가는 부모교육 서비스를 제공하는 등 정부 차원의 지원이 지속적으로 요구된다고 하겠다.

생각해 볼 문제

01 자신이 중요하다고 생각하는 부모역할 3가지를 생각해 보고 이를 위해 어떠한 준비가 필요한지 토론해 보자.

02 다양한 형태의 가족(예: 맞벌이 가족, 한부모 가족, 조손 가족 등)을 대상으로 부모교육을 활성화하기 위한 방안을 마련해 보자.

APPENDIX 부록

1장 부모교육의 이해

생각해 볼 문제 3

문항	응답
① 부모역할은 자녀가 성장하면 끝이 난다.	X
② 대부분의 사람들은 다른 사람을 돌보려는 욕구를 충족시키기 위해 자녀를 출산한다.	X
③ 부모는 자녀를 양육하고, 자녀와 사회의 욕구를 충족시킬 책임과 의무가 있다.	O
④ 현대의 부모들은 과학의 발달로 과거보다 부모역할 수행이 더 쉬워졌다.	X
⑤ 남성이 여성보다 부모역할 수행에 대한 문화적 압력을 더 많이 받는다.	X
⑥ 부부 관계, 직업, 개인의 사회적 관계망은 부모역할을 수행하는 데 있어서 지지원이나 스트레스원으로 기능한다.	O
⑦ 자녀가 부모의 결혼생활을 향상시킨다.	X
⑧ 자녀가 없는 부부는 좌절되고 불행하다.	X
⑨ 부모는 자녀들에게 사랑을 충분히 쏟기만 하면 된다.	X
⑩ 오늘날 자녀들은 부모로부터 받은 모든 편의에 감사한다.	X
⑪ 자녀는 늘 귀엽고 사랑스럽다.	X

Box 8-1 자연적 · 논리적 결과

상황	결과 경험의 종류	결과 경험시키기
밤 10시가 되었으나 학교 숙제를 하지 않고 컴퓨터 게임만 하고 있다.	자연적 결과	숙제를 해 가지 못해 학교 선생님께 꾸지람을 듣게 한다.
부주의하게 행동하다가 친구가 쌓아놓은 블록을 무너뜨렸다.	논리적 결과	다시 블록 쌓는 것을 돕게 한다.
새 크레파스를 사고 싶다며 크레파스를 모두 부러뜨렸다.	자연적 결과	새 크레파스를 사주지 않는다.

Box 8-2 한계 설정 연습

상황	절차(단계)		
	1	2	3, 4
자녀가 화나서 장난감을 던진다.	화가 났구나.	그렇지만 장난감을 던지면 안 돼.	대신 보보인형(펀치백)을 때리면서 화를 풀 수 있어.
동생을 때린다.	동생의 행동이 마음에 들지 않아서 때렸구나.	하지만 동생을 절대 때려서는 안 돼.	동생을 때리는 대신 신문지를 맘껏 찢을 수 있어.

Box 8-3 나-전달법 연습

상황	부모를 불편하게 하는 자녀의 행동	자녀의 행동에 대한 부모의 느낌	자녀 행동의 결과	나-전달법(부모의 바람직한 반응)
자녀가 일찍 들어와 집안일을 돕기로 약속했지만 늦게 귀가했다.	일찍 들어오겠다는 약속을 어기고 늦게 귀가함	화, 당황	집안일을 부모 혼자 함	네가 약속을 어기고 늦게 와서 화가 났단다. 혼자 일을 하느라 무척 고생했단다.
청소를 끝내자마자 자녀가 다시 어지르고 있다.	어지름	화, 속상함	집이 엉망이 됨	집을 이렇게 어질러서 속상하고 화가 난단다. 집이 다시 엉망이 되었어.

Box 8-5 상보적 의사소통 연습

자녀가 보내는 자극	자녀의 자아 상태	상보적 소통을 위한 부모의 자아 상태	부모로서 바람직한 반응
엄마, 오늘 저녁식사는 몇 시에 하나요?	성인자아	성인자아	7시쯤 먹을 거란다.
오늘은 아빠와 신나게 놀고 싶어요.	아동자아	부모자아	오늘은 아빠가 놀아줄게.
		아동자아	아빠도 너와 신나게 놀고 싶구나.

참고문헌

경향신문(2000. 10. 24). 미국 맞벌이 듀크족시대 왔다.

고용노동부(2021). 출산 및 육아휴직 현황. e-나라지표.

고용노동부(2022). 출산 및 육아휴직급여 수급자 현황. e-나라지표.

관계기관합동(2024). 보도자료, 조손가족 아동의 안정적 양육 · 성장 지원방안.

교육부(2021). 2021 유치원운영위원회 학부모 지원자료. 교육부 유아교육정책과.

교육부(2024). 보육통계. 교육부 영유아정책총괄과.

교육부(2025). 2025 보육사업안내. 교육부 영유아정책총괄과.

교육부, 한국보육진흥원(2025). 2024 개정 어린이집 평가 매뉴얼(2025.2). 서울: 한국보육진흥원.

국가평생교육진흥원 보도자료(2016. 1. 28). 입학 전 예비학부모의 필수 교육과정 우리아이 학교 보내기.

권인수(1999). 손자녀를 돌보는 조부모의 부담감과 사회적 지지. **아동간호학회지, 6**(2), 12-223.

근로복지공단(2015). 건강하고 행복한 워킹맘 · 대디 지원프로그램 1, 2, 3.

김갑성(2006). 한국 내 다문화 가정의 자녀교육 실태 조사. 서울교육대학교 대학원 석사학위 청구논문.

김경희(1986). **아동심리학**. 서울: 박영사.

김길숙, 김지현, 이혜민(2016). **부모교육 프로그램 내용분석 및 활용방안**. 서울: 육아정책연구소.

김난주, 박건표, 박미연(2016). **근로자 모성보호 최근 연구 동향 및 시사점**. 서울: 한국여성정책연구원.

김미정, 노성향, 신용연(2015). **경기도 영유아기 부모교육 프로그램 개발**. 경기: 경기도가족여성연구원.

김미정, 이나련, 정요한(2014). **경기도 영유아기 부모교육 프로그램 활성화 방안: 육아종합지원센터 프로그램을 중심으로**. 경기: 경기도가족여성연구원.

김소영, 송효진, 권도연(2024). **조손가족 통합적 지원 방안 연구**. 서울: 한국여성정책연구원.

김신영, 이순섭, 김미영(2007). 다음세대를 위한 예비부모교육. 경기: 양서원.
김영철, 이영선, 이호준, 김지은(1997). '97 자녀 지도를 위한 부모교육 종합 보고서. 서울: 한국청소년상담원.
김유경, 서문희, 임유경(2003). 직장 보육 시설 규제 순응도 제고 및 운영 개선 방안 연구. 서울: 보건복지부 · 한국보건사회연구원.
김은설, 안재진, 최윤경, 김의향, 양성은, 김문정(2009). 보육종사자 전문성 제고 방안 연구. 서울: 육아정책연구소.
김은설, 유해미, 최은영, 최효미, 배윤진, 양미선, 김정민(2016). 2015 전국보육실태조사. 세종특별자치시: 보건복지부.
김은지, 장혜경, 황정임, 최인희, 김소영, 정수연(2015). 2015년 한부모가족실태조사. 서울: 여성가족부.
김은지, 최인희, 송효진. 배호중, 최진희(2018). 2018년 한부모가족실태조사. 서울: 여성가족부.
김은지, 황정임(2012). 저소득 한부모 가족 아동 양육비 지원 방안 연구. 서울: 한국여성정책연구원.
김이선, 김영란, 이해응(2016). 다문화가족의 구성 변화와 정책 대응 다각화 방안. 서울: 한국여성정책연구원.
김지현, 정지나, 조윤주, 한준아(2013). 부모교육. 경기: 양서원.
김정원, 전선옥(2016). 부모교육. 서울: 창지사.
김태홍, 김난주(2003). 우리나라 모성 보호 제도의 실시 현황 분석과 개선 방안. 서울: 한국여성개발원.
김현주, 손은경, 신혜영(2013). 부모교육. 경기: 공동체.
김혜선(2004). 조손가족 아동의 정서, 행동에 영향을 미치는 요인 연구. 이화여자대학교 박사학위논문.
김혜영, 김은지, 최인회, 김영란(2011). 조손가족지원방안연구. 서울: 한국여성정책연구원.
김희진, 이경미, 김은영, 최명희(2012). 유아 인성교육을 위한 부모 훈련프로그램. 서울: 교육과학기술부 · 육아정책연구소.
문혁준, 서소정, 이주연, 정지나, 하지영, 김민희 외(2013). 아동생활지도. 서울: 창지사.
박성연, 성숙자, 김상희, 김지신, 박응임, 전춘애 외(2007). 부모-자녀관계 : 부모교육의 이해. 서울: 교문사.
박영희(1998). 부모됨은 성인기 발달과정에 어떤 의미를 가지는가? -여성 성인기를 중심으로.

복음과 교회, 10. 216-236.
박충선, 이영석, 정일선(2003). 농촌 여성노인가구의 손자녀 양육실태와 정책과제. 경북: 여성정책개발원.
박화옥, 김민정, 임정원(2021). 조손가족 실태조사 연구보고서. 서울: 세이브더칠드런.
배주미, 조은숙, 조영미(2013a). 스마트폰 중독 실태조사 및 상담 · 치료 매뉴얼 개발. 서울: 여성가족부 · 한국청소년상담복지개발원.
배주미, 조은숙, 조영미(2013b). 스마트폰 중독 청소년 부모교육 프로그램 매뉴얼. 서울: 여성가족부 · 한국청소년상담복지개발원.
배호중, 최인희, 박미진, 권도연, 강경주, 정순둘(2023). 2023년 조손가족실태조사. 서울: 여성가족부.
배호중, 정가원, 김정수, 권도연, 강경주(2024). 2024년 한부모가족실태조사. 서울: 여성가족부.
변화순(1996). 이혼 가족을 위한 대책연구. 서울: 한국여성개발원.
변화순, 배경희, 김현주(2000). 최근 가족해체 실태 및 복지대책. 서울: 한국여성개발원.
보건복지부(2025). 보육통계. 서울: 보건복지부.
서문희(2012). 다문화가족 자녀 양육 지원 방안: 다문화가족지원센터 사업을 중심으로. 서울: 육아정책연구소.
서울 학부모지원센터 홈페이지. https://parents.sen.go.kr/
소수연, 김경민, 양대희, 안지영, 김승윤, 유준호 외(2013). 초기 청소년기 자녀를 둔 부모교육 프로그램 개발. 부산: 한국청소년상담복지개발원.
송효진, 김소영, 안소영, 김연재(2015). 다문화가족의 자녀 보호를 위한 법 제도 개선 방안 연구. 서울: 한국여성정책연구원.
안상훈, 류연규, 김영미, 김윤지(2012). 제5차 남녀고용평등 및 일 · 가정 양립 지원 기본계획안. 세종특별자치시: 고용노동부.
양미선, 배윤진, 이재희, 구자연, 박은정, 조미라, 오미애, 강민권(2024). 2024년 전국보육실태조사: 어린이집 조사 보고. 서울: 육아정책연구소.
양재찬(2006). 동남아 혼혈 더는 외면하면 안된다. 월간중앙, 263-271.
여성가족부(2006). 함께 가는 가족 2010. 서울: 여성가족부.
여성가족부 보도자료(2017. 3. 17). 임신 · 출산기 부모교육 프로그램 개발.
여성가족부(2018). [좋은 부모 행복한 아이] 자녀연령별 육아정보. 여성가족부. https://www.mogef.go.kr/kps/olb/kps_olb_s001d.do?mid=mda753&div1=mda75301&cd=k-

ps&bbtSn=706233
여성가족부(2020). 2020년 가족실태조사. 서울: 여성가족부.
여성가족부(2021). 한부모 · 조손가족 복지서비스 안내. 서울: 여성가족부.
여성가족부(2023a). 가족실태조사. 서울: 여성가족부.
여성가족부(2023b). 제4차 다문화가족정책 기본계획(2023-2027). 서울: 여성가족부.
여성가족부(2023c). 청소년종합실태조사. 서울: 여성가족부.
여성가족부(2024). 한부모가족 복지서비스 종합안내서. 서울: 여성가족부.
여성가족부, 대한산부인과의사회(2017). 임신 · 출산 좋은 부모되기. 서울: 여성가족부 · 대한산부인과의사회.
여성부(2005). 2004년도 전국 보육 · 교육 실태조사 1: 보육 · 교육 이용 및 욕구 실태조사 보고. 서울: 여성부.
영남일보(2017. 5. 12). 최고의 순간.
오성배(2005). 코시안 아동의 성장과 환경에 관한 사례 연구. 한국교육, 32(3), 61-83.
오은순(1997). 이혼 가정 아동의 적응에 영향을 미치는 생태학적 변인들의 구조 분석. 이화여자대학교 대학원 박사학위 청구논문.
유안진, 김연진(1997). 부모교육. 서울: 동문사.
육아정책연구소(2013). 영유아 문제행동지도를 위한 어린이집 보육교사 지침서2.
이강이, 최인화, 배희분, 김월섭, 곽윤정, 이미진(2017). 부모교육 매뉴얼 제8권-중학생 부모. 서울: 여성가족부 가족정책과.
이규림, 김희진, 마미정(2017). 부모교육 매뉴얼 제 6권 유아 부모. 서울: 여성가족부.
이미화, 최윤경, 이정원, 도남희, 권미경, 박진아, 이혜민, 김영원(2016). 2015년 전국보육실태조사: 어린이집 조사 보고. 서울: 육아정책연구소.
이소영, 김은정, 정은희, 송민영(2015). 재판상이혼 및 협의이혼에서의 부모교육(자녀양육안내)제도 개선 방안에 대한 연구. 서울: 한국보건사회연구원.
이윤경, 김선영, 김선희, 김지은, 나종혜, 문혁준 외(2003). 유아교육개론. 서울: 창지사.
이윤진, 이정림, 임준범(2017). 영유아기 부모교육 참여 실태 및 내실화 방안 연구. 서울: 육아정책연구소.
이재연, 김경희(2003). 부모교육. 경기: 양서원.
장명림, 권미경, 김혜진, 공요은(2013). 취약가족의 자녀 양육 지원 방안. 서울: 육아정책연구소.

장혜경, 황정임, 최인희, 김영란, 주재선, 김소영, 오현경, 김수지(2016). 2015년 가족실태조사 분석연구. 서울: 여성가족부.

전미경, 왕석순, 유난숙, 최새은, 정세호, 박승용, 이은주, 이유선(2016). 청소년대상 예비 부모교육 프로그램. 서울: 여성가족부.

전미경, 왕석순, 유난숙, 최새은, 이은주(2017a). 부모교육 매뉴얼 제2권-청소년 예비부모 I. 서울: 여성가족부 가족정책과.

전미경, 왕석순, 유난숙, 최새은, 이은주, 박승용(2017b). 부모교육 매뉴얼 제3권-청소년 예비부모 II. 서울: 여성가족부 가족정책과.

정계숙, 문혁준, 김명애, 김혜금, 심희옥, 안효진 외(2015). 부모교육(개정판). 서울: 창지사.

정미라, 이희선, 배소연, 최미경, 조윤정(2006). 자녀양육과 부모역할. 경기: 양서원.

정순둘, 박화옥, 정세미(2021). 조선가족 지원제도의 개선연구. 서울: 여성가족부.

정옥분(2013). 아동발달의 이해(개정판). 서울: 학지사.

정옥분, 정순화(2005). 부모교육-부모역할의 이해-. 경기: 양서원.

정옥분, 정순화(2016). 부모교육. 서울: 학지사.

정은희(2004). 농촌지역 국제 결혼 가정 아동의 언어발달과 언어 환경. 언어지원연구, 13(3), 33-52.

정해숙, 김이선, 이택면, 마경희, 최윤정, 박건표, 동제연, 황정미, 이은아(2016). 2015년 전국 다문화가족실태조사 분석. 서울: 여성가족부.

정현숙, 유계숙(2002). 가족 관계. 서울: 신정.

정현숙, 유계숙, 어주경, 전혜정, 박주희(2007). 부모학. 서울: 신정.

조복희(2006). 아동발달. 서울: 교육과학사.

조성연, 이미란, 최혜영, 박진재, 송혜린, 권연희, 박진아(2014). 부모교육. 서울: 신정.

조성혜(2000). 보육시설에서의 부모교육 프로그램 실태 및 활성화 방안. 사회복지연구, 10(1), 1-24.

중앙육아종합센터 홈페이지. 온라인부모교육. https://central.childcare.go.kr/lcentral/d1_40000/d1_600061/d1_600222/d1_600223.jsp에서 2025년 6월 20일 인출.)

최윤정, 전기택, 김이선, 선보영, 동제연, 양계민, 최영미, 황정미(2022). 2021년 전국다문화가족실태조사. 서울: 여성가족부.

통계청(2019). 생활시간조사. 대전: 통계청.

통계청(2020a). 경제활동인구조사. 대전: 통계청.

통계청(2020b). 사회조사. 대전: 통계청.

통계청(2021). 2020년 다문화 인구동태 통계. 대전: 통계청.

통계청(2022). 경제활동인구조사. 대전: 통계청.

통계청(2023a). 한국의 사회동향 2023. 대전: 통계청.

통계청(2023b). 사회조사. 대전: 통계청.

통계청(2023c). 지역별고용조사. 대전: 통계청.

통계청(2023d). 가구주의 성, 연령 및 세대구성별 가구. 대전: 통계청.

통계청(2024a). 인구총조사. 대전: 통계청.

통계청(2024b). 장래가구추계. 대전: 통계청.

통계청(2024c). 2023년 다문화인구동태통계. 대전: 통계청.

통계청(2024d). 경제활동인구조사. 대전: 통계청.

통계청(2024e). 사회조사. 대전: 통계청.

통계청 보도자료(2024. 9.5). 보도자료, 통계로 보는 남녀의 삶.

통계청(2025). 2024년 혼인 이혼 통계. 대전: 통계청.

학부모 온누리 홈페이지. https://www.parents.go.kr/index.do

한경혜(1993). 한국 이혼 부부의 적응과 관련 변인에 관한 실증적 연구. 한국가족학연구회(편), **이혼과 가족문제**. 서울: 하우.

한국가족학연구회 편(1995). **맞벌이 가족의 가정문제**. 서울: 하우.

한국건강가정진흥원(2014). **부모교육 매뉴얼**. 세종특별자치시: 여성가족부.

한국보건사회연구원(2021). **2021년도 가족과 출산조사**. 한국보건사회연구원.

한국일보(2008. 6. 3). 나홀로 사회.

한국청소년상담복지개발원 홈페이지. 학교폭력예방지원사업. https://www.kyci.or.kr/userSite/sub02_4_cont.asp에서 2017년 11월 30일 인출.

한준아(2008). 이혼 가정 아동의 자아지각 및 문제 행동. 연세대학교 대학원 박사학위 청구논문.

Amato, P. R. (1993). Children's adjustment to divorce: Theories, hypotheses, and empirical support. *Journal of Marriage and Family, 55*, 23-38.

Baumrind, D. (1967). Child care practices anteceding three patterns of preschool behavior. *Genetic Psychology Monographs, 75*, 43-88.

Baumrind, D. (1991). Effective parenting during the early adolescent transition. In Pa. A. Cowan & E. M. Hetherington (Eds.), *Advances in family research* (Vol, 2). Hillsdale, New Jersey: Erlbaum.

Belsky, J. (1984). The determinants of parenting. *Child Development, 55*, 83–96.

Berger, R. (2000). Remarried families of 2000: Definitions, description, and interventions. In W. C. Nichols, M. A. Pace–Nichols, D. S. Becvar, & A. Y. Napier (Eds.), *Handbook of family development* (pp. 371–390). NY: Wiley.

Bigner, J. (2006). *Parent-child relations: An introduction to parenting* (7th ed.).NJ: Pearson Education Inc.

Bigner, J. (2009). 부모–자녀 관계. 박성연, 성숙자, 김사희, 김지신, 박응임, 전춘애 외 역(2009). 경기: 교문사.

Books, J. B. (1999). The process of parenting. CA: Mayfield Publishing Company.

Brazelton, T. B. (1986). Issues for working parents. *American Journal of Orthopsychiatry, 56*(1), 14–25.

Collins, R., & Coltrane, S. (1991). *Sociology of marriage and the family: Gender, love, and property*. CA: Wadsworth.

Dinkmayer, D., & Mckay, C. D. (1990). 당신도 유능한 부모가 될 수 있다. 이경우(편역). 서울: 창지사.

Dowdell, E. B (1995). Caregiver burden: Grandmothers raising their high risk grandchildren. *Journal of Psychosocial Nursing, 33*(3), 27–30.

EBS 60분 부모 제작팀(2010). 문제행동과의 한판승. 서울: 지식채널.

EBS 〈퍼펙트 베이비〉 제작팀(2013). 퍼펙트 베이비. 서울: 와이즈베리.

Engel, B. (1998). *The parenthood decision: Deciding whether you are ready and willing to become a parent*. New York: Doubleday.

Faber, A., & Mazlish, E. (1980). How to talk so kids will listen & listen so kids will talk. New York: Avon Books.

Fine, M. A., Donnelly, W. B., & Voydanoff, P. (1986). Adjustment and satisfaction of parents: A comparison of intact, single–parents, and step–parent families. *Journal of Family Issues, 7*(3), 391–404.

Galinsky, E. (1987). *The six stages of parenthood*. NY: Addison Wesely Publishing Co.

Gordon, T. (1975). *P. E. T. Parent effectiveness training*. New York; New American Library.

Greenhaus, J. (1989). The intersection of work and family roles: Individual, interpersonal, and organizational issues. In E. Goldsmith (Ed.), *Theory, research and application* (pp. 23–44). Newbury Park, CA: Sage.

Heckman, J. J. (2008). Schools, skills, and synapses. *Economic Inquiry*, p.311.

Hetherington, E. M. (1989). Coping with family transitions: Winners, losers, and survivors. *Child Development, 60*, 1–14.

Hetherington, E. M. (1992). Coping with marital transitions: A family systems perspective. *Monograph of the Society for Research in Child Development. 57*. 114.

Hock, E., & DeMeis, D. (1990). Depression in mothers of infants: The role of maternal employment. *Developmental Psychology, 26*, 285–291.

Hoffman, L. W. (1989). Effects of maternal employment in two–parent families. *American Psychologist, 44*, 283–293.

Jendrek, M. P. (1993). Grandparents who parent their grandchildren: Effects on life style. *Journal of Marriage and Family, 55*(3), 609–621.

Jendrek, M. P. (1994). Grandparents who parent their grandchildren: Circumstances and decision. *The Gerontologist, 34*(3), 206–216.

Kaufman, T. S. (1993). *The combined family*. NY: Plenum Press.

KBS 첨단보고 뇌과학 제작팀(2012). **태아성장보고서**. 서울: 마더북스.

Kelley, S. J., Yorker, B. C. & Whitley, D. (1997). To grandmother's house we go...and stay. Children raised in intergenerational families. *Journal of Gerontological Nursing, 23*(9), 12–20.

Kivett, V. R. (1985). Grandfathers and grandchildren: Pattern of association, helping, and psychological closeness. *Family Relations, 34*, 565–571.

Maccoby, E., & Martin, J. A. (1983). Socialization in the context of the family: Parent–child interaction. In P.H. Mussen (Eds.), *Handbook of Child Psychology* (4th ed, Vol. 4). New York, NY: Wiley.

McLanahan, S. S. (1999). Father absence and children's welfare. In E. M. Hetherington (Ed.), *Coping with divorce, single parenting, and remarriage: A risk and resiliency perspective*. New Jersey:

Lawrence Erlbaum Associates.

Minkler, M., Roe, K. M., & Price, M. (1992). The physical and emotional health of grandmothers raising grandchildren in the crack cocaine epidemic. *The Gerontologist, 32*(6), 752–761.

Moen, P. (1982). The two–provider family: Problems and potentials. In M. E. Lamb(Ed.), *Non-traditional families: Parenting and child development.* Hillsdale, NJ: Erlbaum.

Plunkett, M. (1980). *Working mothers of young children: A study of conflict and integration.* Unpublished doctorial dissertation, University of Michigan Ann Arbor.

Popkin, M. H. (1989). Active Parenting: A video–based Program. M. J. Fine (Ed.), T*he second handbook on parent education* (pp. 77–98). San Diego, CA: Academic Press.

Rapoport, R., & Rapoport, R. N. (1976). *Dual-career families re-examined: New integration of work and family*. New York: Harper & Row.

Rossi, A. (1968). Transition to parenthood. *Journal of Marriage and the Family, 30*, 26–39.

Schaefer, E. S. (1959). A circumplex model for maternal behavior. J*ournal of Abnormal and Social Psychology, 59*, 226–235.

Skolnick, A. S. (1987). *The intimate environment: Exploring marriage and the family* (4th ed.). Harper Collins Publisher.

Veevers, J. (1973). The social meanings of parenthood. *Psychiatry, 36*, 291–310.

찾아보기

인명

내용

저 자 약 력

정지나

연세대학교 아동학과(학사)

연세대학교 대학원 아동학과(석사)

연세대학교 대학원 아동 · 가족학과(박사)

현, 신한대학교 유아교육과 교수

한준아

이화여자대학교 유아교육과(학사)

연세대학교 대학원 아동 · 가족학과(석사)

연세대학교 대학원 아동 · 가족학과(박사)

현, 수원과학대학교 사회복지학과 교수

김지현

연세대학교 아동학과(학사)

University of Wisconsin–Madison 아동가족학(석사)

연세대학교 대학원 아동 · 가족학과(박사)

현, 한양사이버대학교 청소년상담학과 교수

김태은

한양대학교 소비자 · 가족학과(학사)

한양대학교 대학원 가정관리학과(가족 · 아동 전공, 석사)

연세대학교 대학원 아동 · 가족학과(박사)

현, 한양사이버대학교 아동학과 교수

윤상인

연세대학교 아동학과(학사)

연세대학교 대학원 아동 · 가족학과(석사)

전, GS SHOP 도담도담 어린이집 원장

전, 한길교육연구소 연구원

부모교육 제3판

1판 1쇄 발행 2018년 2월 20일
1판 3쇄 발행 2020년 8월 30일
2판 1쇄 발행 2022년 2월 15일
2판 2쇄 발행 2022년 9월 15일
3판 1쇄 발행 2025년 8월 25일

저 자 | 정지나 · 한준아 · 김지현 · 김태은 · 윤상인
발 행 인 | 박철용
발 행 처 | 양서원
주 소 | 경기도 파주시 직지길 522 파주출판도시
전 화 | 031-955-8000(代)
팩 스 | 031-955-8005
홈페이지 | www.yswpub.co.kr
이 메 일 | yswgroup@naver.com
출판등록 | 1987년 11월 24일 제 406-2003-037 호

ISBN 978-89-994-1586-9

정가 23,000원